全国高等教育自学考试思想政治理论课助考系列丛书

《中国近现代史纲要》自学考试助考通

主　编　胡绿叶
副主编　胡绿芽

苏州大学出版社

图书在版编目(CIP)数据

《中国近现代史纲要》自学考试助考通 / 胡绿叶主编. —苏州:苏州大学出版社,2021.8
(全国高等教育自学考试思想政治理论课助考系列丛书)
ISBN 978-7-5672-3588-5

Ⅰ.①中… Ⅱ.①胡… Ⅲ.①中国历史-近现代-高等教育-自学考试-自学参考资料 Ⅳ.①K25

中国版本图书馆 CIP 数据核字(2021)第 136496 号

书　　名:《中国近现代史纲要》自学考试助考通
ZHONGGUO JINXIANDAISHI GANGYAO ZIXUE KAOSHI ZHUKAOTONG
主　　编:胡绿叶
副 主 编:胡绿芽
责任编辑:周建国
装帧设计:吴　钰
出版发行:苏州大学出版社(Soochow University Press)
社　　址:苏州市十梓街1号　邮编:215006
网　　址:www.sudapress.com
邮　　箱:sdcbs@suda.edu.cn
印　　装:苏州市越洋印刷有限公司
邮购热线:0512-67480030
销售热线:0512-67481020
开　　本:787 mm×1 092 mm　1/16　印张:17.5　字数:383千
版　　次:2021年8月第1版
印　　次:2021年8月第1次印刷
书　　号:ISBN 978-7-5672-3588-5
定　　价:42.00元

凡购本社图书发现印装错误,请与本社联系调换。
服务热线:0512-67481020

编写说明

为帮助广大自考人员更好地学习和复习迎考，特编写本自学考试助考系列丛书。本系列丛书编写的依据是全国高等教育自学考试委员会组编的相关学习读本。每门课程每章的编写结构包括知识框架（《〈毛泽东思想和中国特色社会主义理论体系概论〉自学考试助考通》除外）、内容精要、要点荟萃、能力检测。"知识框架"将每章的主要内容以框架形式呈现，便于读者从总体上了解本章主要内容的构成；"内容精要"将学习读本中的每章内容进行压缩，提炼出本章内容的精华，并在结构和内容上适当调整、补充、完善；"要点荟萃"将学习读本中每章的主要知识点进行罗列，便于读者更直观地复习和掌握；"能力检测"按照每门课程的考试题型给出相应的练习题，便于读者检验对本章内容及知识点的掌握程度。另外，每门课程都精编了5套模拟试题，便于读者从整体上对相关课程内容进行把握和检测。每门课程均附有能力检测和模拟试题的参考答案。建议读者按照本系列丛书相关课程的编写结构进行循序渐进的学习，即先认真阅读知识框架，知晓每章有哪些内容；在对每章内容有了总体了解的基础上，对内容精要部分进行系统的学习；只有在对内容精要部分进行系统学习的基础上，才能更好地理解和熟记"要点荟萃"部分的知识点；有了知识框架部分对每章内容的总体了解，有了内容精要部分的系统学习，有了要点荟萃部分对知识点的理解和熟记，才能正确地完成能力检测部分的试题。有了每章内容的扎实学习，才能顺利完成模拟试题的检测。切忌在没有对相关内容进行系统和深入学习时就匆忙做题，更切忌对每道题没有进行认真思考就去翻看答案，否则只会事倍而功半。

本系列丛书依据全国高等教育自学考试委员会组编的相关学习读本进行编写，在此特作说明并表示衷心的感谢！本系列丛书大量使用了过往相关考试的真题，也在此特作说明并表达谢意！本系列丛书编写过程中得到苏州大学出版社的鼎力支持，谨致谢忱！

本系列丛书由苏州大学马克思主义学院甘剑斌负责组编，苏州大学马克思主义学院胡绿叶主编《〈中国近现代史纲要〉自学考试助考通》，苏州大学马克思主义学院谢贵兵主编《〈思想道德修养和法律基础〉自学考试助考通》，甘剑斌主编《〈马克思主义基本原理概论〉自学考试助考通》与《〈毛泽东思想和中国特色社会主义理论体系概论〉自学考试助考通》。

目 录

第一章　反对外国侵略的斗争 ··· 1
　　第一节　鸦片战争前的中国和世界 ································· 1
　　第二节　资本-帝国主义对中国的侵略及近代中国社会的演变 ······· 3
　　第三节　抵御外来侵略　争取民族独立的斗争 ···················· 8

第二章　对国家出路的早期探索 ·· 17
　　第一节　农民群众斗争风暴的起落 ································· 17
　　第二节　地主阶级统治集团"自救"活动的兴衰 ···················· 20
　　第三节　维新运动的兴起与夭折 ··································· 22

第三章　辛亥革命与封建君主专制制度的终结 ··························· 30
　　第一节　举起近代民族民主革命的旗帜 ···························· 30
　　第二节　辛亥革命的胜利与失败 ··································· 33

第四章　开天辟地的大事变 ·· 43
　　第一节　新文化运动与五四运动 ··································· 44
　　第二节　马克思主义传播与中国共产党诞生 ······················· 47
　　第三节　国共合作与国民革命 ····································· 51

第五章　中国革命的新道路 ·· 64
　　第一节　国民党在全国的统治和中间党派的政治主张 ·············· 64
　　第二节　中国共产党对革命新道路的艰苦探索 ···················· 67
　　第三节　中国革命在探索中曲折前进 ······························ 72

第六章　中华民族的抗日战争 ·· 84
　　第一节　日本发动灭亡中国的侵略战争 ···························· 85
　　第二节　中国人民奋起抗击日本侵略者 ···························· 87
　　第三节　国民党的正面战场与大后方的抗日民主运动 ·············· 90
　　第四节　中国共产党成为抗日战争的中流砥柱 ···················· 93
　　第五节　抗日战争的胜利及其意义 ································· 99

第七章　为创建新中国而奋斗 ……………………………………………… 113
第一节　从争取和平民主到进行自卫战争 …………………………… 114
第二节　国民党处在全民的包围中 …………………………………… 117
第三节　新民主主义革命的胜利 ……………………………………… 122

第八章　社会主义基本制度的全面确立 ………………………………… 135
第一节　新民主主义革命任务的胜利完成 …………………………… 136
第二节　制定过渡时期总路线 ………………………………………… 141
第三节　开辟中国社会主义改造道路 ………………………………… 144

第九章　社会主义建设在探索中曲折发展 ……………………………… 157
第一节　良好的开局 …………………………………………………… 157
第二节　探索中的严重曲折 …………………………………………… 162
第三节　建设的成就　探索的成果 …………………………………… 169

第十章　中国特色社会主义的开创与接续发展 ………………………… 181
第一节　历史性的伟大转折和改革开放的起步 ……………………… 182
第二节　改革开放和现代化建设新局面的展开 ……………………… 186
第三节　改革开放和现代化建设发展的新阶段 ……………………… 190
第四节　在新的历史起点上推进中国特色社会主义 ………………… 195

第十一章　中国特色社会主义进入新时代 ……………………………… 210
第一节　开拓中国特色社会主义更为广阔的发展前景 ……………… 211
第二节　夺取新时代中国特色社会主义伟大胜利 …………………… 216
第三节　不断谱写实现中华民族伟大复兴的新篇章 ………………… 218

模拟试题（一） ……………………………………………………………… 230
模拟试题（二） ……………………………………………………………… 234
模拟试题（三） ……………………………………………………………… 237
模拟试题（四） ……………………………………………………………… 240
模拟试题（五） ……………………………………………………………… 244
参考答案 …………………………………………………………………… 248

第一章 反对外国侵略的斗争

知识框架

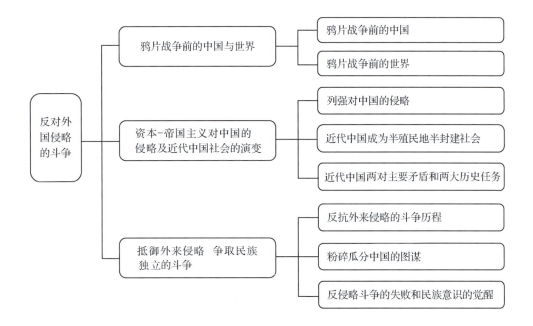

内容精要

第一节 鸦片战争前的中国和世界

一 鸦片战争前的中国

（一）中国封建社会的基本特点

从公元前5世纪的战国时代到1840年的鸦片战争，中国的封建社会延续了2000多年。中国封建社会的特点主要体现在四个方面。

1. 经济上，封建土地所有制占主导地位

一方面，皇帝、贵族、官僚和地主占有大量土地，而占人口绝大多数的农民则占有很少的土地，需要租种地主土地并缴纳高额地租；另一方面，自给自足的自然经济是中国封建社会的基本生产结构，曾有利于封建社会的经济发展和社会稳定，但对新的生产方式具有较强的排斥力。

2. 政治上，实行高度中央集权的封建君主专制制度

自秦始皇建立的中央集权的封建君主专制制度，一定程度上维护了多民族国家的统一，同时也很大程度上抑制了中国社会的生机和活力。

3. 文化上，以儒家思想为核心

自汉武帝独尊儒术后，儒家思想成为中国封建社会的正统思想，以三纲五常为伦理的道德规范，主张仁政，提倡经世济民，以助君主、明教化。

4. 社会结构上，形成族权和政权相结合的封建宗法等级制度

核心是宗族家长制，君权、父权、夫权占主导地位，这曾有利于社会稳定和封建秩序的规范，但后来日益成为社会发展和进步的桎梏。

综上所述，中国封建社会的主要矛盾，是地主阶级和农民阶级的矛盾。

（二）中国封建社会末期的社会危机

清朝是中国历史上最后一个封建王朝。乾隆朝后期，清王朝由强盛转向衰落。其主要表现是：

第一，政治上，中央集权强化，官僚机构膨胀，官吏营私舞弊、巧取豪夺。

第二，经济上，官吏和地主大肆兼并土地，无地或少地的农民日益增多，加上地租剥削、赋税征收、苛捐杂税、徭役摊派逐年加重，广大农民生活极端困苦。

第三，思想文化上，厉行专制主义，大兴文字狱，整个社会万马齐喑。

第四，军事上，军力衰败，军备废弛，军纪荡然，不堪一击。

第五，对外关系上，实行闭关锁国政策。

二 鸦片战争前的世界

（一）西方资本主义制度的确立

1640 年，英国爆发资产阶级革命。至 18 世纪，资本主义制度在英国、美国、法国等欧美主要国家先后确立。新型的资产阶级利用国家政权发展资本主义经济。资本主义经济的发展突出表现在工业革命的发生上。大机器生产替代了工场手工业，资本主义发展十分迅速。

（二）西方列强的殖民扩张

大机器生产促进了商品生产的无限增长，需要开辟新的原料市场和产品市场，寻求

新的殖民地。殖民主义者加紧对一些国家和地区进行军事、政治、经济和文化等方面的侵略，使其沦为列强所垄断的商品倾销市场、廉价劳动力与廉价原料的供应地和自由投资市场。

开辟新的市场和转移国内矛盾的需要，促使西方列强发动新的侵略战争，它们把目标瞄向中国。

第二节　资本-帝国主义对中国的侵略及近代中国社会的演变

一　列强对中国的侵略

（一）军事侵略

1. 通过军事侵略，迫使中国政府签订不平等条约

第一，1840 年，英国发动第一次鸦片战争，签订中英《南京条约》《五口通商章程》《虎门条约》，中美《望厦条约》，中法《黄埔条约》。

第二，1856 年，英法发动第二次鸦片战争。1858 年，清政府分别与英、法、美、俄签订《天津条约》。1860 年，清政府分别与英、法签订《北京条约》，与俄国先后签订中俄《瑷珲条约》《北京条约》《勘分西北界约记》。

第三，1884 年，中法战争爆发。1885 年中法签订《中法新约》。

第四，1894 年，日本发动中日甲午战争。1895 年中日签订《马关条约》。

第五，1900 年，八国联军发动侵华战争，1901 年，清政府与 11 个国家签订《辛丑条约》。

2. 通过不平等条约，资本-帝国主义列强侵占中国大片领土

第一，《南京条约》，中国割让香港岛给英国。

第二，中英《北京条约》，割让九龙半岛南端和昂船洲，"归英属香港界内"。

第三，《中葡友好通商条约》，允许葡萄牙"永驻管理澳门"。

第四，俄国通过一系列不平等条约，在 23 年里共侵占中国领土 150 多万平方公里。

第五，中日《马关条约》，中国割让辽东半岛（后由中国政府以 3000 万两白银赎回）、台湾全岛及附属各岛屿和澎湖列岛给日本。

外国列强在中国设立租界，强占租借地，划分势力范围，在一些地区取得驻兵权，随时可以武力要挟中国封建政权。这些都是对中国主权和领土完整的严重破坏。

3. 通过不平等条约，资本-帝国主义列强勒索巨额赔款

第一，第一次鸦片战争，中国向英国赔款 2100 万元，广州赎城费 600 万元。

第二，第二次鸦片战争，中国赔偿英、法军费各 800 万两。

第三，中日甲午战争，中国向日本赔偿 2 亿两。

第四，《辛丑条约》规定，清政府向各国赔款共计 4.5 亿两，分 39 年还清，年息 4 厘，共 9.82 亿两，还有各地赔款 2000 万两。

4. 屠杀中国人民，抢劫、破坏中国文物和古迹

第一，资本-帝国主义列强在战争中屠杀中国人民，制造了骇人听闻的旅顺大屠杀惨案、江东六十四屯惨案等。

第二，资本-帝国主义列强在侵华战争中，还公开抢劫中国财富，肆意破坏中国的文物和古迹，对中华民族优秀文化造成空前浩劫。1860 年，英法联军对圆明园进行了连续 12 天的抢劫，并放火烧毁。这是对人类文明的一次空前践踏。

（二）政治控制

资本-帝国主义列强通过军事侵略和不平等条约，控制中国内政和外交，把持中国海关，镇压中国人民的反抗，扶植、收买代理人。

1. 控制中国内政

《天津条约》的一项重要内容，就是中国政府允许外国公使常驻北京。这些外国公使秉承本国政府旨意，直接对清政府发号施令，驻京公使成了清政府的太上皇。

2. 操纵中国外交

列强侵略中国，总是军事侵略伴随着外交讹诈，取得利益后再"一体均沾"。中国的许多重大外交场合都有外国列强的身影，外国列强控制了中国外交主权。

3. 享有领事裁判权

1844 年，《中美望厦条约》扩大了领事裁判权，即在华美国人的一切民事、刑事诉讼，"均由本国领事等官询明办理"。各国援例而行。从此，外国人可以在中国横行不法，中国政府无权干涉。

4. 把持中国海关

中国海关的职员全部由外国人充任。英国人赫德自 1863 年任总税务司开始，掌握中国海关大权达 40 余年。

5. 勾结清政府，镇压中国人民的反抗斗争

西方列强向清政府供应军火、舰船，派遣军官组织并指挥"洋枪队"镇压太平天国农民运动和义和团运动。《辛丑条约》中，列强强迫清政府做出永远禁止中国人民成立或加入任何反对它们的组织的承诺，并规定清政府各级官员如对人民反抗斗争"弹压惩办"不力，"即行革职，永不叙用"。

6. 扶植、收买代理人

《辛丑条约》签订前，慈禧太后表示要"量中华之物力，结与国之欢心"。清政府成了洋人的朝廷，成了列强统治中国的工具，中国沦为典型的半殖民地国家。

（三）经济掠夺

1. 控制中国通商口岸

列强通过一系列不平等条约，逐步开发中国的通商口岸。这些通商口岸大多成为列强对中国进行经济侵略的基地，并控制口岸的工商、金融业，甚至设立租界，实行殖民统治。

2. 剥夺中国关税自主权

一系列不平等条约使中国逐步丧失了海关自主权。外国商品本已廉价，又加上特权和低税，在中国大量倾销。协定关税成为列强对中国经济侵略的重要工具。

3. 对华倾销商品

鸦片战争后，列强对华商品输出激增，1876年以后，中国对外贸易由长期出超转为大量入超。外国商品在中国的大量倾销，使中国民族企业的产品和传统手工业品受到排挤。

4. 对华资本输出

外国列强对中国进行资本输出最早出现在第二次鸦片战争之后。外国资本在中国设立的工厂，资本雄厚、规模大、技术先进，民族资本家经营的企业无法与之竞争。它们在中国获取超额利润，压制了中国民族资本主义的发展。

5. 操纵中国的经济命脉

第一，形成了对中国近代工业的垄断。外国资本占中国新式采铁和冶铁企业投资总额的100%。

第二，迫使清政府举借外债，以还赔款，并以关税和盐税做担保。列强通过控制这两项税收，扼住了中国财政的咽喉。

第三，在中国设立银行，使之成为对华输出资本的枢纽。这些银行及其分支机构操纵中国外汇、经办对华贷款、投资开设厂矿、发行纸币，形成在中国金融系统的垄断地位，成为列强对华经济侵略的中心。

第四，控制中国近代的交通运输业。铁路成为列强控制中国，扩大势力范围，获取政治、经济利益的工具。沿海和内河航运业大多被外资所控制。

第五，给中国的农业经济造成了严重破坏。外商低价收购中国农副产品作为其工业生产原料，并向中国大量倾销工业品，利用剪刀差进行剥削，加速了中国传统农业的萎缩和衰败，导致了近代中国经济的落后和人民的贫困。

（四）文化渗透

1. 宗教渗透和侵略

一些外国传教士一直充当列强侵略中国的急先锋。一些传教士凭借外国列强强加给中国的不平等条约的庇护，扰乱地方，横行无理，欺压百姓。

2. 为侵略中国制造舆论

西方教会中的一部分传教士利用传教和传播西学的名义为外国列强侵华制造舆论。

他们在中国办报纸、杂志，翻译、出版各种书刊，除了介绍西方的政治、经济、文化和社会状况外，还竭力宣扬殖民地奴化思想，为外国列强侵华辩护。

3. 大肆宣扬"种族优劣论"

外国列强污蔑中华民族是"劣等民族"，应该接受"优等民族"白种人的开导和奴役。

综上所述，资本-帝国主义来到中国，并非是要把落后的中国变成先进的中国，而是要强迫中国永远成为西方列强的附庸国。资本-帝国主义对中国的侵略，给中华民族带来了深重的灾难，使中国的经济和社会发展受到了严重的阻碍。

二 近代中国成为半殖民地半封建社会

（一）中国近代史的开端和中国半殖民地半封建社会的特点

1840年第一次鸦片战争是中国近代史的开端，中国逐步沦入半殖民地半封建社会，其特点主要体现在六个方面：

第一，资本-帝国主义通过逐步操纵中国的经济、政治、文化，日益成为支配中国的决定性力量。

第二，中国的封建势力同外国侵略势力相勾结，成为外国列强压迫、奴役中国人民的社会基础和统治支柱。

第三，中国的自然经济虽然遭到破坏，但封建地主的土地所有制依然在广大地区内保持着，成为中国走向现代化和民主化的严重障碍。

第四，中国资本主义在帝国主义和封建主义的压迫下，发展很缓慢，力量很软弱。

第五，近代中国各地区经济、政治和文化发展极不平衡，加之外国列强分别支持不同政治势力以分裂中国，使中国处于不统一状态。

第六，在外国列强、封建主义、官僚资本主义的三重压迫下，中国的广大人民尤其是农民日益贫困化以至大批破产，过着饥寒交迫和毫无政治权利的生活。

（二）社会阶级关系的变动

1. 地主阶级

旧的封建统治阶级即地主阶级继续拥有大量土地，掌握着国家政权，对人民实行专制统治。鸦片战争后虽然有一部分地主逐渐发生很大变化，但大部分地主仍然依靠地租剥削为主，农民与地主的阶级矛盾依然十分尖锐。

2. 农民阶级

旧的被统治阶级即农民阶级，仍是近代中国社会人数最多的被剥削阶级。由于土地兼并严重，不少自耕农失去土地，向贫农和雇农转化，有些流入城市成为产业工人的后备军。

农民阶级具有强烈的革命要求，是中国革命的主力军。但是，由于作为小生产者的保守、散漫和狭隘等阶级局限性，农民不可能单凭自身的力量求得解放，更不可能把反帝反封建斗争引向胜利。

3. 资产阶级

资产阶级是近代中国新产生的阶级。它主要由一些买办、商人、地主、官僚投资新式企业转化而来。中国资产阶级分为官僚买办资产阶级和民族资产阶级两部分。

第一，官僚买办资产阶级是大官僚与大买办的结合。买办，是半殖民中国的产物。他们最初充当外国洋行的雇员或代理，通过获取佣金等积累财富，并利用与外国侵略势力和本国封建势力的密切联系，投资新式企业，成为资本家。

第二，民族资产阶级。民族资产阶级的上层大多拥有规模较大的企业，经济力量比较雄厚，与外国资本主义和本国封建势力联系比较密切；中下层所办企业一般规模较小，资金较少，与外国资本主义和本国封建势力联系较少，且矛盾较大。

中国民族资产阶级具有两重特点和双重性格，一方面受到外国资本主义和本国封建主义的压迫，在一定条件下可以参加反帝反封建革命或在斗争中保持中立；另一方面因其力量薄弱，又与外国资本主义和本国封建主义有着千丝万缕的联系，在斗争中缺乏彻底的革命性。这也决定了中国民族资产阶级不可能引导中国革命走向胜利。

4. 工人阶级

中国工人阶级的很大一部分比中国的资产阶级的年龄和资格更老一些，它的社会力量和社会基础也更广大一些。

中国工人阶级具有世界无产阶级的共同优点，又有其特点：

第一，深受帝国主义、封建势力和资产阶级三重压迫和剥削，革命性最强。

第二，人数虽少，但相对集中，便于形成革命的力量和传播先进的思想。

第三，主要由破产农民和家庭手工业者转化而来，便于结成工农联盟。

因此，中国工人阶级是近代中国社会中最先进、最革命、最有力量的阶级。

三 近代中国两对主要矛盾和两大历史任务

（一）两对主要矛盾及其关系

在半殖民地半封建的中国，帝国主义与中华民族的矛盾、封建主义与人民大众的矛盾是两对主要矛盾。帝国主义与中华民族的矛盾，乃是各种矛盾中最主要的矛盾。

两对主要矛盾相互交织，贯穿整个半殖民地半封建社会始终，两者之间的关系是：

第一，当外国列强向中国发动侵略战争时，阶级矛盾降到次要地位，民族矛盾上升到主要地位。

第二，当外国侵略者同中国封建政权相勾结，共同镇压中国革命时，阶级矛盾就上升为主要矛盾。

第三，当国内战争发展到直接威胁帝国主义在华利益，以及中国封建地主阶级统治时，外国列强和国内封建主义完全公开站在一条战线上。

（二）两大历史任务及其关系

近代中国社会的性质和主要矛盾决定了近代以来中华民族始终面临着两大历史任务：一是求得民族独立和人民解放；二是国家繁荣富强和人民共同富裕。

两大历史任务既相互区别，又相互联系。区别在于，前者着重解决生产关系问题，后者着重解决生产力问题。联系在于，一方面，争取民族独立和人民解放是实现国家繁荣富强和人民共同富裕的前提条件；另一方面，民族独立和人民解放的最终目的是使中国走向现代化，实现国家繁荣富强和人民的共同富裕。

这两大历史任务完成之时，也就是中华民族伟大复兴之日。实现中华民族伟大复兴，成为中华民族近代以来最伟大的梦想。

第三节 抵御外来侵略 争取民族独立的斗争

一 反抗外来侵略的斗争历程

（一）人民群众的反侵略斗争

1841年5月，广州郊区三元里人民联络附近103个乡的群众，与英国侵略者展开激烈战斗。这是中国近代史上中国人民第一次大规模的反侵略武装斗争。

太平天国农民战争后期，太平军曾多次重创外国侵略者。1884年，中法战争时期，香港的中国造船工人和码头工人举行罢工，商人举行罢市。台湾地区的人民也曾多次反抗侵略者。1900年，义和团和部分清军与八国联军进行殊死搏斗。

（二）爱国官兵的反侵略斗争

鸦片战争开始后，清朝的许多爱国官兵英勇奋战，拼死抵抗。1841年，广东水师提督关天培战死虎门；1842年，江南提督陈化成在吴淞西炮台以身殉国，副都统海龄在镇江战死疆场。

中法战争期间，督办台湾事务大臣刘铭传击退法舰对基隆和淡水的进攻。冯子材率领清军和当地民众在镇南关取得关键性胜利，完全扭转了整个中法战局，史称镇南关大捷。

中日甲午战争中，左宝贵战死平壤，致远舰管带邓世昌、经远舰管带林永升在黄海战斗中英勇牺牲，北洋舰队统帅丁汝昌、定远舰管带刘步蟾在威海卫以身殉国。

二 粉碎瓜分中国的图谋

（一）边疆危机和瓜分危机

19世纪70—90年代，自由资本主义向帝国主义阶段过渡，帝国主义间展开了争夺殖民地的狂潮，也开始了瓜分中国、灭亡中国的罪恶阴谋，中国陷入严重的"边疆危机"之中。

1. 边疆危机

19世纪70—80年代，帝国主义列强开始蚕食中国的边疆地区。英国从印度侵入西藏，又从缅甸侵入云南；法国从越南侵犯广西；俄国从中亚入侵新疆；日本吞并琉球，侵犯台湾。

2. 瓜分危机

中日甲午战争后，帝国主义列强对中国的侵略和瓜分达到高潮。东北全境成了俄国的势力范围；德国强租胶州湾，将山东划入自己势力范围；法国强租广州湾，将滇、桂、粤划为自身势力范围；长江流域成了英国的势力范围；福建成了日本的势力范围。美国由于来得较迟，提出"门户开放"政策，即美国可以获得他国在中国获得的所有权益。中国面临着被彻底瓜分的危险。

（二）义和团运动与列强瓜分中国图谋的破产

19世纪末期，帝国主义列强瓜分中国图谋破产的重要原因是，帝国主义列强之间的矛盾和相互制约。最根本的原因是中国人民进行了不屈不挠的反侵略战争。其中，义和团运动虽然存在盲目、笼统的排外主义错误，无法认清帝国主义与清王朝相互勾结的本质，还存在许多迷信、落后的倾向，但在粉碎列强瓜分中国的斗争中，发挥了重大作用，遏制了侵略者瓜分中国的图谋。

三 反侵略斗争的失败和民族意识的觉醒

（一）反侵略斗争的失败及其原因

自1840年至1919年，中国人民反侵略斗争失败的根本原因是社会制度的腐败，重要原因是经济技术的落后。

（二）民族意识的觉醒

1. "师夷长技以制夷"的主张和早期的维新思想

林则徐是近代中国睁眼看世界的第一人。他除了主张严禁鸦片、抵御外国侵略外，还注意了解西方，赞成正常的对外贸易。他组织编成了《四洲志》。魏源在《四洲志》基础上编纂了《海国图志》，综述世界各国历史、地理及中国应采取的对外政策，提出了"师夷长技以制夷"的思想，主张学习外国先进的军事和科学技术，以期国家富强来抵御侵略。

19世纪70年代以后，马建忠、王韬、郑观应、薛福成等人不仅主张学习西方的科学技术，同时也要求吸纳某些西方的政治、经济学说，主张发展民族工商业、变革封建专制制度，对中国社会产生了广泛的思想影响。

2. 救亡图存与振兴中华

中日甲午战争后，帝国主义列强图谋瓜分中国，中华民族到了生死存亡的紧急关头，中国人的民族意识开始普遍觉醒。

1895年，严复在《救亡决论》一文中喊出"救亡"口号，翻译了《天演论》，用"物竞天择""适者生存"的社会进化论思想，激发人们的危机意识和民族意识。1898年，康有为疾呼中国人要发愤自救。1894年11月，孙中山创立革命团体——兴中会，喊出"振兴中华"这个时代最强音。

要点荟萃

一 资本-帝国主义对中国的侵略

（1）1840年鸦片战争前，中国社会的性质是封建社会，主要矛盾是地主阶级和农民阶级的矛盾。

（2）19世纪初，向中国大肆走私鸦片的主要国家是英国。

（3）资本-帝国主义列强对中国的侵略，首先和主要的是军事侵略，迫使清政府签订的一系列不平等条约：

第一，1840年，英国发动第一次鸦片战争，清政府与英国签订《南京条约》，将香港岛割给英国。

第二，1856年，英、法发动第二次鸦片战争。1858年，清政府分别与英、法、美、俄签订《天津条约》。1860年，清政府分别与英、法签订《北京条约》，与俄国先后签订中俄《瑷珲条约》、中俄《北京条约》、中俄《勘分西北界约记》等。

第三，1884年，中法战争爆发，1885年中法签订《中法新约》。

第四，1894年，日本发动中日甲午战争，1895年中日签订《马关条约》，将台湾全岛及所有附属各岛屿和澎湖列岛割让给日本。

第五，1900年，八国联军发动侵华战争，1901年，清政府与11国签订《辛丑条约》。

（4）资本-帝国主义列强制造的屠杀中国人民的惨案。

第一，1894年11月，日军制造了骇人听闻的旅顺大屠杀惨案。

第二，1900年8月，八国联军侵占北京后，杀害义和团团民。

第三，1900年，俄国入侵中国东北时，制造了江东六十四屯惨案。

第四，1860 年，火烧圆明园的是英法联军。

（5）资本-帝国主义对中国的政治控制主要体现在：

第一，控制中国内政。

第二，操纵中国外交。

第三，享有领事裁判权。

第四，把持中国海关。

第五，勾结清政府，镇压中国人民的反抗斗争。

第六，扶植、收买代理人。

（6）资本-帝国主义对中国的经济掠夺主要体现在：

第一，控制中国通商口岸。1842 年，《南京条约》开放广州、厦门、福州、宁波、上海 5 口为通商口岸。1858 年，《天津条约》开放 10 个口岸。1860 年，《北京条约》开放天津为通商口岸。

第二，剥夺中国关税自主权。

第三，对华倾销商品。

第四，对华资本输出。外国列强对中国进行资本输出最早出现在第二次鸦片战争之后。

第五，操纵中国的经济命脉。列强对华输出资本的枢纽是在中国设立银行。

（7）外国列强利用宗教进行侵略活动，鼓吹"种族优劣论"，为侵华制造舆论。基督教在中国设立的最大出版机构是广学会，广学会发行的报刊是《万国公报》。

二 近代中国成为半殖民地半封建社会

（1）中国近代史的开端是 1840 年第一次鸦片战争。

（2）近代中国社会的性质是半殖民地半封建社会。

（3）近代中国半殖民地半封建社会有六大特点：

第一，资本-帝国主义通过逐步操纵中国的经济、政治、文化，日益成为支配中国的决定性力量。

第二，中国的封建势力同外国侵略势力相勾结，成为外国列强压迫、奴役中国人民的社会基础和统治支柱。

第三，中国的自然经济虽然遭到破坏，但封建地主的土地所有制依然在广大地区内保持着，成为中国走向现代化和民主化的严重障碍。

第四，中国资本主义在帝国主义和封建主义的压迫下，发展很缓慢，力量很软弱。

第五，近代中国各地区经济、政治和文化发展极不平衡，加之外国列强分别支持不同政治势力以分裂中国，使中国处于不统一状态。

第六，在外国列强、封建主义、官僚资本主义的三重压迫下，中国的广大人民尤其是农民日益贫困化以至大批破产，过着饥寒交迫和毫无政治权利的生活。

（4）近代中国社会阶级关系发生了变化：

第一，旧的封建统治阶级即地主阶级继续拥有大量的土地，掌握着国家政权，对人民实行专制统治。

第二，近代中国社会人数最多的被剥削阶级是农民阶级，具有强烈的革命要求，是中国革命的主力军。

第三，近代中国新产生的阶级是资产阶级，主要由一些买办、商人、地主、官僚投资新式企业转化而来。中国资产阶级分为官僚买办资产阶级和民族资产阶级两部分。

第四，中国的民族资产阶级有双重特点和双重性格：

一方面受到外国资本主义和本国封建主义的压迫，在一定条件下可以参加反帝反封建革命或在斗争中保持中立；另一方面因其力量薄弱，又与外国资本主义和本国封建主义有着千丝万缕的联系，在斗争中缺乏彻底的革命性。这也决定了中国民族资产阶级不可能引导中国革命走向胜利。

第五，近代中国产生的被压迫阶级是工人阶级。近代工人阶级主要来源于三个方面：

一是外国资本在中国经营的近代工商业。

二是19世纪60年代的洋务企业。

三是19世纪70年代以后的中国民族资本主义企业。

第六，中国工人阶级是近代中国社会中最先进、最革命、最有力量的阶级，既具有世界无产阶级的共同优点，又有其特点：

一是深受帝国主义、封建势力和资产阶级三重压迫和剥削，革命性最强。

二是人数虽少，但相对集中，便于形成革命的力量和传播先进的思想。

三是主要由破产农民和家庭手工业者转化而来，同农民有着天然的联系，便于结成工农联盟。

三 近代中国社会两对主要矛盾和两大历史任务

（1）近代中国社会有两对主要矛盾：

第一，近代中国社会两对主要矛盾是：帝国主义与中华民族的矛盾、封建主义与人民大众的矛盾，其中最主要的矛盾是帝国主义与中华民族的矛盾。

第二，两对主要矛盾的关系主要体现为：

一是当外国列强向中国发动侵略战争时，阶级矛盾降到次要地位，民族矛盾上升到主要地位。

二是当外国侵略者同中国封建政权相勾结，共同镇压中国革命时，阶级矛盾就上升为主要矛盾。

三是当国内战争发展到直接威胁帝国主义在华利益，以及中国封建地主阶级统治时，外国列强和国内封建主义完全公开站在一条战线上。

（2）近代以来中华民族面临的两大历史任务及其关系：

第一,近代以来中华民族面临的两大历史任务是:一是求得民族独立和人民解放;二是实现国家繁荣富强和人民共同富裕。

第二,两大历史任务的关系:一方面,争取民族独立和人民解放是实现国家繁荣富强和人民共同富裕的前提条件;另一方面,民族独立和人民解放的最终目的是使中国走向现代化,实现国家繁荣富强和人民的共同富裕。两大历史任务完成之时,也就是中华民族伟大复兴之日。实现中华民族伟大复兴,成为中华民族近代以来最伟大的梦想。

四 抵御外来侵略、争取民族独立的斗争

(1) 中国近代史上中国人民第一次大规模的反侵略武装斗争是广州三元里人民的抗英斗争。

(2) 爱国官兵的反侵略斗争:

第一,1841 年,广东水师提督关天培战死虎门。

第二,1842 年,江南提督陈化成在吴淞西炮台以身殉国,副都统海龄在镇江战死疆场。

第三,中法战争期间,督办台湾事务大臣刘铭传击退法舰对基隆和淡水的进攻。

第四,冯子材率领清军和当地民众取得镇南关大捷。

第五,中日甲午战争中,左宝贵战死平壤,致远舰管带邓世昌、经远舰管带林永升在黄海战斗中英勇牺牲,北洋舰队统帅丁汝昌、定远舰管带刘步蟾在威海卫以身殉国。

五 十九世纪末帝国主义列强瓜分中国的图谋及其失败的原因

(1) 19 世纪末,帝国主义国家展开争夺殖民地的狂潮,也开始了瓜分中国、灭亡中国的罪恶阴谋,中国陷入严重的"边疆危机"之中。

(2) 在 19 世纪末西方列强瓜分中国的狂潮中,提出"门户开放"政策的国家是美国。

(3) 19 世纪末帝国主义列强瓜分中国图谋失败的原因是多方面的:

第一,最根本原因是中国人民进行了不屈不挠的反侵略斗争。

第二,重要原因是帝国主义列强之间的矛盾和相互制约。

六 反侵略斗争的失败和民族意识的觉醒

(1) 自 1840 年至 1919 年,中国人民反侵略斗争失败的原因有两个:一是社会制度的腐败;二是经济技术的落后。其中最根本的原因是社会制度的腐败。

(2) 近代中国睁眼看世界的第一人是林则徐,他组织编成了《四洲志》。

(3) 魏源编纂了《海国图志》,并提出"师夷长技以制夷"的思想。

(4) 1895 年,严复在《救亡决论》一文中喊出"救亡"口号,翻译了《天演论》,

用"物竞天择""适者生存"的社会进化论思想,激发人们的危机意识和民族意识。

(5) 民族危机激发了中华民族的觉醒,救亡图存成为时代的主旋律。

(6) 1894年11月,孙中山创立革命团体——兴中会,喊出"振兴中华"这个时代最强音。

能力检测

一、单项选择题（在每小题列出的备选项中只有一项是最符合题目要求的,请将其选出）

1. 1840年鸦片战争前,中国社会的性质是（　　）。
   A. 奴隶社会　　　　　　　　B. 封建社会
   C. 半殖民地半封建社会　　　D. 资本主义社会

2. 19世纪初,向中国大肆走私鸦片的主要国家是（　　）。
   A. 美国　　　B. 英国　　　C. 日本　　　D. 俄国

3. 资本-帝国主义列强对中国的侵略,首先和主要的措施是（　　）。
   A. 政治控制　　B. 军事侵略　　C. 经济掠夺　　D. 文化渗透

4. 将香港岛割让给英国的条约是（　　）。
   A. 《南京条约》　　　　　　B. 《黄埔条约》
   C. 《天津条约》　　　　　　D. 《北京条约》

5. 1858年,英国和法国等迫使清政府签订的不平等条约是（　　）。
   A. 《南京条约》　　　　　　B. 《黄埔条约》
   C. 《天津条约》　　　　　　D. 《北京条约》

6. 1895年签订的将中国领土台湾割让给日本的不平等条约是（　　）。
   A. 《南京条约》　　　　　　B. 《北京条约》
   C. 《天津条约》　　　　　　D. 《马关条约》

7. 1894年,制造了骇人听闻的旅顺大屠杀惨案的国家是（　　）。
   A. 日本侵略军　　　　　　　B. 俄国侵略军
   C. 英法联军　　　　　　　　D. 八国联军

8. 1860年洗劫和烧毁圆明园的侵略军是（　　）。
   A. 日本侵略军　　　　　　　B. 俄国侵略军
   C. 英法联军　　　　　　　　D. 八国联军

9. 外国列强对中国进行资本输出最早是出现在（　　）。
   A. 第一次鸦片战争之后　　　B. 第二次鸦片战争之后
   C. 中日甲午战争之后　　　　D. 八国联军侵华战争之后

10. 基督教在中国设立的最大出版机构广学会发行的报纸是（　　）。

A.《中国丛报》　　B.《北华捷报》　　C.《学林西报》　　D.《万国公报》

11. 近代中国社会的性质是（　　）。

A. 封建主义社会　　　　　　　　B. 半殖民地半封建社会
C. 资本主义社会　　　　　　　　D. 社会主义社会

12. 中国半殖民地半封建社会最主要的矛盾是（　　）。

A. 地主阶级与农民阶级的矛盾　　B. 资产阶级与工人阶级的矛盾
C. 帝国主义与中华民族的矛盾　　D. 封建主义与人民大众的矛盾

13. 近代中国革命的主力军是（　　）。

A. 工人阶级　　　　　　　　　　B. 农民阶级
C. 小资产阶级　　　　　　　　　D. 民族资产阶级

14. 中国近代史上人民群众第一次大规模的反侵略武装斗争是（　　）。

A. 三元里人民的抗英斗争　　　　B. 太平天国抗击洋枪队的斗争
C. 台湾人民的抗日斗争　　　　　D. 义和团抗击八国联军的斗争

15. 1841年，战死虎门的广东水师提督是（　　）。

A. 陈化成　　　B. 海龄　　　C. 左宝贵　　　D. 关天培

16. 中日甲午战争中，英勇牺牲的致远舰管带是（　　）。

A. 邓世昌　　　B. 林永升　　C. 刘步蟾　　　D. 左宝贵

17. 19世纪末，在帝国主义列强瓜分中国的狂潮中提出"门户开放"政策的国家是（　　）。

A. 俄国　　　B. 日本　　　C. 美国　　　D. 德国

18. 旧民主主义革命时期，中国反侵略斗争失败的最根本原因是（　　）。

A. 社会制度腐败　　　　　　　　B. 经济技术落后
C. 思想文化保守　　　　　　　　D. 军事装备落后

19. 近代中国睁眼看世界的第一人是（　　）。

A. 魏源　　　B. 林则徐　　C. 龚自珍　　　D. 洪仁玕

20. 鸦片战争后提出"师夷长技以制夷"的是（　　）。

A. 林则徐　　　B. 王韬　　　C. 龚自珍　　　D. 魏源

21. 1843年，魏源在《海国图志》中提出的思想主张是（　　）。

A. 中学为体，西学为用　　　　　B. 师夷长技以制夷
C. 物竞天择，适者生存　　　　　D. 维新变法，救亡图存

22. 1898年，严复翻译出版的《天演论》所宣传的思想是（　　）。

A. 师夷长技以制夷　　　　　　　B. 中学为体、西学为用
C. 振兴中华　　　　　　　　　　D. 物竞天择、适者生存

二、简答题

1. 简述中国封建社会的基本特点。

2. 简述近代中国社会的主要矛盾及其影响。

3. 简述近代中国社会的主要矛盾和近代以来中华民族面临的历史任务。

4. 简述近代中国资产阶级的产生及其所包含的两部分。

5. 简述中国民族资产阶级的特点。

6. 简述近代中国工人阶级的特点。

7. 简述近代中国人民反侵略斗争失败的原因。

三、论述题

1. 试述中国半殖民地半封建社会的主要矛盾及其相互关系。

2. 试述实现中华民族伟大复兴成为中华民族近代以来最伟大的梦想的原因。

3. 试述19世纪末帝国主义列强瓜分中国的图谋未能实现的主要原因。

4. 试述第一次鸦片战争至辛亥革命前夕,先进中国人民族意识的觉醒。

第二章　对国家出路的早期探索

知识框架

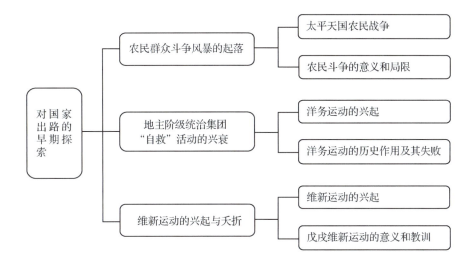

内容精要

第一节　农民群众斗争风暴的起落

一　太平天国农民战争

（一）金田起义和太平天国政权的建立

1. 太平天国农民战争爆发的原因

太平天国农民战争，发生在第一次鸦片战争之后。战争爆发的根本原因是，封建专制政权和地主阶级对农民的政治压迫和经济剥削。社会原因是鸦片战争中，清政府所消耗的战费、战争赔款摊派给各省负担，并层层转嫁给农民，加速中国社会经济的萎缩和人民生活的贫困。自然原因是全国自然灾害频发，大量灾民流离失所。

2. 太平天国政权的建立

1843年，洪秀全决定创立拜上帝教，作为宣传、动员和团结群众的组织。他写作了具有朴素平等观点的《原道救世歌》《原道醒世训》《原道觉世训》，为太平天国农民战争提供思想基础。1847年，洪秀全到广西紫荆山区与冯云山会合，共同制定《十款天条》，作为教众的政治生活准则，起义后成为太平军军纪。

1851年1月，洪秀全率领拜上帝教教众在广西省桂平县（今广西壮族自治区桂平市）金田村发动起义，建号太平天国。3月，洪秀全在东乡宣布称天王。9月攻克永安后，进行封王建制和整顿军纪等工作。洪秀全封杨秀清为东王，萧朝贵为西王，冯云山为南王，韦昌辉为北王，石达开为翼王。所封诸王皆受东王节制。

1853年3月，太平军攻克南京，改名天京，定为太平天国首都。太平天国定都天京后，先后进行了北伐、西征和天京城外的破围战。到1856年上半年，除北伐失利外，太平军控制了大片地区，达到军事上的全盛时期。

（二）《天朝田亩制度》和《资政新篇》

1.《天朝田亩制度》

《天朝田亩制度》颁布于1853年冬，是最能体现太平天国社会理想和这次农民战争特点的纲领性文件。

第一，确立了平均分配土地的方案，根据"凡天下田，天下人同耕"的原则，好坏搭配，按人口平均分配。

第二，规定农副业产品的生产与分配。以农村政权的基层组织"两"来实行管理，每25户为一两，实行生产、分配统一管理。

《天朝田亩制度》是一个以解决土地问题为中心的比较完整的社会改革方案，代表了农民要求平均分配土地的强烈愿望，反映了农民反对封建土地所有制的普遍要求。太平天国领导人希望通过这个方案，建立"有田同耕，有饭同食，有衣同穿，有钱同使，无处不均匀，无人不饱暖"的理想社会。

不过，这个纲领没有超出农民小生产者的狭隘眼界。它所追求的理想天国，是建立在小农业与家庭手工业相结合的自然经济基础上、没有商品交换和绝对平均的理想社会，是不切实际的空想。它表明，太平天国农民起义，尽管给腐朽的封建制度以严重的冲击，却难以建立起替代腐朽制度的新的社会制度。

2.《资政新篇》

太平天国后期，"干王"洪仁玕提出《资政新篇》，其主要内容有：

第一，政治方面，主张"禁朋党之弊"，加强中央集权，制定法律制度；设"暗柜"，用以监督官员，改革弊政。

第二，经济方面，主张发展近代工矿、交通、邮政、金融等事业；吸取外国科学技术，奖励科技发明和机器制造，提倡资本主义的雇佣劳动制。

第三，思想文化方面，提出设新闻官、新闻馆，提倡兴办学校、医院和社会福利事业；主张革除缠足、溺婴等社会陋习。

第四，外交方面，主张同世界各国交往、通商，强调允许外国人为天国献策，但不得毁谤国法。

《资政新篇》是一个带有鲜明资本主义色彩的社会发展方案。但通篇未涉及农民问题和土地问题，这也决定了这个方案从一开始就缺乏实施的阶级基础和社会条件。

（三）从天京事变到太平天国的失败

1. 天京事变

太平天国制定了森严的封建等级制，领导集团在生活上追求享乐，在政治上争权夺利。1856年9月，天京事变发生，东王杨秀清、北王韦昌辉先后被杀，翼王石达开率部出走后败亡。天京事变是太平天国由盛到衰的转折点，大大削弱了太平天国的领导和军事力量，造成严重危机。

2. 太平天国的失败

为挽救危局，洪秀全提拔了英王陈玉成、忠王李秀成等一批年轻的将领，封洪仁玕为干王，总理朝政。但是，这已无法挽回败局。

1864年春夏，太平军在苏南、浙江、皖南的根据地全部丢失，天京被湘军围困，7月被湘军攻破。太平天国农民战争失败。

二 农民斗争的意义和局限

（一）太平天国的历史意义

第一，沉重打击了封建统治阶级，强烈撼动了清政府的统治根基。

第二，是中国旧式农民战争的最高峰，具有不同于以往农民战争的新的历史特点。一是起义坚持14年之久，革命势力先后扩展到18个省，规模之大、时间之长、影响之深，是以往历次农民起义比不上的。二是把千百年来农民对拥有土地的渴望，在《天朝田亩制度》中比较完整地表达出来。三是《资政新篇》反映了太平天国某些领导人后期试图通过向外国学习寻求出路的一种努力。

第三，冲击了孔子和儒家经典的正统权威，在一定程度上削弱了封建统治的精神支柱。

第四，有力地打击了外国侵略势力。太平天国领袖们拒绝不平等条约，严禁鸦片贸易，与侵略者英勇斗争。

第五，在19世纪中叶的亚洲民族解放运动中，太平天国起义是其中时间最久、规模最大、影响最深的一次。它和亚洲其他国家的民族解放运动汇合在一起，冲击了西方殖民主义在亚洲的统治。

（二）太平天国失败的原因和教训

1. 太平天国失败的原因

第一，根本原因在于缺乏先进阶级的领导。农民阶级不是新的生产力和生产关系的代表，带有小生产者所固有的阶级局限性。

第二，没有科学理论的指导。拜上帝教不是科学的思想理论，不仅不能正确指导斗争，也无法维持内部长久的团结，还不能正确对待传统文化。

第三，对外国资本主义列强缺乏理性的认识。太平天国领导人笼统地把信奉上帝的西方人都称为"洋兄弟"。

2. 太平天国失败的教训

太平天国起义的发生和失败表明，在半殖民地半封建社会，农民具有伟大的革命力量，但它不能担负起领导反帝反封建斗争取得胜利的重任。

第二节　地主阶级统治集团"自救"活动的兴衰

一　洋务运动的兴起

（一）洋务派的形成

19世纪60年代，为挽救清王朝的内忧外患危机，封建统治阶级中的部分成员如奕䜣、曾国藩、李鸿章、左宗棠、张之洞等，主张仿造西方的武器装备，学习西方的科学技术，以"自强""求富"为目标，兴办洋务。这些官员被称为洋务派。

恭亲王奕䜣是清朝统治集团中倡导洋务的首领。冯桂芬提出兴办洋务事业的指导思想是"中学为体，西学为用"。1861年，清政府设立总理各国事务衙门，作为综理洋务的中央机关。

（二）洋务新政的兴办

19世纪60到90年代，洋务派举办的洋务事业归纳起来主要有三个方面。

1. 兴办近代企业

洋务派最早兴办的是军用工业。其目的首先是为了镇压太平天国起义；同时，也是为了加强海防、边防，抵御外国侵略。30余年中先后办过24个规模不同的兵工厂。其中上海江南制造总局是洋务派办的第一个规模较大的近代军工企业。

从19世纪70年代开始，洋务派打着"求富"的招牌办民用企业，经营轮船、电报、采矿冶炼与纺织工业四个部门，其目的主要是为了解决兴办军事工业对煤铁等原料的需求、交通运输的需要，以及试图以民用企业的利润弥补军用工业的亏空。

2. 建立新式海陆军

各地纷纷成立洋枪队，使用洋枪洋炮，聘请英法等国军官为教练。1874年，日本派兵侵略我国台湾，清政府兴起海防之议。到19世纪90年代，分别建成福建水师、广东水师、南洋水师、北洋水师。其中，北洋水师是清政府海军的主力，一直由李鸿章管辖。

3. 创办新式学堂、派遣留学生

为培养懂得西方先进技术的专业人才，洋务派创办了30多所新式学堂。主要有三种：一是翻译学堂，主要培养翻译人才；二是工艺学堂，主要培养电报、铁路、矿务、西医等专门人才；三是军事学堂。

1872年至1875年，清政府先后派遣4批120名幼童赴美学习，此后，还派遣官费留学生赴英、法、德等国学习。

二 洋务运动的历史作用及其失败

（一）洋务运动的历史作用

第一，以"自强""求富"为目标，客观上促进了中国早期工业和民族资本主义的发展。

第二，通过开办新式学堂和官派留学生，成为中国近代教育的开端。

第三，传播了新知识，打开了人们的眼界。

第四，引起了社会风气和价值观念的变化。传统的"重农抑商"观念受到很大冲击，商人、商业在社会中地位明显提高。西方的科学技术不再被视为"奇技淫巧"，"西学"成为中国求强求富的学问。

（二）洋务运动失败的原因

中日甲午战争中，洋务派经营多年的北洋海军全军覆没，标志着洋务运动的失败。

第一，洋务运动具有封建性。洋务运动是在封建的上层建筑、经济基础的条件下学习西方，然而新的生产力与封建主义的生产关系及上层建筑不相容，因此，不改变落后的政治制度，只是在封建制度的母体上，嫁接西方近代生产技术的枝芽，只能以失败而告终。

第二，洋务运动对西方列强具有依赖性。在半殖民地半封建社会性质下，西方列强表面上积极扶植洋务派，实际是以此为手段，巩固并扩大其在华特权，达到控制和操纵清廷的目的。洋务派仰仗西方列强以达到"自强""求富"目的，无异与虎谋皮。

第三，洋务企业的管理具有腐朽性。洋务派所办的新式企业在管理方面仍然采取封建衙门式的管理方法，一方面使企业缺乏应有的生机和活力；另一方面，企业内部官僚化、贪污中饱、挥霍浪费现象严重。

第三节 维新运动的兴起与夭折

一 戊戌维新运动的兴起

（一）维新派倡导救亡和变法的活动

1. 维新运动的兴起

维新运动是帝国主义列强在华划分势力范围、民族危机急剧激化的产物。

中国民族资本主义的初步发展，是维新运动兴起的物质条件。洋务运动的开展和民族近代工业的出现，催生了早期维新思想家。他们在洋务运动的过程中特别是甲午战争失败后，逐步认识到仅仅依靠新式枪炮船舰和兴办企业，还不能使中国富强，因而要求清政府吸收西方国家进步的政治制度和文化，进行自上而下的社会政治改革。康有为、梁启超、谭嗣同、严复等成为推动维新思潮的领军人物，并于1898年把这种思潮发展成为一场变法维新的政治运动。

2. 维新运动的宣传

第一，向皇帝上书。1895年，康有为联合在京参加会试的举人共同发起"公车上书"，康有为成为倡导维新运动的旗手。

第二，著书立说。康有为写了《新学伪经考》《孔子改制考》《人类公理》等著作。梁启超写了《变法通义》，谭嗣同写了《仁学》，严复翻译了《天演论》。

第三，介绍外国的变法。康有为向光绪帝进呈了《日本变政考》等书，希望中国以日本的明治维新为榜样，走自上而下的社会改革道路。

第四，办学会、办报纸、设学堂。影响较大的学会有强学会、南学会、保国会等。影响较大的报纸有梁启超任主笔的上海《时务报》、严复主办的天津《国闻报》及湖南的《湘报》等。重要的学堂有康有为主持的广州万木草堂和梁启超主持的长沙时务学堂。

（二）维新派和守旧派的论战

第一，要不要变法。守旧势力坚持"祖宗之法不可变"，否则就是"违背天理"。维新派指出，事物的进化是自然界和人类社会发展的必然法则，世界万事万物必须随着时代的变化而有所改变。中国面临被瓜分的严重危机，"能变则全，不变则亡；全变则强，小变乃亡"。

第二，要不要兴民权、设议院，实行君主立宪。守旧派认为民权之说无一益而有百害，维新派认为君主立宪是当时中国理想的政治方案。

第三，要不要废八股、改科举和兴学堂。维新派痛斥科举制度是统治者"牢笼天下"的愚民政策。

维新派和守旧派的论战，实质上是资产阶级思想与封建主义思想在中国的第一次正面交锋。

（三）昙花一现的百日维新

1. 百日维新

1898年6月11日，光绪皇帝颁布"明定国是"诏书，宣布开始变法。在此后的103天里，光绪皇帝颁布了一系列变法上谕，史称"百日维新"。

第一，政治上，改革行政机构，裁汰冗员，提倡廉政，准许创办报纸和上书言事。

第二，经济上，保护、奖励农工商业和交通采矿业；提倡开办实业，奖励发明创造；设立农会，注重发展农业，提倡西法垦殖；改革财政，编制国家预决算。

第三，军事上，裁撤绿营，训练新式陆军，采用西洋兵制，筹设武备学堂等。

第四，文教上，改革科举制度，废除八股，改试策论；广设中小学堂，创办京师大学堂；提倡西学，设译书局，选派留学生出国留学等。

新政内容有助于中国民族资本主义的发展和资产阶级先进文化科学的传播，但只字未提"君主立宪"，没有触动清朝统治基础，改革很不彻底。

2. 百日维新失败

1898年9月21日，封建守旧势力发动政变，慈禧太后重新"训政"，将光绪皇帝软禁于中南海瀛台，同时下令搜捕维新派人士。9月28日，谭嗣同、刘光第、林旭、杨锐、杨深秀、康广仁六人，被杀于北京，史称"戊戌六君子"。除京师大学堂和各地新式学堂被保留外，其余主要新政措施均被废弃。戊戌维新运动宣告失败。

二 戊戌维新运动的意义及教训

（一）戊戌维新运动的进步历史意义

第一，是一次爱国救亡运动。在民族危亡关头，维新派掀起了变法图存、维护民族独立和发展资本主义的救国运动，反映了时代的要求。

第二，是一场资产阶级性质的政治改革运动。维新派主张的君主立宪制在一定程度上冲击了封建专制制度。

第三，是一场思想启蒙运动。维新派大力传播西方的社会政治学说，有利于民主主义思想在中国的传播，形成广泛的文化革新运动，并对近代教育发展起了积极作用。

第四，维新派主张革除陋习，倡导讲文明、重卫生，有助于改革社会风气。

（二）戊戌维新运动失败的原因和教训

1. 失败的原因

失败的主要原因是维新派自身的局限和以慈禧太后为首的强大的封建守旧势力的反对。

维新派自身的弱点和局限主要有以下几个方面：

第一，不敢否定封建主义。

第二，对帝国主义抱有幻想。

第三，脱离人民群众。维新派活动基本上局限于一些官僚士大夫和知识分子，不仅脱离人民群众，而且害怕人民群众，缺乏群众支持。

第四，既无严密的组织，又不掌握军队。

2. 教训

戊戌维新是中国民族资产阶级登上政治舞台的第一次表演，显示了民族资产阶级及其知识分子的政治朝气，表达了这一新兴阶级的政治追求。

戊戌维新运动的失败，也暴露出了中国民族资产阶级的软弱，同时也说明在半殖民地半封建社会的中国，企图通过统治者进行自上而下的改良的道路行不通。要实现国家的独立、民主、富强，必须采用革命的手段。

要点荟萃

一 太平天国农民战争

（1）洪秀全率领拜上帝教教众在广西省桂平县金田村发动起义的时间是1851年1月。

（2）1853年3月，太平军攻克南京，改名天京，定为太平天国首都。

（3）太平天国定都天京后，先后颁布了两个重要纲领，一个是《天朝田亩制度》，一个是《资政新篇》。

第一，《天朝田亩制度》颁布于1853年冬太平天国定都天京后，是一个以解决土地问题为中心的比较完整的社会改革方案。其基本内容包含两个方面：

一是确立了平均分配土地的方案。

二是规定了农副业产品的生产与分配。

这个方案代表了农民要求平均分配土地的强烈愿望，最能体现太平天国社会理想。不过，这个纲领所追求的是建立在小农业与家庭手工业相结合的自然经济基础上、没有商品交换和绝对平均的理想社会，是不切实际的空想。

第二，《资政新篇》是在太平天国后期由"干王"洪仁玕提出，是一个带有鲜明资本主义色彩的社会发展方案。其基本内容主要包括政治、经济、文化、外交等方面：

政治方面：加强中央集权，制定法律制度；设"暗柜"，用以监督官员，改革弊政。

经济方面：主张发展近代工矿、交通、邮政、金融等事业；吸取外国科学技术，奖励科技发明和机器制造，提倡资本主义的雇佣劳动制。

思想文化方面：提出设新闻官、新闻馆，提倡兴办学校、医院和社会福利事业；主张革除缠足、溺婴等社会陋习。

外交方面：主张同世界各国交往、通商，强调允许外国人为天国献策，但不得毁谤国法。

这个方案通篇未涉及农民问题和土地问题，这也决定了这个方案从一开始就缺乏实施的阶级基础和社会条件。

（4）太平天国由盛到衰的转折点是天京事变，发生于1956年9月。为挽救危局，洪秀全提拔了英王陈玉成、忠王李秀成等一批年轻将领，封洪仁玕为干王，总理朝政。

（5）1864年7月，天京被湘军攻破，太平天国农民战争失败。

二 太平天国的历史意义和原因教训

（1）太平天国的历史意义主要体现在五个方面：

第一，沉重打击了封建统治阶级，强烈撼动了清政府的统治根基。

第二，是中国旧式农民战争的最高峰，主要体现在两个方面，一是《天朝田亩制度》把千百年来农民对拥有土地的渴望比较完整地表达出来；二是《资政新篇》是中国近代史上第一个比较系统的发展资本主义的方案，反映了太平天国某些领导人后期试图通过向外国学习寻求出路的一种努力。

第三，冲击了孔子和儒家经典的正统权威，在一定程度上削弱了封建统治的精神支柱。

第四，有力地打击了外国侵略势力。

第五，是19世纪中叶亚洲民族解放运动中起义时间最久、规模最大、影响最深的一次，冲击了西方殖民主义在亚洲的统治。

（2）太平天国失败的原因有三个方面：

第一，根本原因在于缺乏先进阶级的领导。

第二，没有科学理论的指导。

第三，对外国资本主义列强缺乏理性的认识。

（3）太平天国起义的发生和失败的教训是：

在半殖民地半封建社会，农民具有伟大的革命力量，但它不能担负起领导反帝反封建斗争取得胜利的重任。

三 洋务运动的兴起

（1）洋务派指的是19世纪60年代，为挽救清王朝的内忧外患危机，主张仿造西方的武器装备，学习西方的科学技术，以"自强""求富"为口号和目标，兴办洋务的官员。

（2）恭亲王奕䜣是清朝统治集团中倡导洋务的首领。

（3）冯桂芬提出兴办洋务事业的指导思想是"中学为体，西学为用"。

（4）1861年，清政府设立的综理洋务的中央机关是总理各国事务衙门。

（5）洋务派最早兴办的是军用工业。其目的首先是为了镇压太平天国起义；同时，也是为了加强海防、边防，抵御外国侵略。

（6）洋务派举办的洋务事业主要有以下三个方面：

第一，兴办近代军用工业和民用企业。江南制造总局是洋务派创办的第一个规模较大的近代军工企业。

第二，建立新式海陆军。其中北洋水师是清政府海军的主力，由李鸿章管辖。

第三，创办新式学堂、派遣留学生。京师同文馆是洋务运动时期最早创办的翻译学堂。

四 洋务派运动的历史作用及失败原因

（1）洋务运动的历史作用主要体现在四个方面：

第一，客观上促进了中国早期工业和民族资本主义的发展。

第二，成为中国近代教育的开端。

第三，传播了新知识，打开了人们的眼界。

第四，引起了社会风气和价值观念的变化。

（2）洋务运动失败的原因主要有三个方面：

第一，洋务运动具有封建性。

第二，洋务运动对西方列强具有依赖性。

第三，洋务企业的管理具有腐朽性。

五 维新派倡导救亡和变法的活动

（1）康有为是倡导维新运动的旗手，1895年他联合在京参加会试的举人共同发起"公车上书"。

（2）戊戌维新时期，康有为撰写的宣传变法主张的著作是《新学伪经考》《孔子改制考》《人类公理》，梁启超撰写的是《变法通义》，谭嗣同撰写的是《仁学》，严复翻译了《天演论》。

（3）戊戌维新时期，维新派在上海创办的影响较大的报纸是梁启超任主笔的《时务报》、天津严复主办的《国闻报》、湖南的《湘报》。重要的学堂有康有为主持的广州万木草堂和梁启超主持的长沙时务学堂。

六 19世纪末，维新派与守旧派论战的主要问题及意义

（1）维新派和守旧派之间的论战主要围绕三个问题展开：

第一,要不要变法。

第二,要不要兴民权、设议院,实行君主立宪。

第三,要不要废八股、改科举和兴学堂。

(2) 维新派和守旧派的论战,实质上是中国近代史上资产阶级思想与封建主义思想的第一次正面交锋。

(3) 维新派和守旧派的论战进一步开阔了新型知识分子的眼界,为维新变法运动做了思想舆论的准备。

七 "百日维新"

(1) 1898年6月11日,光绪皇帝颁布"明定国是"诏书,宣布开始变法。在此后的103天里,光绪皇帝颁布了一系列变法上谕,史称"百日维新"。

(2) 1898年9月21日,封建守旧势力发动政变,慈禧太后重新"训政",将光绪皇帝软禁于中南海瀛台,同时下令搜捕维新派人士。

(3) 9月28日,谭嗣同、刘光第、林旭、杨锐、杨深秀、康广仁六人,被杀于北京,史称"戊戌六君子"。戊戌维新运动宣告失败。

八 戊戌维新运动的意义和教训

(1) 戊戌维新运动的意义主要体现在四个方面:

第一,是一次爱国救亡运动。

第二,是一场资产阶级性质的政治改革运动。

第三,是一场思想启蒙运动。

第四,有助于改革社会风气。

(2) 戊戌维新运动失败的原因主要有两点:

第一,以慈禧太后为首的强大的封建守旧势力的反对。

第二,维新派自身的弱点和局限,主要体现在三个方面,一是不敢否定封建主义,二是对帝国主义抱有幻想,三是严重脱离人民群众。

(3) 戊戌维新运动失败的教训主要体现在三个方面:

第一,暴露出了中国民族资产阶级的软弱。

第二,说明在半殖民地半封建的中国,企图通过统治者进行自上而下的改良的道路行不通。

第三,要实现国家的独立、民主、富强,必须采用革命的手段。

能力检测

一、单项选择题（在每小题列出的备选项中只有一项是最符合题目要求的，请将其选出）

1. 太平天国农民起义爆发的时间是（　　）。
   A. 1851 年　　　B. 1853 年　　　C. 1856 年　　　D. 1864 年
2. 太平天国农民战争爆发的标志是（　　）。
   A. 金田起义　　B. 永安建制　　C. 长沙战役　　D. 南京定都
3. 1853 年太平天国定都天京后的纲领性文件是（　　）。
   A.《原道觉世训》　　　　　　　B.《十款天条》
   C.《天朝田亩制度》　　　　　　D.《资政新篇》
4. 太平天国由盛转衰的转折点是（　　）。
   A. 长沙战役　　B. 北伐受挫　　C. 天京事变　　D. 安庆失守
5. 太平天国后期，洪仁玕提出的具有资本主义色彩的改革方案是（　　）。
   A.《四洲志》　　　　　　　　　B.《海国图志》
   C.《资政新篇》　　　　　　　　D.《盛世危言》
6. 19 世纪 60 年代，清朝统治集团中倡导洋务的首领人物是（　　）。
   A. 曾国藩　　　B. 奕䜣　　　　C. 张之洞　　　D. 李鸿章
7. 1861 年，清政府设立的综理洋务的中央机关是（　　）。
   A. 江南制造总局　　　　　　　B. 京师同文馆
   C. 总理各国事务衙门　　　　　D. 外务部
8. 洋务派最早从事的洋务事业是（　　）。
   A. 兴办军用工业　　　　　　　B. 兴办民用工业
   C. 派遣留学生　　　　　　　　D. 创立新式学堂
9. 洋务派创办的第一个规模较大的近代军事工业是（　　）。
   A. 江南制造总局　　　　　　　B. 金陵机器局
   C. 马尾船政局　　　　　　　　D. 天津机器局
10. 到 19 世纪 90 年代，洋务派建成的新式海军中的主力是（　　）。
    A. 北洋水师　　B. 广东水师　　C. 南洋水师　　D. 福建水师
11. 洋务运动时期最早创办的翻译学堂是（　　）。
    A. 同文馆　　　B. 广方言馆　　C. 译书局　　　D. 译书馆
12. 近代中国向西方派遣第一批留学生是在（　　）。
    A. 洋务运动时期　　　　　　　B. 戊戌维新时期
    C. 清末"新政"时期　　　　　　D. 辛亥革命时期
13. 19 世纪 90 年代，梁启超宣传变法维新主张的著作是（　　）。

A. 《新学伪经考》　B. 《仁学》　　　C. 《人类公理》　D. 《变法通义》

14. 戊戌维新时期，谭嗣同撰写的宣传变法主张的著作是（　　）。

A. 《新学伪经考》　　　　　　B. 《变法通义》
C. 《仁学》　　　　　　　　　D. 《日本变政考》

15. 维新派在上海创办的影响较大的报纸是（　　）。

A. 《时务报》　B. 《国闻报》　C. 《湘报》　D. 《新民丛报》

16. 在中国近代史上，资产阶级思想和封建主义思想的第一次正面交锋是（　　）。

A. 洋务派与顽固派的论战　　　B. 洋务派与维新派的论战
C. 维新派与守旧派的论战　　　D. 革命派与改良派的论战

17. 从 1898 年 6 月 11 日到 9 月 21 日，光绪帝颁布了一系列变法上谕，史称（　　）。

A. 戊戌政变　　B. 百日维新　　C. 清末新政　　D. 自强求富

18. 标志着中国民族资产阶级开始登上政治舞台的运动是（　　）。

A. 洋务运动　　　　　　　　　B. 戊戌维新运动
C. 国会请愿运动　　　　　　　D. 保路运动

二、简答题

1. 简述太平天国定都天京后，先后颁布的两个重要纲领及各自特点。
2. 简述《资政新篇》中关于政治和经济方面的主要内容。
3. 简述洋务运动的历史作用。
4. 简述洋务运动的指导思想和洋务派举办的事业。
5. 简述 19 世纪末，维新派与守旧派论战的主要问题及意义。
6. 简述资产阶级维新派自身弱点和局限的主要表现。

三、论述题

1. 试述太平天国农民战争的历史意义。
2. 试述洋务运动的性质及失败的原因。
3. 试述戊戌维新运动的历史意义。

第三章 辛亥革命与封建君主专制制度的终结

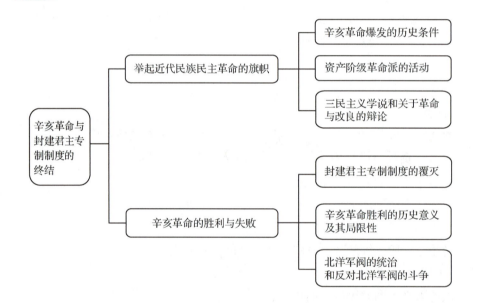

第一节 举起近代民族民主革命的旗帜

一 辛亥革命爆发的历史条件

（一）民族危机加深，社会矛盾激化

一方面，外国列强对中国的侵略日益扩大，民族危机加深。《辛丑条约》签订后，列强加强了对清政府的政治控制，竭力扩展在华经济势力。另一方面，社会矛盾激化，民变四起。清政府既要对外赔款，又要对内搞"新政"，人民负担沉重，激起民众的普遍反抗。

（二）清末"新政"及其破产

清王朝为取得外国列强的信任，平息国内日益高涨的民怨，安抚统治阶级内部各派，拉拢资产阶级改良派，于1901年4月设立督办政务处，宣布实行"新政"。

1. 清末"新政"内容

第一，改革官制，整顿吏治。1901年，改总理各国事务衙门为外务部，新设商部、学部和巡警部等中央部门。

第二，改革兵制，训练新军，各省筹备武备学堂，裁汰绿营和防勇。

第三，改革学制，提倡新学，从1906年起，废除科举考试。

第四，奖励工商，兴办实业，并积极奖励。

2. 清末"新政"破产

第一，1906年，清政府宣布"预备仿行宪政"。

第二，1908年颁布《钦定宪法大纲》，规定9年预备立宪期限。

第三，1911年5月，责任内阁成立，国务大臣13人，其中满族9人，满族中的皇族7人，这引起立宪派不满，同时加剧汉族官僚同满族官僚的矛盾，清政府统治陷入统治危机。

（三）资产阶级革命派的阶级基础和骨干力量

为了冲破帝国主义、封建主义的桎梏，发展资本主义，民族资产阶级需要自己政治利益的代言人和经济利益的维护者。这正是资产阶级革命派形成的阶级基础。

资产阶级革命派的骨干是一批资产阶级、小资产阶级知识分子。这个知识分子群是随着19世纪末20世纪初清政府兴学堂、派留学生而逐渐形成的。

二 资产阶级革命派的活动

（一）孙中山与资产阶级民主革命的开始

1894年，孙中山在檀香山组织了中国第一个资产阶级革命组织——兴中会。1895年春，在香港成立兴中会总部，并以"驱除鞑虏，恢复中华，创立合众政府"为誓词，决心推翻清政府，建立资产阶级政权。

兴中会成立后，孙中山立即着手联络广东各地会党、绿林和防营进行武装斗争。1904年，孙中山发表《中国问题的真解决》，指出只有推翻清政府的统治，建立"中华民国"，才能真正解决中国问题。

（二）资产阶级革命派的宣传与组织工作

第一，著书立说，促使民主革命思想迅速传播。章炳麟的《驳康有为论革命书》，歌颂革命，强调中国人有能力建立民主共和制；邹容的《革命军》，阐述在中国进行民主革命的正义性和必要性，号召推翻清政府统治，建立"中华共和国"；陈天华的《警世钟》和《猛回头》，抨击外国列强瓜分中国的图谋，揭露清政府的卖国行径，号召推翻这个"洋人的朝廷"。

第二，各地陆续成立资产阶级革命团体。黄兴为会长的华兴会、蔡元培为会长的光复会等先后成立。1905年8月20日，孙中山、黄兴在日本东京成立中国同盟会，孙中山被推举为总理，黄兴被任命为执行部庶务。中国同盟会以"驱除鞑虏，恢复中华，创立民国，平均地权"为纲领，机关报为《民报》。中国同盟会是近代中国第一个全国性的资产阶级性质的政党，它的成立标志着中国资产阶级民主革命进入了一个新阶段。

三 三民主义学说和关于革命与改良的辩论

（一）三民主义学说

1905年11月，孙中山在《民报》发刊词中，将中国同盟会纲领概括为民族、民权、民生的三民主义。

1. 民族主义

民族主义包括"驱除鞑虏，恢复中华"两项内容，是民族革命。

第一，以革命手段推翻清王朝，改变它的民族歧视和压迫政策；

第二，变"次殖民地"的中国为独立的中国。

民族主义革命纲领，最大限度地孤立了清朝统治者，特别提出反对阻碍革命的满洲人，加速了清王朝的灭亡。但是，民族主义没有明确的反帝主张，也没有明确地把汉族军阀、官僚、地主作为革命的对象，从而给这部分人后来从内部和外部破坏革命以可乘之机。

2. 民权主义

民权主义的内容是"创立民国"，即推翻封建君主专制制度，建立资产阶级共和国，是政治革命。

民权主义的提出，为资产阶级革命提出了一套建国方案。但是，民权主义没有明确广大劳动人民在国家中的地位，也难以保障人民的真正权利。

3. 民生主义

民生主义的内容为"平均地权"，也就是孙中山所说的"社会革命"。

民生主义的基本方案是：在革命胜利后，所有的土地所有者均要向国家申报自己的土地数目，由国家核定地价，按地价征税，土地价格上涨之后，收入增加部分应当归国家所有，为国民共享。此方案试图解决好土地问题，使中国走向富强，又可避免两极分化、贫富悬殊。但是，没有正面触及封建土地所有制，不能满足农民对土地的要求，难以成为发动群众的理论武器。

（二）关于革命与改良的辩论

1905 年至 1907 年，以孙中山为代表的革命派和以康有为为代表的改良派，分别以《民报》和《新民丛报》为主要舆论阵地展开论战。

1. 论战的内容

第一，要不要以革命手段推翻清政府。这是论战的焦点。针对改良派提出的革命会引起下层社会暴乱和外国干涉，革命派提出革命不免流血，革命是为了建设，破坏与建设是革命的两个方面。

第二，要不要推翻帝制，实行共和。针对改良派提出的中国国民"民智未开"，没有享受民主权利、当"共和国国民"资格，革命派指出，革命本身就是启发民智的方法。

第三，要不要社会革命。针对改良派美化封建土地所有制，革命派指出必须废除封建土地制度，把土地收归国有，以解决民生问题。

2. 论战的意义

第一，划清了革命与改良的界限，使人们清楚地认识到实行民主革命的必要性。

第二，使资产阶级民主思想和三民主义思想得到更加广泛的传播，为革命斗争奠定思想基础。

3. 论战中革命派的局限性

第一，革命派未能认清帝国主义的本质，不敢旗帜鲜明提出反帝口号，甚至希望争取帝国主义的支持。

第二，停留在对民主制度形式的理解上，缺乏对民主建政的深入认识。

第三，未能把土地制度改革与反对封建主义联系起来，无法真正解决农民土地问题。

第二节　辛亥革命的胜利与失败

一　封建君主专制制度的覆灭

（一）各地武装起义

1. 广州起义

1911 年 4 月 27 日，在黄兴的带领下，120 多名革命志士在广州举行起义。起义失败后，遇难者有 72 人被葬于广州红花岗（后改名黄花岗），史称黄花岗起义。

2. 保路风潮

1911 年 5 月，清政府皇族内阁为筹集借款，宣布"铁路干线收归国有"，并将粤汉、川汉铁路的路权出卖给帝国主义，引起湖北、湖南、广东、四川四省民众的强烈反对，保路运动随后兴起，四川省尤其强烈。署理四川总督赵尔丰下令向请愿群众开枪，当场打死 30 多人，造成成都血案。广大群众在中国同盟会会员的参与下，掀起全川的武装暴动。

（二）武昌起义和各地响应

随着革命形势日趋成熟，湖北新军中的共进会和文学社两个革命团体决定联合行动，在武昌举行起义。

1. 武昌起义

1911 年 10 月 10 日晚，新军工程第八营的革命党人打响了武昌起义第一枪，当夜占领武昌。三日之内，革命党人控制了武汉三镇，成立湖北军政府，推黎元洪为都督。

2. 各地响应

武昌起义引来全国响应，掀起辛亥革命的高潮。短短一个月，全国 13 个省和上海宣布起义，脱离清政府的统治。在其他省份，也爆发了各种各样的武装起义和群众自发斗争，清政府统治土崩瓦解。

3. 清帝退位

1912 年 2 月 12 日，清帝退位，在中国延续两千多年的封建帝制终于覆灭。

（三）中华民国临时政府宣告成立

1. 中华民国临时政府成立

1911 年年底，孙中山从海外回到上海，独立各省代表在南京正式选举孙中山为临时大总统。1912 年 1 月 1 日，孙中山在南京宣誓就职，宣告中华民国临时政府正式成立，改国号为"中华民国"，以 1912 年为中华民国元年。

2. 南京临时政府的性质

南京临时政府是一个资产阶级共和国性质的革命政权。

第一，在人员构成上，资产阶级革命派控制着该政权。

第二，在实行的各项政策措施上，集中体现了中国民族资产阶级的愿望和利益，在一定程度上符合广大中国人民的利益。

3. 《中华民国临时约法》颁布

1912 年 3 月，临时参议院颁布《中华民国临时约法》。这是中国历史上第一部具有资产阶级共和国宪法性质的法典。《中华民国临时约法》以根本大法的形式废除了封建君主专制制度，确认了资产阶级共和国的政治制度。

4. 南京临时政府的局限性

第一，企图用承认清政府与列强所定的一切不平等条约和所欠的一切外债，来换取列强承认中华民国。

第二，没有提出可以满足农民土地要求的政策和措施，反而以保护私有财产为借口，维护封建土地制度及官僚、地主所占有的土地和财产。

二 辛亥革命胜利的历史意义及其局限性

（一）辛亥革命胜利的历史意义

辛亥革命是一次比较完全意义上的资产阶级民主革命，是中华民族伟大复兴征程上的一个里程碑。

第一，推翻了清王朝在中国的统治，沉重打击了中外反动势力在中国的统治。

第二，结束了两千多年的封建君主专制制度，建立了中国历史上第一个资产阶级共和政府。

第三，传播了民主共和的理念，推动了中华民族的思想解放。

第四，推动了近代中国社会变革，推动了民族资本主义经济的发展，促进了社会风气的改变和人们的精神解放。

第五，打击了帝国主义在华势力，推动了亚洲各国民族解放运动的高涨。

（二）辛亥革命的局限性

第一，没有提出彻底的反帝反封建的革命纲领。幻想以妥协退让换取帝国主义的承认和支持，只强调反满和建立共和政体，没有反对整个封建统治阶级，把政权交给同样是封建势力代表的袁世凯。

第二，没有充分发动和依靠群众，革命根基相当单薄。

第三，没有建立坚强有力的革命政党。中国同盟会组织松懈，派系纷杂，缺乏一个统一和稳定的领导核心。

辛亥革命没有改变旧中国半殖民地半封建的社会性质，没有改变中国人民的悲惨遭遇，没有完成实现民族独立、人民解放的历史任务。辛亥革命失败表明，资产阶级共和国方案救不了中国，先进中国人需要进行新的探索，为中国谋求新的出路。

三 北洋军阀的统治和反对北洋军阀的斗争

（一）北洋军阀的统治

1. 袁世凯窃夺辛亥革命果实

辛亥革命爆发后，袁世凯以武力压迫革命派，帝国主义列强的外交使团及革命高潮中附从革命的立宪派、旧官僚大造"非袁莫属"的舆论。一些革命党人主张只要袁世凯能逼清帝退位，就应该让他当中华民国大总统，孙中山不得不表示同意。

1912年2月12日，清帝退位。2月13日，袁世凯声明赞成共和，孙中山提出辞呈。2月15日，临时参议院选举袁世凯为临时大总统。3月10日，袁世凯在北京就职。4月1日，孙中山正式辞去临时大总统职务。

2. 北洋军阀的专制统治

袁世凯窃夺辛亥革命的果实后，建立了代表大地主和买办资产阶级利益的北洋军阀政权，开始了北洋军阀统治中国的时期。北洋军阀是中国近代史上一个重要的军事、政治集团，从1912年袁世凯掌权到1928年张作霖出逃北京，控制中央政权达16年之久。

（1）政治上，实行军阀官僚的专制统治。

第一，以袁世凯为首的封建军阀大力扩充军队，建立特务、警察系统，制定一系列反动法令，剥夺《中华民国临时约法》规定给予人民的言论、出版、集会、结社等各种政治权利，任意逮捕、伤害革命党人和无辜民众。

第二，袁世凯毁弃资产阶级民主制度。1913年3月，暗杀热衷于政党政治的宋教仁；10月，强迫国会议员选举他为正式大总统；11月，下令解散国民党，使国会不足法定人数，无法开会。1914年1月，他遣散参议院、众议院议员；5月，炮制《中华民国约法》，用总统制取代内阁制；修改《总统选举法》，使大总统不仅可以无限期连任，而且可以推荐继承人。中华民国只剩下一块空招牌。

第三，为巩固专制统治，不惜投靠帝国主义。袁世凯未经国会同意，与列强签订"善后大借款"合同，用盐税作抵押；与日本签订严重损害中国权益的"二十一条"。

第四，公然进行帝制复辟活动。1915年12月12日，袁世凯发表接受帝位申令。31日，下令以1916年为"中华帝国洪宪元年"，准备在元旦举行登基大典。帝制复辟活动遭到举国反对，袁世凯只当了83天皇帝就被迫取消帝制。

（2）经济上，竭力维护帝国主义、地主阶级和买办资产阶级的利益。

第一，军阀、官僚本身就是大地主，以各种手段兼并土地。许多自耕农和半自耕农陷入破产和丧失土地的境地，变为佃农和雇农。

第二，北洋政府通过征收各种苛捐杂税等手段，对农民进行敲骨吸髓的压榨。

第三，军阀和官僚借助于政治势力，组成官僚买办资本集团，操纵、垄断财政金融和工业、运输业。

（3）文化思想上，北洋政府尊孔复古。

1913年6月，袁世凯向全国发布《通令尊崇孔圣文》。不久，又命令全国恢复祀孔、祭孔典礼，恢复跪拜礼节，中小学恢复尊孔读经，企图用封建思想遏制人民思想解放的潮流，维护其反动统治。

（二）反对北洋军阀的斗争

1. 发动"二次革命"

为反对袁世凯刺杀宋教仁和"善后大借款"，1913年7月，李烈钧在江西湖口通电讨袁，不久黄兴在南京宣布讨袁，其他地方如上海、安徽、湖南、广东、福建等地也先后响应。战争主要集中在九江、南京一带进行，史称"赣宁之役"，又称"二次革命"。这场斗争只坚持两个月就失败了。

2. 组织"中华革命党"

1914年7月，孙中山在日本东京正式成立中华革命党。中华革命党反对袁世凯专制统治，但要求党员个人绝对服从领袖，并采用打指模的封建入会方式，遭到黄兴等人的公开反对。中华革命党的社会影响远不如中国同盟会。

3. 发动护国战争

为反对袁世凯称帝，1915年12月25日，蔡锷宣布云南独立，护国运动爆发。

4. 发动第一次护法运动

面对掌握中央政权的段祺瑞公然破坏《中华民国临时约法》，拒绝恢复国会，1917年7月，孙中山率领部分国会议员南下广州，发动第一次护法运动。8月，国会非常会议在广州开幕。9月1日，孙中山当选为中华民国军政府大元帅，西南军阀陆荣廷、唐继尧被选为副元帅。然而，西南军阀只是借助孙中山名望争权夺势，他们与直系军阀达成停战协议后，排挤孙中山，改组军政府，取消大元帅一职。孙中山被迫离粤赴沪。第一次护法运动失败。

5. 发动第二次护法运动

1919年10月，孙中山将中华革命党改组为中国国民党。11月，重返广东，恢复军政府，领导第二次护法运动。1921年9月，孙中山平定广西，统一两广。随后，发布北伐令，以捍卫约法、恢复民国。陈炯明反对孙中山北伐，1922年，炮轰孙中山驻地，8月9日，孙中山被迫离开广州再赴上海。第二次护法运动失败。

要点荟萃

一 清末"新政"及其破产

（1）以慈禧太后为首的清王朝彻底放弃抵抗外国侵略者的念头，甘为"洋人的朝廷"的标志是《辛丑条约》的签订。

（2）1904年至1905年，为争夺侵略权益公然在中国东北进行战争的是日本与俄国。

（3）为取得外国列强的信任，平息国内民怨，安抚统治阶级内部各派，拉拢民族资产阶级改良派，清王朝于1901年4月设立督办政务处，宣布实行"新政"。

（4）清末"新政"的内容包括：

第一，改革官制，整顿吏治。1901年，改总理各国事务衙门为外务部，新设商部、学部和巡警部等中央部门。

第二，改革兵制，训练新军，各省筹备武备学堂，裁汰绿营和防勇。

第三，改革学制，提倡新学，废除科举考试。

第四，奖励工商，兴办实业。

（5）1906年，清政府宣布"预备仿行宪政"，但并未能挽救清王朝，反而激化了社会矛盾，主要原因在于清政府改革的根本目的是为了延续其统治。

二 资产阶级革命派的活动

（1）1894年，孙中山在檀香山建立的中国第一个资产阶级革命组织——兴中会。

(2)以孙中山为首的资产阶级革命派的阶级基础是民族资产阶级,骨干力量是一批资产阶级、小资产阶级知识分子。

(3)资产阶级革命派著书立说,促使民主革命思想迅速传播,代表作有:

第一,章炳麟的《驳康有为论革命书》,歌颂革命,强调中国人有能力建立民主共和制。

第二,邹容的《革命军》,阐述在中国进行民主革命的正义性和必要性,号召推翻清政府统治,建立"中华共和国"。

第三,陈天华的《警世钟》和《猛回头》,抨击外国列强瓜分中国的图谋,揭露清政府的卖国行径,号召推翻这个"洋人的朝廷"。

(4)近代中国历史上第一个全国性的资产阶级性质的政党——中国同盟会。

第一,中国同盟会于1905年8月在日本东京成立,孙中山被推举为总理,黄兴被任命为执行部庶务。

第二,中国同盟会的纲领是"驱除鞑虏,恢复中华,创立民国,平均地权"。

第三,中国同盟会的机关报为《民报》。

三 三民主义学说的基本内容及其意义

(1)1905年11月,孙中山在《民报》发刊词中,将中国同盟会纲领概括为民族、民权、民生的三民主义。

第一,民族主义包括"驱除鞑虏,恢复中华"两项内容,一是以革命手段推翻清王朝,改变它的民族歧视和压迫政策;二是变"次殖民地"的中国为独立的中国。

第二,民权主义的内容是"创立民国",即推翻封建君主专制制度,建立资产阶级共和国,是政治革命。

第三,民生主义的内容为"平均地权",基本方案是核定地价,按价征税,涨价归公,按价收买。

(2)三民主义的意义:这是一个比较完备的民主主义的革命纲领,推动了革命思想的传播和革命运动的发展。

四 资产阶级革命派与改良派的论战及其意义

(1)1905年至1907年,以孙中山为代表的革命派和以康有为为代表的改良派,分别以《民报》和《新民丛报》为主要舆论阵地展开论战。

(2)论战主要围绕以下三个问题展开:

第一,这次论战的焦点是要不要以革命手段推翻清政府。针对改良派提出的革命会引起下层社会暴乱和外国干涉,革命派的反驳主张是:

一是控诉清政府的卖国媚外的罪行,强调救国必须推翻清王朝;

二是革命不免流血，但可"救世救人"，是疗治社会的捷径；

三是革命就是为了建设，破坏与建设是革命的两个方面。

第二，要不要推翻帝制，实行共和。

第三，要不要社会革命。

（3）这场论战以革命派的胜利而告终，其意义主要体现在两个方面：

第一，划清了革命与改良的界限，使人们清楚地认识到实行民主革命的必要性。

第二，使资产阶级民主思想和三民主义思想得到更加广泛的传播，为革命斗争奠定了思想基础。

五 各地武装起义与中华民国的建立

（1）1911年4月，资产阶级革命派在黄兴的带领下举行的起义是广州起义。起义失败后，遇难者72人被葬于广州红花岗（改名为黄花岗），史称黄花岗起义。

（2）1911年夏，湖北、湖南、广东和四川爆发的民众运动是保路运动。

（3）1911年，在保路运动中规模最大、斗争最激烈的省份是四川。

（4）1911年10月10日晚，新军工程第八营的革命党人打响了武昌起义第一枪，当夜占领武昌。三日之内，革命党人控制了武汉三镇，成立湖北军政府，推黎元洪为都督。

（5）在中国延续两千多年的封建帝制终于覆灭的标志是1912年2月12日清帝退位。

（6）1912年1月1日，中华民国临时政府在南京正式成立。南京临时政府是一个资产阶级共和国性质的革命政权，主要表现为：

第一，在人员构成上，资产阶级革命派控制着该政权。

第二，在实行的各项政策措施上，集中体现了中国民族资产阶级的愿望和利益，在一定程度上符合广大中国人民的利益。

第三，《中华民国临时约法》是中国历史上第一部具有资产阶级共和国宪法性质的法典。

六 辛亥革命胜利的历史意义及其局限性

（1）辛亥革命是一次比较完全意义上的资产阶级民主革命，是中华民族伟大复兴征程上的一个里程碑，主要体现在五个方面：

第一，推翻了清王朝在中国的统治，沉重打击了中外反动势力在中国的统治。

第二，结束了统治两千多年的封建君主专制制度，建立了中国历史上第一个资产阶级共和政府。

第三，传播了民主共和的理念，推动了中华民族的思想解放。

第四，推动了近代中国社会变革，推动了民族资本主义经济的发展，促进了社会风气的改变和人们的精神解放。

第五，打击了帝国主义在华势力，推动了亚洲各国民族解放运动的高涨。

（2）辛亥革命的局限性主要体现在三个方面：

第一，没有提出彻底的反帝反封建的革命纲领。

第二，没有充分发动和依靠群众，革命根基相当单薄。

第三，没有建立坚强有力的革命政党。

（3）辛亥革命的教训是：

第一，没有改变旧中国半殖民地半封建的社会性质，没有完成实现民族独立、人民解放的历史任务。

第二，辛亥革命的失败表明资产阶级共和国方案救不了中国，先进中国需要进行新的探索，为中国谋求新的出路。

七 北洋军阀的统治及孙中山反对北洋军阀的斗争

（1）袁世凯窃夺辛亥革命的果实之后，建立了代表大地主和买办资产阶级利益的北洋军阀政权。

（2）1915年12月12日，袁世凯发表接受帝位申令。31日，下令以1916年为"中华帝国洪宪元年"，准备在元旦举行登基大典。帝制复辟活动遭到举国反对，袁世凯只当了83天皇帝就被迫取消帝制。

（3）北洋军阀的专制统治主要体现在经济、政治、文化三个方面：

第一，政治上，实行军阀官僚的专制统治。

第二，经济上，竭力维护帝国主义、地主阶级和买办资产阶级的利益。

第三，文化思想上，北洋政府尊孔复古，企图用封建思想遏制人民思想解放的潮流，维护其反动统治。

（4）面对北洋军阀的黑暗统治，以孙中山为首的资产阶级革命派坚持革命的立场，进行了一系列斗争。

第一，为反对袁世凯刺杀宋教仁和"善后大借款"，孙中山在1913年领导革命党人发动了"二次革命"。

第二，1914年7月，为反对袁世凯专制统治，孙中山在日本东京正式成立中华革命党。

第三，1915年12月25日，为反对袁世凯称帝，蔡锷宣布云南独立，发动护国运动。

第四，1917年7月，为反对掌握中央政权的段祺瑞公然破坏《中华民国临时约法》，拒绝恢复国会，孙中山率领部分国会议员南下广州，发动第一次护法运动。

第五，1919年10月，孙中山将中华革命党改组为中国国民党。11月，重返广东，恢复军政府，领导第二次护法战争。

能力检测

一、单项选择题（在每小题列出的备选项中只有一项是最符合题目要求的，请将其选出）

1. 1904—1905 年，为争夺在华利益而在中国东北进行战争的帝国主义国家是（　　）。
   A. 日本与俄国　　　　　　　　B. 美国与英国
   C. 英国与日本　　　　　　　　D. 美国与俄国

2. 标志着清政府彻底放弃抵抗外国侵略者，甘为"洋人的朝廷"的条约是（　　）。
   A.《马关条约》　　　　　　　B."二十一条"
   C.《辛丑条约》　　　　　　　D.《天津条约》

3. 1894 年，孙中山在檀香山建立的资产阶级革命组织是（　　）。
   A. 兴中会　　B. 华兴会　　C. 光复会　　D. 岳王会

4. 20 世纪初，在资产阶级民主革命思想传播中发表《驳康有为论革命书》的是（　　）。
   A. 孙中山　　B. 邹容　　C. 章炳麟　　D. 陈天华

5. 20 世纪初，邹容发表的号召人民推翻清朝统治、建立"中华共和国"的著作是（　　）。
   A.《驳康有为论革命书》　　　B.《革命军》
   C.《警世钟》　　　　　　　　D.《猛回头》

6. 20 世纪初，在民主革命思想传播中发表《警世钟》和《猛回头》的是（　　）。
   A. 孙中山　　B. 邹容　　C. 章炳麟　　D. 陈天华

7. 近代中国历史上第一个全国性的资产阶级革命政党是（　　）。
   A. 兴中会　　　　　　　　　　B. 中国同盟会
   C. 中华革命党　　　　　　　　D. 中国国民党

8. 中国同盟会的机关报是（　　）。
   A.《民报》　　　　　　　　　B.《民国日报》
   C.《新民丛报》　　　　　　　D.《时务报》

9. 1905—1907 年，资产阶级革命派与改良派论战的焦点是（　　）。
   A. 要不要打倒列强　　　　　　B. 要不要以革命手段推翻清政府
   C. 要不要实行共和　　　　　　D. 要不要废科举，兴学堂

10. 1911 年 4 月，资产阶级革命派在黄兴带领下举行的起义是（　　）。
    A. 黄花岗起义　　B. 河口起义　　C. 惠州起义　　D. 武昌起义

11. 1911 年夏，湖北、湖南、广东和四川爆发的民众运动是（　　）。

A. 拒俄运动　　　　B. 拒法运动　　　　C. 立宪运动　　　　D. 保路运动

12. 在1911年爆发的保路运动中，规模最大、斗争最激烈的省份是（　　）。

A. 湖南　　　　　　B. 四川　　　　　　C. 广东　　　　　　D. 湖北

13. 1911年10月，标志辛亥革命达到高潮的起义是（　　）。

A. 惠州起义　　　　B. 河口起义　　　　C. 广州起义　　　　D. 武昌起义

14. 中国历史上第一次比较完全意义上的资产阶级民主革命是（　　）。

A. 戊戌维新运动　　　　　　　　　　B. 辛亥革命

C. 护国运动　　　　　　　　　　　　D. 国民革命

15. 中国历史上第一部具有资产阶级共和国宪法性质的法典是（　　）。

A.《中华民国临时约法》　　　　　　B.《钦定宪法大纲》

C.《中华民国约法》　　　　　　　　D.《中华民国宪法》

16. 为反对袁世凯刺杀宋教仁和"善后大借款"，孙中山在1913年领导革命党人发动了（　　）。

A."二次革命"　　B. 护国战争　　　　C. 护法战争　　　　D. 北伐战争

17. 1915年12月25日，在云南宣布独立，发动护国战争的是（　　）。

A. 陆荣廷　　　　　B. 黄兴　　　　　　C. 蔡锷　　　　　　D. 唐继尧

二、简答题

1. 简述兴中会的成立及其誓词。
2. 简述资产阶级革命派与改良派论战的焦点及革命派在这一问题上的主张。
3. 简述辛亥革命爆发的历史条件。
4. 简述1912年建立的中华民国临时政府的性质。
5. 简述辛亥革命失败后孙中山为捍卫资产阶级民主革命成果所进行的斗争。

三、论述题

1. 试述1905—1907年资产阶级革命派与改良派的论战及其意义。
2. 试述孙中山三民主义学说的主要内容及其意义。
3. 试述辛亥革命的历史意义及其局限性。

第四章 开天辟地的大事变

知识框架

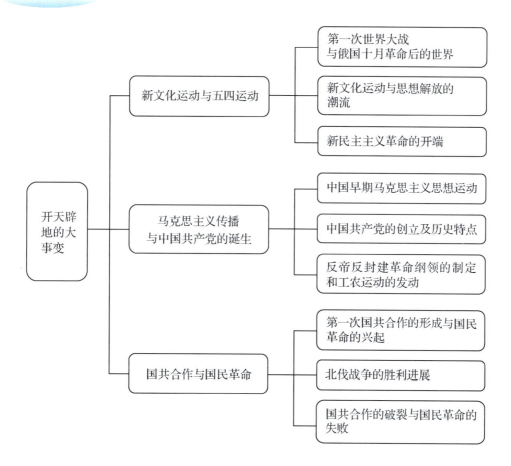

内容精要

第一节 新文化运动与五四运动

一 第一次世界大战与俄国十月革命后的世界

(一) 第一次世界大战

1. 第一次世界大战爆发

1914年6月28日,第一次世界大战爆发。这是一场为重新瓜分殖民地和势力范围、争夺世界霸权的帝国主义战争。1918年11月11日,德国签订停战协定,大战以协约国的胜利而结束。

2. 第一次世界大战后的世界变化

第一,欧洲衰落,美、日崛起,欧洲主宰世界的局面宣告结束。

第二,战争引发一系列革命。1917年,俄国爆发十月革命,建立起了人类历史上第一个社会主义国家。

第三,亚洲、非洲、拉丁美洲人民逐步觉醒,开始进行反对帝国主义压迫的民族解放运动。

第四,帝国主义形成了维护战胜国利益和战后新秩序的"凡尔赛-华盛顿体系"。

(二) 俄国十月革命对世界的影响

十月革命给世界人民的解放事业开辟了现实的道路,建立了一条从西方无产阶级到东方被压迫民族反对国际帝国主义的革命阵线。从此,中国反帝反封建的民主革命成为世界无产阶级社会主义革命的一部分。

二 新文化运动与思想解放的潮流

(一) 新文化运动

辛亥革命后,一部分民主主义知识分子认为资产阶级共和国方案失败的根本原因在于缺乏一个彻底的思想文化革命。

1. 新文化运动的兴起

1915年9月,陈独秀在上海创办《青年杂志》(后改名为《新青年》),成为新文化运动兴起的标志。不久,《新青年》编辑部迁到北京,李大钊、鲁迅、胡适等成为编辑部的主要撰稿人。北京大学和《新青年》编辑部成为新文化运动的主要阵地。

2. 新文化运动的主要内容

新文化运动的主要内容是提倡民主和科学。

第一，民主。一方面主要是指资产阶级的民主思想和民主制度，倡导造就法国式的资产阶级共和国；另一方面提倡个性解放，平等自由，造就自主、自由的人。

第二，科学。狭义是指自然科学，广义包括社会科学，即提倡以科学的精神和科学的方法来研究社会。

第三，大力提倡新道德，反对旧道德。

第四，提倡白话文、反对文言文，提倡新文学、反对旧文学，主张文学革命。

3. 新文化运动的历史意义

五四前的新文化运动是一场由民主主义知识分子领导的资产阶级民主主义革命性质的思想启蒙运动。

第一，它是资产阶级民主主义的新文化同封建主义旧文化的斗争，是辛亥革命在思想文化领域的延续，沉重打击了封建专制主义。

第二，大力宣扬了民主和科学，启发了民智，开启了思想解放的潮流。

第三，为中国先进分子接受马克思主义准备了适宜的土壤，为以五四运动为开端的中国新民主主义革命创造了思想文化上的条件。

4. 五四以前新文化运动的历史局限

第一，将资产阶级共和国方案失败的根本原因归结于思想文化，没有看到封建专制主义得以存在的社会根源，民主主义知识分子所提倡的资产阶级民主主义并不能正确认识中国并有效改造中国社会。

第二，离开改造产生封建思想的社会环境的革命实践，仅仅依靠少数人的呐喊，改造国民性，难以实现目标。

第三，在思想方法上存在绝对肯定或绝对否定的形式主义偏向，影响了运动后来的发展。

（二）俄国十月革命和马克思主义在中国的传播

"十月革命一声炮响，给我们送来了马克思列宁主义。"十月革命推动了中国的先进分子从资产阶级民主主义转向社会主义。

第一，十月革命使中国先进分子认识到，经济文化落后的国家也可以用社会主义思想指引自己走向解放之路。

第二，十月革命后，苏维埃俄国号召反对帝国主义，以新的平等姿态对待中国，推动了社会主义思想在中国的传播。

第三，十月革命中工人和士兵的广泛发动并由此赢得胜利的事实，昭示中国先进分子以新的方法开展革命。

第四，十月革命后，中国思想界产生了一批赞成十月革命、具有初步共产主义思想的知识分子。李大钊在中国大地率先举起马克思主义旗帜。他的《法俄革命之比较观》

《庶民的胜利》《布尔什维主义的胜利》，讴歌十月革命。

三 新民主义革命的开端

（一）五四运动爆发的社会历史条件

第一，新的时代。俄国十月革命所开辟的世界无产阶级社会主义革命的新时代。

第二，新的社会力量的成长。中国的工人阶级和民族资产阶级的力量进一步壮大，特别是中国产业工人日益成为一支重要的社会力量。

第三，良好的群众基础。新文化运动掀起的思想解放潮流的推动，为五四运动准备了群众基础和骨干力量。

第四，直接导火线。巴黎和会上中国外交的失败。

（二）五四运动爆发的过程

1919年5月4日，北京十几所学校的学生3000余人在天安门前集会，随后举行游行示威。6月3日，北洋军阀政府出动军警，两天内逮捕千余名学生。

6月5日，上海工人2万余人开始罢工，揭开工人罢工序幕。五四运动的中心从北京转到上海，运动的主力从学生转为工人，形成了一个以工人阶级为主力军，包括城市小资产阶级和民族资产阶级在内的全国规模的具有广泛群众性的爱国政治运动。

6月10日，北洋军阀政府于6月10日释放全部被捕学生，并宣布罢免亲日派官僚曹汝霖、章宗祥、陆宗舆的职务。

6月28日，中国政府代表没有出席巴黎和约的签字仪式。五四运动的直接斗争目标得以实现。

（三）五四运动的历史特点和历史意义

第一，是中国近代史上一次彻底反帝反封建的革命运动。

第二，广泛地动员和组织了群众，是一场真正群众性的革命运动。

第三，促进了马克思主义在中国的广泛传播，促进了马克思主义同中国工人运动的结合，为中国共产党的成立做了思想上和干部上的准备。

第四，是中国新民主主义革命的开端。五四运动后，无产阶级逐渐代替资产阶级成为近代中国民族民主革命的领导者。

第二节　马克思主义传播与中国共产党诞生

一　中国早期马克思主义思想运动

（一）早期马克思主义者的队伍

中国早期信仰马克思主义的人物，主要有三种类型：

第一，五四运动前的新文化运动的精神领袖，代表是李大钊、陈独秀。

第二，五四运动中的左翼骨干，代表是毛泽东、杨匏安、蔡和森、周恩来等。

第三，一部分原中国同盟会会员、辛亥革命时期的活动家，以董必武、吴玉章、林伯渠为代表。

（二）早期马克思主义思想运动

1. 马克思主义在中国的传播

第一，马克思主义著作的翻译和出版。1920 年 8 月，由陈望道翻译的《共产党宣言》第一个中文全译本在上海出版。

第二，研究和宣传马克思主义的社团纷纷涌现。

第三，创办若干刊物宣传马克思主义。

2. 早期马克思主义思想运动的特点

第一，重视对马克思主义基本理论的学习，同第二国际的社会民主主义划清了界限，坚持了马克思主义的革命原则和正确方向。

第二，注意从中国实际出发，初步形成马克思主义应当与中国实际相结合的思想。

第三，开始提出知识分子应当忠于民众，到民间去，同劳动群众相结合的思想。

二　中国共产党的创立及历史特点

（一）中国共产党的早期组织及其活动

1. 中国共产党是马克思主义同中国工人运动相结合的产物

五四运动后，一方面，随着工人运动的发展，工人阶级急切需要找到实现本阶级意志的精神武器；另一方面，马克思主义的广泛传播，也迫切需要从工人运动中找到物质力量。

2. 中国共产党早期组织的建立

1920 年 2 月，陈独秀、李大钊交换了建党的意见，相约在北京和上海进行筹建活动，史称"南陈北李，相约建党"。

1920年8月，中国第一个地方共产党组织在上海成立，陈独秀任书记，成员有李汉俊、李达等。同年10月，李大钊等发起成立北京共产党早期组织。同年秋至1921年春，董必武、陈潭秋、包惠僧等在武汉，毛泽东、何叔衡在长沙，王尽美、邓恩铭在济南，谭平山、谭植棠在广州，也成立了共产党早期组织。此外，在日本、法国也有中国留学生组成的共产党早期组织。

3. 中国共产党早期组织的工作

第一，研究和宣传马克思主义，同反马克思主义的思潮进行了三次论战。第一次是同胡适围绕"问题与主义"的论战，划清了革命与改良的界限。第二次是同张东荪、梁启超关于社会主义的论战，强调资本主义道路在中国走不通，中国的出路只能是社会主义。第三次是同无政府主义的论战，指出必须以革命的手段夺取政权，建立无产阶级专政，才能保护劳动者的利益，最终消灭阶级和阶级差别。通过论战，马克思主义的阵地进一步扩大，马克思主义者的队伍进一步壮大。

第二，到工人中去开展宣传和组织工作。一是出版工人通俗刊物。二是创建工会和劳动补习学校。李中主持成立了共产党早期组织领导的第一个产业工会——上海机器工会，出版《机器工人》。这些都推动了马克思主义与中国工人运动的初步结合。

第三，进行关于建党问题的讨论和实际组织工作。1920年11月，上海共产党发起组制定了《中国共产党宣言》，阐述共产主义者的理想、目的和阶级斗争的现状。与此同时，社会主义青年团在上海成立，成为共产党的后备力量。各地共产党早期组织也开展了建党问题的讨论。

（二）中国共产党第一次全国代表大会

1. 大会召开的过程

1921年7月23日，中国共产党第一次全国代表大会在上海法租界望志路106号举行。由于受到法国租界巡捕的干扰，最后一次会议转移到浙江嘉兴南湖的一条游船上举行。

2. 出席大会的代表

国内参加会议的有13人，国际代表2人，分别是：

上海的李达、李汉俊，北京的张国焘、刘仁静，长沙的毛泽东、何叔衡，武汉的董必武、陈潭秋，济南的王尽美、邓恩铭，广州的陈公博，旅日代表周佛海，受陈独秀派遣的包惠僧。出席会议的还有共产国际代表马林和尼科尔斯基。

3. 大会产生的成果

第一，大会确定党的名称为中国共产党。

第二，大会通过了《中国共产党第一个纲领》和《中国共产党第一个决议》。

第三，大会选举产生了由陈独秀、张国焘、李达三人组成的中央局作为党的领导机构，陈独秀担任中央局书记。

（三）中国共产党成立的历史特点和意义

1. 中国共产党成立的历史特点

第一，成立于俄国十月革命、第二国际修正主义破产之后，没有被修正主义影响，接受的是马克思主义的完整的科学世界观和社会革命论，是以俄国布尔什维克为榜样，按照列宁的建党原则建立起来的。

第二，在半殖民地半封建中国的工人运动基础上产生。中国的工人阶级受压迫最深，具有坚强的革命性，不存在欧洲那种工人贵族阶层，没有社会改良主义的基础。

因此，中国共产党一开始就是一个以马克思主义为指导思想的党，是一个区别于第二国际社会改良党的新型工人阶级革命政党。

2. 中国共产党成立的伟大意义

中国共产党的成立是近现代中国历史发展的必然产物，是中国人民在救亡图存斗争中顽强求索的必然产物，是中华民族发展史上开天辟地的大事变。

第一，标志着中国革命终于有了一个坚强的领导核心。中国共产党不仅代表中国工人阶级的利益，而且代表中国人民和中华民族的利益。它的成立使中国革命有了可信赖的组织者和领导者。

第二，中国革命从此有了一个科学的指导思想。中国共产党以马克思列宁主义基本原理观察和分析中国的问题，为中国人民指明了斗争的目标、革命的前途和走向胜利的道路。

第三，沟通了中国革命与世界革命的联系，把中华民族的解放运动同世界无产阶级社会主义革命运动相联结并成为其中的一部分，使中国革命有了新的前途。

第四，自从有了中国共产党，中国革命的面目就焕然一新，中国人民谋求民族独立、人民解放和国家富强、人民幸福的斗争就有了主心骨，中国人民就从精神上由被动转为主动。

三 反帝反封建革命纲领的制定和工农运动的发动

（一）反帝反封建革命纲领的制定

1. 中国共产党第二次全国代表大会召开

1922年7月，中国共产党第二次全国代表大会在上海召开。大会通过了《中国共产党第二次全国代表大会宣言》《中国共产党章程》及8个决议案。选举了新的中央领导机构。

2. 党的二大第一次明确提出了反帝反封建的民主革命纲领

党的二大宣言规定了中国共产党的最高纲领和最低纲领。

党的最高纲领是实现社会主义、共产主义。

党的最低纲领是消除内乱，打倒军阀，建设国内和平；推翻国际帝国主义的压迫，达到中华民族完全独立；统一中国为真正的民主共和国。

这是在中国半殖民地半封建社会条件下走向社会主义、共产主义的不可超越的一个阶段。中共二大在中国近代史上第一次明确提出了反帝反封建的民主革命纲领，解决了分清敌友这个革命的首要问题。

3. 党的二大提出了新的革命方法

大会提出了"到群众中"，组成一个大的"群众党"的任务；强调党的一切运动都必须深入广大群众里面去。这说明中国共产党开始采取新的革命方法，即群众路线的方法。

（二）发动工农群众开展革命斗争

1. 工人运动

1921年8月，中国共产党在上海成立中国劳动组合书记部，这是党领导工人运动的专门机关。中国工人运动掀起第一个高潮。

第一，香港海员罢工。1922年1月，在苏兆征、林伟民等领导下，香港海员举行了要求增加工资的大罢工。这是中国工人阶级第一次直接同帝国主义势力进行有组织的较量，成为第一次工人运动高潮的起点。

第二，安源路矿大罢工。1922年9月，在毛泽东、刘少奇、李立三的领导下，安源路矿1.7万工人举行大罢工并取得胜利。

第三，京汉铁路大罢工。1923年2月4日，京汉铁路工人为成立总工会举行了总同盟罢工。2月7日，北京政府调动军警镇压罢工，制造了"二七惨案"，共产党员林祥谦、施洋等牺牲。

通过领导工人运动，中国共产党密切了同工人阶级的联系，在斗争中涌现出了一批优秀人物，后来成为重要的领导骨干。

2. 农民运动

1921年9月，沈定一等在浙江省萧山县衙前村成立了第一个农民协会，组织农民开展反抗地主压迫与剥削的斗争。

1923年，彭湃回家乡广东省海丰县成立海丰县总农会，组织农民开始减租运动。

1923年3月，毛泽东在主持湘区区委工作时，注重开展农民运动，参加农会的会员达10万余人。

第三节 国共合作与国民革命

一 第一次国共合作的形成与国民革命的兴起

(一) 第一次国共合作的形成

1. 中国共产党第三次全国代表大会

1923年6月,中国共产党第三次全国代表大会在广州召开。

第一,集中讨论建立革命统一战线问题,决定全体共产党员以个人名义加入国民党。

第二,强调在共产党员加入国民党时,共产党必须在政治、思想、组织上保持自己的独立性。

中共三大正确制定了建立革命统一战线的方针政策,有力推动了第一次国共合作的形成。

2. 中国国民党第一次全国代表大会

1924年,中国国民党第一次全国代表大会在广州召开。

第一,对三民主义做出新的阐释。民族主义突出反帝内容,强调对外争取中华民族的完全独立,同时主张国内各民族一律平等;民权主义强调民权为一般平民所共有;民生主义在"平均地权"基础上增加了"节制资本"的原则,并提出改善工农的生活状况。这样,旧三民主义发展成为新三民主义。新三民主义和中共在民主革命阶段的纲领基本一致,成为国共合作的政治基础和革命统一战线的共同纲领。

第二,确立了联俄、联共、扶助农工三大政策。

3. 第一次国共合作形成

中国国民党第一次全国代表大会的召开,标志着以第一次国共合作为基础的革命统一战线正式形成。改组后的中国国民党,成为工人阶级、农民阶级、小资产阶级和民族资产阶级的革命联盟。

(二) 国民革命的兴起

1. 工农运动的恢复和发展

第一,1924年7月,广州沙面租界工人罢工胜利成为工人运动从低潮转向高潮的信号。

第二,国民党中央设立农民部,自1924年7月在广州开办农民运动讲习所,培养了一批农民运动的骨干力量。

2. 黄埔军校建立

1925年,在苏俄政府和中共的帮助下,中国国民党陆军军官学校(简称黄埔军校)

成立，孙中山兼任总理，蒋介石任校长，廖仲恺任党代表，聘请加伦等苏联红军将领为军事顾问。

3. 孙中山北上

1924年10月，直系将领冯玉祥发动北京政变，电邀孙中山北上"共商国是"。11月，孙中山发表《北上宣言》，离开广州北上，沿途宣传召开国民会议和废除不平等条约的主张。1925年3月12日，孙中山在北京病逝。国共两党广泛宣传孙中山的革命思想和革命精神，国民革命的呼声更加高涨起来。

4. 中国共产党第四次全国代表大会

1925年1月，中国共产党第四次全国代表大会在上海举行。大会的中心议题是讨论党如何领导即将到来的革命高潮。大会提出了无产阶级在民主革命中的领导权及工农联盟的问题，制订了开展工农运动的计划，决定在全国建立和加强党的组织，以适应革命形势发展的要求。

5. 大革命风暴

第一，五卅惨案。1925年5月14日，上海工人反日大罢工。5月15日，日本资本家枪杀中国工人顾正红，并打伤十多名工人。5月30日，在中国共产党的领导下，上海工人和学生举行反帝示威活动，遭到租界巡捕枪击，打死13人，打伤数十人，捕去53人，酿成震惊中外的五卅惨案。此后，工人罢工，学生罢课，商人罢市，反对帝国主义的民族运动浪潮迅速席卷全国。

第二，省港大罢工。1925年6月，广州、香港两地工人举行省港大罢工。这次大罢工前后坚持16个月，是中国工人运动史上前所未有的壮举，对大革命高潮的形成起了重要推动作用。

二 北伐战争的胜利进展

（一）国共合作下的北伐战争

1. 北伐战争开始

第一，1925年7月，广州革命政府改组，国民政府成立。

第二，1925年8月，国民政府所辖各部队统一改编为国民革命军。

第三，1926年5月，国民革命军第四军叶挺独立团及第七军一部，作为北伐先遣队先入湖南，揭开了北伐战争的序幕。

第四，1926年7月9日，国民革命军举行誓师典礼，北伐战争正式开始。

2. 北伐战争进程

北伐的直接目标是打倒帝国主义支持的北洋军阀。北伐军在以加伦为首的苏联顾问的建议下，制定了集中兵力、各个歼敌的战略方针：首先以主力进军两湖，消灭吴佩孚；然后引兵东向，消灭孙传芳；最后，北上解决张作霖。

1927年春，北伐军仅用半年多的时间就基本摧毁了吴佩孚、孙传芳两部主力，革命势力从珠江流域推进到长江流域和黄河流域。

3. 北伐战争胜利进军的原因

第一，国共合作的实现，革命统一战线的建立，特别是共产党员和共青团员的先锋模范作用是北伐战争胜利的重要原因。

第二，北伐战争是反对帝国主义和封建军阀的正义的革命战争，得到广大工农群众的大力支持。

第三，北伐战争得到苏联政府的多方面援助，特别是派出的军事顾问帮助北伐军制定了正确的军事战略战术。

（二）工农运动的普遍高涨

1. 反帝斗争

1927年，武汉人民在刘少奇、李立三等领导下，占领了汉口英租界。2月9日，国民政府外交部同英国方面签订协定，收回汉口、九江的英租界。

2. 工人运动

湖南、湖北、江西等省纷纷成立工会组织，建立工人武装纠察队，举行大规模罢工。至1927年春，全国工会会员达200万人。

3. 农民运动

1926年11月，中共中央成立农民运动委员会，毛泽东任书记，决定以湖南、湖北、江西、河南的农民运动为重点，开展农村大革命。

三 国共合作的破裂与国民革命的失败

（一）国民党右派发动反共政变

1. 蒋介石分裂国共合作

大革命的兴起、北伐战争的胜利进军和北洋军阀的崩溃，促使恐慌的帝国主义加紧寻找新的代理人。时任国民革命军总司令的蒋介石成为帝国主义拉拢的对象。

1926年3月、5月，蒋介石先后制造了中山舰事件、整理党务案，打击共产党员和工农革命力量，成为国民党新右派的代表。

在帝国主义和国内大地主大资产阶级的支持下，蒋介石加快了分裂国共合作的步伐。1927年4月12日，蒋介石在上海反动反共政变，以"清党"名义捕杀共产党员和革命群众。4月18日，蒋介石在南京另立国民政府。

2. 中国共产党第五次全国代表大会召开

1927年四五月间，中国共产党第五次全国代表大会在武汉召开。

大会批评了陈独秀的右倾错误，强调了同资产阶级争夺领导权的重要性，但没有提出切实可行的措施，反而对汪精卫主持的武汉政府抱有幻想。这次大会没有担负起在革命危急关头挽救革命的任务。

3. 汪精卫反共政变

1927年7月14日,汪精卫在武汉召开"分共"会议;7月15日,正式宣布同共产党决裂,在其辖区内开始对共产党员和革命群众进行大屠杀。

第一次国共合作全面破裂,大革命最终失败。

(二) 国民革命失败的原因

1. 客观原因

第一,敌我力量悬殊,反革命力量十分强大。

第二,革命统一战线内部出现剧烈分化,蒋介石、汪精卫先后制造反共政变,使革命力量遭到严重损失。

2. 主观原因

第一,以陈独秀为首的中共中央领导机关在大革命后期犯了右倾机会主义错误,放弃了无产阶级对农民群众、城市小资产阶级和民族资产阶级的领导权,尤其是武装斗争的领导权。

第二,当时的中国共产党处于幼年时期,缺乏对中国社会和中国革命问题的深刻认识,缺乏革命经验,还不善于把马克思主义基本原理同中国革命的实践结合起来。

第三,当时的中国共产党作为共产国际的一个支部,共产国际的错误指导,对酿成陈独秀右倾机会主义错误有直接影响。

(三) 国民革命的历史意义

第一,沉重打击了帝国主义和封建主义的统治势力,中国人民的觉悟程度和组织程度有了明显提高。

第二,扩大了中国共产党在中国人民中的政治影响,宣传了党在民主革命阶段的纲领,使党经受了一次大革命的洗礼,积累了初步的经验。

要点荟萃

一 俄国十月革命对中国革命的影响

(1) 1917年11月7日,俄国爆发十月革命,建立了人类历史上第一个社会主义国家。中国反帝反封建的民主革命成为世界无产阶级社会主义革命的一部分。

(2) 十月革命对中国革命的影响主要体现在四个方面:

第一,十月革命使中国先进分子认识到,经济文化落后的国家也可以用社会主义思想指引自己走向解放之路。

第二,十月革命后,苏维埃俄国号召反对帝国主义,以新的平等姿态对待中国,推动社会主义思想在中国的传播。

第三，十月革命中工人和士兵的广泛发动并由此赢得胜利的事实，昭示中国先进分子以新的方法开展革命。

第四，十月革命后，中国思想界产生了一批赞成十月革命、具有初步共产主义思想的知识分子。

（3）在十月革命的影响下，率先在中国大地举起马克思主义旗帜的是李大钊。他写了《法俄革命之比较观》《庶民的胜利》《布尔什维主义的胜利》，讴歌十月革命。

二 新文化运动

（1）新文化运动兴起的标志是1915年9月陈独秀在上海创办《青年杂志》（后改名为《新青年》）。

（2）新文化运动的主要阵地是北京大学和《新青年》编辑部。

（3）新文化运动的主要内容包括三个方面：

第一，提倡民主和科学。

第二，大力提倡新道德，反对旧道德。

第三，提倡白话文、反对文言文，提倡新文学、反对旧文学。其中新文学运动的第一篇白话文小说是鲁迅发表的《狂人日记》。

（4）五四前的新文化运动的性质：是一场由民主主义知识分子领导的资产阶级民主主义革命性质的思想启蒙运动。

（5）五四前的新文化运动的意义主要体现在三个方面：

第一，是资产阶级民主主义的新文化同封建主义旧文化的斗争，是辛亥革命在思想文化领域的延续，沉重打击了封建专制主义。

第二，大力宣扬了民主和科学，启发了民智，开启了思想解放的潮流。

第三，为中国先进分子接受马克思主义准备了适宜的土壤，为以五四运动为开端的中国新民主主义革命创造了思想文化上的条件。

（6）五四以前新文化运动的历史局限有三点：

第一，将资产阶级共和国方案失败的根本原因归结于思想文化，没有看到封建专制主义得以存在的社会根源，他们所提倡的资产阶级民主主义并不能正确认识中国并有效改造中国社会。

第二，把改造国民性置于有限地位，离开改造产生封建思想的社会环境的革命实践，仅仅依靠少数人的呐喊去改造国民性，难以实现目标。

第三，不少人在思想方法上存在绝对肯定或绝对否定的形式主义偏向，影响了运动后来的发展。

三 五四运动

(1) 1919 年的五四运动爆发的社会历史条件是:

第一,新的时代,即俄国十月革命所开辟的世界无产阶级社会主义革命的新时代。

第二,新的社会力量的成长,即中国的工人阶级和民族资产阶级的力量进一步壮大。

第三,新文化运动掀起的思想解放潮流的推动,为五四运动准备了群众基础和骨干力量。

(2) 五四运动的直接导火线,是巴黎和会上中国外交的失败。

(3) 五四运动的中心从北京转到上海,运动的主力从学生转为工人,形成了一个以工人阶级为主力军,包括城市小资产阶级和民族资产阶级在内的全国规模的具有广泛群众性的爱国政治运动。

(4) 五四运动具有以辛亥革命为代表的旧民主主义革命所不具备的历史特点和历史意义,成为新民主主义革命的开端,主要体现在:

第一,是中国近代史上一次彻底反帝反封建的革命运动。

第二,广泛地动员和组织了群众,是一场真正群众性的革命运动。

第三,促进了马克思主义在中国的广泛传播,促进了马克思主义同中国工人运动的结合,为中国共产党的成立做了思想上和干部上的准备。

第四,是中国新民主主义革命的开端,无产阶级逐渐代替资产阶级成为近代中国民族民主革命的领导者。

四 马克思主义在中国的传播

(1) 1919 年 9 月、11 月,发表《我的马克思主义观》的是李大钊,比较全面系统地介绍了马克思的学说。

(2) 五四运动后,在李大钊等的影响和当时形势的推动下,中国出现了早期的马克思主义者队伍,主要有三种类型:

第一,五四运动前的新文化运动的精神领袖,代表是李大钊、陈独秀。

第二,五四运动中的左翼骨干,代表是毛泽东、杨匏安、蔡和森、周恩来等。

第三,一部分原中国同盟会会员、辛亥革命时期的活动家,以董必武、吴玉章、林伯渠为代表。

(3) 早期马克思主义者主要通过以下几种方式,推动马克思主义在中国的传播:

第一,翻译和出版马克思主义著作。1920 年 8 月,在上海出版的《共产党宣言》第一个中文全译本由陈望道翻译。

第二,建立研究和宣传马克思主义的社团。

第三,创办若干刊物宣传马克思主义。

（4）早期马克思主义思想运动有以下几个特点：

第一，重视对马克思主义基本理论的学习，同第二国际的社会民主主义划清了界限，坚持了马克思主义的革命原则和正确方向。

第二，注意从中国实际出发，初步形成马克思主义应当与中国实际相结合的思想。

第三，开始提出知识分子应忠于民众，同劳动群众相结合的思想。

五 中国共产党的早期组织及其活动

（1）1920年2月，陈独秀和李大钊交换建党意见，相约分别在上海和北京进行筹建活动。

（2）1920年8月，中国第一个地方共产党组织在上海成立，成为党的发起组和联络中心。陈独秀任书记。

（3）各地相继成立地方共产党早期组织，如1920年10月，李大钊等发起成立北京共产党早期组织，1920年秋至1921年春，董必武、陈潭秋、包惠僧等在武汉，毛泽东、何叔衡在长沙，王尽美、邓恩铭在济南，谭平山、谭植棠在广州，先后成立了共产党早期组织，在日本、法国的中国留学生也组成共产党早期组织。

（4）各地共产党早期组织成立后，主要进行了以下几个方面的工作：

第一，研究和宣传马克思主义，同反马克思主义的思潮进行了三次论战。

第一次是同胡适围绕"问题与主义"的论战，划清了革命与改良的界限。第二次是同张东荪、梁启超关于社会主义的论战，强调资本主义道路在中国行不通，中国的出路只能是社会主义。第三次是同无政府主义的论战，指出必须以革命的手段夺取政权，建立无产阶级专政，才能保护劳动者的利益，最终消灭阶级和阶级差别。

第二，到工人中去开展宣传和组织工作。1920年11月，共产党早期组织领导的第一个产业工会——上海机器工会成立。

第三，进行关于建党问题的讨论和实际组织工作。

六 中共一大与中国共产党的成立

（1）1921年7月23日，中国共产党第一次全国代表大会召开，宣告了中国共产党的成立。会议的基本过程和内容包括：

第一，这次大会先是在上海，后转到浙江嘉兴南湖召开。

第二，国内出席一大会议的有13人，出席会议的国际代表是马林和尼科尔斯基。

第三，大会确定党的名称是中国共产党。

第四，大会通过了《中国共产党第一个纲领》和《中国共产党第一个决议》。规定党成立后的中心任务是开展工人运动。

第五，大会选举产生了由陈独秀、张国焘、李达三人组成的中央局作为党的领导机构，陈独秀担任中央局书记。

（2）中国共产党的成立具有两方面的特点：

第一，成立于俄国十月革命、第二国际修正主义破产之后，没有被修正主义影响，接受的是马克思主义的完整的科学世界观和社会革命论，是以俄国布尔什维克为榜样，按照列宁的建党原则建立起来的。

第二，在半殖民地半封建中国的工人运动基础上产生。中国的工人阶级受压迫最深，具有坚强的革命性，不存在欧洲那种工人贵族阶层，没有社会改良主义的基础。

（3）中国共产党人的初心和使命，就是为中国人民谋幸福，为中华民族谋复兴。

（4）中国共产党从成立之日起，就把实现共产主义作为党的最高理想和最终目标，义无反顾肩负起实现中华民族伟大复兴的历史使命。

（5）中国共产党的成立是中华民族发展史上开天辟地的大事变，具有划时代的伟大意义：

第一，标志着中国革命终于有了一个坚强的领导核心。

第二，中国革命从此有了一个科学的指导思想。

第三，沟通了中国革命与世界革命的联系，使中国革命有了新的前途。

第四，自从有了中国共产党，中国革命的面目就焕然一新，中国人民谋求民族独立、人民解放和国家富强、人民幸福的斗争就有了主心骨，中国人民就从精神上由被动转为主动。

七 中共二大

（1）中国共产党第一次明确提出反帝反封建民主革命纲领的会议是中共二大。

（2）中共二大于1922年7月在上海召开，大会通过了《中国共产党第二次全国代表大会宣言》《中国共产党章程》及8个决议案。

（3）中共二大规定了中国共产党的最高纲领和最低纲领：

第一，党的最高纲领是实现社会主义、共产主义。

第二，党的最低纲领是消除内乱，打倒军阀，建设国内和平；推翻国际帝国主义的压迫，达到中华民族完全独立；统一中国为真正的民主共和国。这是在中国半殖民地半封建社会条件下走向社会主义、共产主义的不可超越的一个阶段。

（4）中共二大提出了"到群众中去"，组成一个大的"群众党"的任务。

（5）中共二大的历史意义是：在中国近代史上第一次明确提出了反帝反封建的民主革命纲领，解决了分清敌友这个革命的首要问题。

八 中国共产党成立初期领导发动的工农运动

（1）1921年8月，中国共产党在上海成立党领导工人运动的专门机关——中国劳动组合书记部。

（2）1922年1月，中国共产党领导的第一次工人运动高潮的起点是香港海员罢工。

（3）1922年9月，毛泽东、刘少奇、李立三领导了安源路矿大罢工并取得了胜利。

（4）全国工人运动暂时转入低潮是在"二七惨案"发生后。在"二七惨案"中牺牲的是共产党员林祥谦、施洋。

（5）1921年9月，中国共产党领导成立的第一个农民协会是在浙江省萧山县衙前村。

（6）1923年，彭湃回家乡广东省海丰县成立海丰县总农会，组织农民开始减租运动。

九 中共三大

（1）1923年6月，中国共产党第三次全国代表大会在广州召开。

（2）中共三大的基本内容包括：

第一，集中讨论建立革命统一战线问题，决定全体共产党员以个人名义加入国民党。

第二，强调在共产党员加入国民党时，共产党必须在政治、思想、组织上保持自己的独立性。

（3）中共三大的意义集中体现为正确制定了建立革命统一战线的方针政策，有力推动了第一次国共合作的形成。

十 国民党一大与第一次国共合作的形成

（1）1924年，中国国民党第一次全国代表大会在广州召开。

（2）大会形成的新三民主义成为第一国共合作的基础。新三民主义的内容包括：

第一，民族主义突出反帝内容，强调对外争取中华民族的完全独立，同时主张国内各民族一律平等；

第二，民权主义强调民权为一般平民所共有；

第三，民生主义在"平均地权"基础上增加了"节制资本"的原则，并提出改善工农的生活状况。

（3）大会确立了联俄、联共、扶助农工三大政策。

（4）大会的成功召开，标志着以第一次国共合作为基础的革命统一战线正式形成。

（5）改组后的中国国民党，成为工人阶级、农民阶级、小资产阶级和民族资产阶级的革命联盟。

十一 国民革命的兴起

（1）工人运动从低潮转向高潮的信号是，1924年7月广州沙面租界工人罢工胜利。

(2）1925 年，在苏俄政府和中共的帮助下，中国国民党陆军军官学校（简称黄埔军校）成立，孙中山兼任总理，蒋介石任校长，廖仲恺任党代表，聘请加伦等苏联红军将领为军事顾问，周恩来担任政治部主任。

（3）1924 年 10 月，直系将领冯玉祥发动北京政变，电邀孙中山北上"共商国是"。11 月，孙中山发表《北上宣言》，离开广州北上，沿途宣传召开国民会议和废除不平等条约的主张。

（4）中国共产党第一次明确提出无产阶级在民主革命中的领导权及工农联盟问题的会议是中共四大。

（5）第一次国共合作建立后，全国范围大革命风暴兴起的标志是五卅运动。

（6）中国工人运动史上前所未有的壮举，对大革命高潮的形成起了重要推动作用的是省港大罢工。

十二 北伐战争

（1）揭开北伐战争序幕的是 1926 年 5 月，国民革命军第四军叶挺独立团及第七军一部，作为北伐先遣队进入湖南。

（2）北伐战争正式开始的标志是 1925 年 7 月 9 日，国民革命军举行誓师典礼。

（3）北伐的直接目标是打倒帝国主义支持的北洋军阀。

（4）北伐战争胜利进军的原因有三点：

第一，国共合作的实现，革命统一战线的建立，特别是共产党员和共青团员的先锋模范作用是北伐胜利的重要原因。

第二，北伐战争是反对帝国主义和封建军阀的正义的革命战争，得到广大工农群众的大力支持。

第三，北伐战争得到苏联政府的多方面援助，特别是派出的军事顾问帮助北伐军制定了正确的军事战略战术。

十三 国民革命的意义及失败的原因

（1）蒋介石和汪精卫发动一系列政变，导致第一次国共合作全面破裂，大革命最终失败。

第一，1926 年 3 月、5 月，蒋介石先后制造了中山舰事件、整理党务案，打击共产党员和工农革命力量，成为国民党新右派的代表。

第二，1927 年 4 月 12 日，蒋介石在上海反动反共政变，以"清党"名义捕杀共产党员和革命群众。

第三，1927 年 7 月 14 日，汪精卫在武汉召开"分共"会议；7 月 15 日，正式宣布同共产党决裂，在其辖区内开始对共产党员和革命群众进行大屠杀。

（2）国民革命失败既有主观原因也有客观原因：

第一，客观原因。一是敌我力量悬殊，反革命力量十分强大。二是革命统一战线内部出现剧烈分化，蒋介石、汪精卫先后制造反共政变，使革命力量遭到严重损失。

第二，主观原因。一是以陈独秀为首的中共中央领导机关在大革命后期犯了右倾机会主义错误。二是当时的中国共产党处于幼年时期，缺乏对中国社会和中国革命问题的深刻认识，缺乏革命经验，还不善于把马克思主义基本原理同中国革命的实践结合起来。三是当时的中国共产党作为共产国际的一个支部，共产国际的错误指导，对酿成陈独秀右倾机会主义错误有直接影响。

（3）国民革命的历史意义主要体现为两点：

第一，沉重打击了帝国主义和封建主义的统治势力，中国人民的觉悟程度和组织程度有了明显提高。

第二，扩大了中国共产党在中国人民中的政治影响，宣传了党在民主革命阶段的纲领，使党经受了一次大革命的洗礼，积累了初步的经验。

能力检测

一、单项选择题（在每小题列出的备选项中只有一项是最符合题目要求的，请将其选出）

1. 新文化运动兴起的标志是（　　）。
   A. 陈独秀在上海创办《新青年》　　B. 蔡元培就任北京大学校长
   C. 鲁迅发表《狂人日记》　　D. 胡适发表《文学改良刍议》

2. 新文化运动的主要内容是提倡民主和（　　）。
   A. 进步　　B. 科学　　C. 理智　　D. 自由

3. 1918年5月，鲁迅发表的第一篇白话文小说是（　　）。
   A.《阿Q正传》　　B.《狂人日记》
   C.《药》　　D.《祝福》

4. 在俄国十月革命影响下，率先在中国举起马克思主义旗帜的是（　　）。
   A. 陈独秀　　B. 李大钊　　C. 李达　　D. 毛泽东

5. 标志着中国新民主主义革命开端的运动是（　　）。
   A. 新文化运动　　B. 五四运动　　C. 保路运动　　D. 十月革命

6. 第一次彻底反帝反封建的革命运动是（　　）。
   A. 辛亥革命　　B. 五四运动　　C. 五卅运动　　D. 国民革命

7. 五四运动的直接导火线是（　　）。
   A. 巴黎和会上中国外交失败　　B. 俄国十月革命胜利
   C. 辛亥革命失败　　D. 工人阶级力量壮大

8. 1919年，发表《我的马克思主义观》一文的是（   ）。
   A. 陈独秀　　　B. 李大钊　　　C. 蔡和森　　　D. 杨鲍安

9. 1920年8月，在上海出版的《共产党宣言》第一个中文全译本的译者是（   ）。
   A. 李大钊　　　B. 陈望道　　　C. 蔡和森　　　D. 陈独秀

10. 划清了革命与改良界限的论战是（   ）。
    A. "共和与立宪"　　　　　　　B. "民主与帝制"
    C. "问题与主义"　　　　　　　D. "救亡与启蒙"

11. 1920年11月，中国共产党早期组织领导的第一个产业工会是（   ）。
    A. 上海机器工会　　　　　　　B. 北京长辛店工人俱乐部
    C. 中国劳动组合书记部　　　　D. 中华全国总工会

12. 1921年7月，中国共产党第一次全国代表大会最后一次会议转移到（   ）召开。
    A. 北京　　　B. 杭州　　　C. 嘉兴　　　D. 上海

13. 中华民族发展史上开天辟地的大事变是（   ）。
    A. 中国共产党的成立　　　　　B. 五四运动
    C. 第一次国共合作　　　　　　D. 新文化运动

14. 中共二大提出了资产阶级、小资产阶级政党从没有采取过的革命方法是（   ）。
    A. 统一战线方法　　　　　　　B. 群众路线方法
    C. 武装斗争方法　　　　　　　D. 议会斗争方法

15. 中国共产党第一次明确提出反帝反封建民主革命纲领的会议是（   ）。
    A. 中共一大　　　B. 中共二大　　　C. 中共三大　　　D. 中共四大

16. 1921年8月，中国共产党在上海成立党领导工人运动的专门机关是（   ）。
    A. 上海机器工会　　　　　　　B. 北京长辛店工人俱乐部
    C. 中国劳动组合书记部　　　　D. 中华全国总工会

17. 1922年1月，中国共产党领导的第一次工人运动高潮的起点是（   ）。
    A. 香港海员罢工　　　　　　　B. 安源路矿工人罢工
    C. 京汉铁路工人罢工　　　　　D. 省港工人罢工

18. 第一次工人运动从高潮转向低潮的事件是（   ）。
    A. 长辛店工人罢工　　　　　　B. 五卅惨案
    C. 上海工人罢工　　　　　　　D. 二七惨案

19. 1921年9月，沈定一等成立的第一个农民协会是在（   ）。
    A. 湖南省湘潭县　　　　　　　B. 广东省海丰县
    C. 浙江省萧山县　　　　　　　D. 福建省上杭县

20. 第一次国共合作的政治基础是（   ）。
    A. 三民主义　　　　　　　　　B. 新三民主义

C. 新民主主义　　　　　　　　　D. 社会主义

21. 标志着第一次国共合作为基础的革命统一战线正式形成的会议是（　　）。

A. 中国国民党一大　　　　　　　B. 中共三大
C. 中共四大　　　　　　　　　　D. 中共五大

22. 中国共产党第一次明确提出无产阶级领导权和工农联盟问题的会议是（　　）。

A. 中共二大　　　　　　　　　　B. 中共三大
C. 中共四大　　　　　　　　　　D. 中共五大

23. 1924年，中国工人运动由低潮转向高潮的信号是（　　）。

A. 广州沙面工人罢工　　　　　　B. 青岛纱厂工人罢工
C. 香港海员罢工　　　　　　　　D. 上海码头工人罢工

24. 第一次国共合作建立后，全国范围大革命风暴兴起的标志是（　　）。

A. 护国战争　　B. 护法运动　　C. 北伐战争　　D. 五卅运动

25. 中国工人运动史上前所未有的壮举，对大革命高潮的形成起了重要推动作用的是（　　）。

A. 省港大罢工　　　　　　　　　B. 京汉铁路工人大罢工
C. 五卅运动　　　　　　　　　　D. 香港海员大罢工

二、简答题

1. 简述新文化运动的历史意义。
2. 简述中国早期信仰马克思主义的三种类型及代表人物。
3. 简述中国共产党二大提出的党的最高纲领和最低纲领。
4. 简述中共三大的主要内容及意义。
5. 简述北伐战争直接打击的目标和战略方针。
6. 简述北伐战争胜利进军的主要原因。
7. 简述中国共产党成立时的历史特点。
8. 简述中国共产党的初心和使命。

三、论述题

1. 试述俄国十月革命对中国革命的影响。
2. 试述五四运动的历史特点及历史意义。
3. 试述中国共产党成立的历史意义。
4. 试述1927年国民革命失败的原因和历史意义。

第五章 中国革命的新道路

知识框架

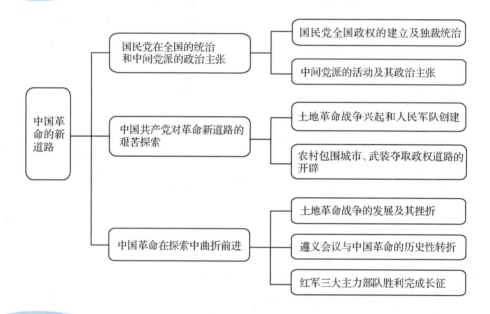

内容精要

第一节 国民党在全国的统治和中间党派的政治主张

一 国民党全国政权的建立及其独裁统治

(一) 国民党在全国统治的建立

1. 宁汉合流

1927年七一五政变以后的一段时间内,国民党的南京政府和武汉国民政府互相对峙。经过几番周折，宁汉合流。1928年9月，南京国民政府改组，武汉国民政府不复存在。国民党政府的军队继续北伐。

2. 东北易帜

1928年，宁汉合流后，国民党政府军队继续北伐，6月进驻北京。奉系军阀首领张作霖在退回关外途中，被日本人炸死。其子张学良在12月29日发出通告，宣布"遵守三民主义，服从国民政府，改易旗帜"。

北洋军阀不再作为独立的政治力量继续存在，国民党在全国范围内建立了自己的统治。

3. 国民党政府的性质

国民党实行的是代表地主阶级、买办性的大资产阶级利益的一党专政和军事独裁统治。

1928年10月，国民党中央常务委员会通过《训政纲领》，规定"由中国国民党全国代表大会代表国民大会，领导国民行使政权"。北洋政府时期在形式上存在的议会制度被彻底废除。

（二）国民党政府的独裁统治

1. 建立庞大的军队

国民党不仅建立庞大的军队，还大力加强地方反动武装，各县民团统称保安队。广大人民被置于国民党武装的严密控制和监视之下。

2. 建立密布全国的特务系统

隶属于国民党中央组织部的"中统"和隶属于国民党军事委员会的"军统"的主要任务就是绑架或暗杀革命者和异己分子。

3. 大力推行保甲制度

十户为甲，十甲为保，分设甲长、保长。保甲内各户要互相监视、互相告发。

4. 厉行文化专制主义

剥夺人民的言论和出版自由，大批进步书刊被查禁，许多进步作家被监视、拘捕乃至枪杀。

（三）国民党统治下的中国社会经济

1. 帝国主义的经济势力在中国进一步扩展

国民党政府是在帝国主义支持下建立的。从根本上说，国民党统治的建立为外国侵略势力深入中国进一步敞开了大门。

1927年国民党政府成立到1937年卢沟桥事变之前的十年间，帝国主义的经济势力不仅垄断了中国的重工业、交通运输业，而且控制了中国的财政、金融及若干重要的轻工业。

2. 封建经济在中国经济生活中仍然占优势地位

国民党统治时期，大部分的土地为地主及旧式富农所占有，他们将土地出租给农民，收取苛重地租。除地租外,农民还受到商业资本、高利贷资本的超经济剥削。政府当局还通过征收苛重的赋税对农民进行掠夺。中国农村的经济日益陷入绝境。

3. 官僚买办资本急剧膨胀

官僚买办资本和国家政权结合在一起,同外国帝国主义、本国地主阶级结合在一起,成为买办的封建的国家垄断资本,成为国民党统治的经济基础。

第一,官僚资本的垄断活动,首先和主要的是从金融业方面开始。国民党政府通过"四行二局"(中国银行、交通银行、中央银行、中国农民银行、邮政储金汇业局、中央信托局)为中心的金融垄断体系,不仅完全主宰了全国的金融业,而且直接操纵着全国的经济。

第二,利用自己的政治特权,依靠雄厚的金融力量,从事大规模的商业投机活动,对工业实行垄断性的掠夺。

4. 中国民族资本主义经济在夹缝中艰难生长

中国的民族资产阶级所经营的,是中等规模和小规模的资本主义经济。中国民族资本主义经济在中国整个资本主义经济中不占主体地位,并受到外国资本的压迫、本国官僚资本的排挤、封建生产关系的束缚及军阀官僚政府的压榨。

中国民族资本主义经济具有以下几个特点:

第一,在国民经济中所占比重很小,始终没有成为中国社会经济的主要形式。

第二,工业资本所占的比重小,商业资本和金融资本所占比重大。

第三,以纺织、食品等轻工业为主,缺乏重工业的基础,不能构成一个完整的工业体系。

第四,企业规模狭小、技术设备落后、劳动生产率低。

第五,和外国垄断资本、本国官僚资本及封建势力有千丝万缕的联系。

二 中间党派的活动及其政治主张

(一) 中间党派的政治主张

中间党派处于国共两党之间,它们的社会基础主要是民族资产阶级、上层资产阶级及其知识分子。它们的政治主张主要体现在:

第一,不满帝国主义侵略和国民党的独裁统治,要求民主和发展资本主义。

第二,九一八事变后,大多要求实行全国抗日,又不赞成中国共产党的纲领、路线,不赞成建立红军武装和土地革命战争。

第三,发动了一个改良主义运动,期望另找一条有利于中国发展资本主义的道路。

(二) 中间党派的代表

1. 中国国民党临时行动委员会

邓演达领导的中国国民党临时行动委员会正式成立于1930年8月。其成员是一部分国民革命时期国民党左派和一些国民革命失败后因为各种原因而脱离共产党组织的人士。

他们一方面不满国民党当局的内外政策，另一方面又错误地认为中国共产党的革命主张不适合中国国情，企图走另一条"复兴中国革命"的道路。政治上主张进行"平民革命"，推翻国民党的独裁统治，建立各级平民政权；经济上主张实行土地国有，实行"耕者有其田"。

2. 中间党派其他派别

以梁漱溟为首的乡村建设派；以黄炎培为首的中华职业教育社；以曾琦、李璜、左舜生为负责人的中国青年党（又称醒狮派）；以张君劢、张东荪、罗隆基为代表的中国国家社会党（又称再造派）。

第二节 中国共产党对革命新道路的艰苦探索

一 土地革命战争的兴起和人民军队的创建

（一）探索中国革命新道路的艰难环境

1. 残酷的外部环境

在国民党统治区，共产党被宣布为"非法"，加入共产党是最大的"犯罪"，共产党组织不断遭到严重的破坏，共产党的活动被迫转入地下。许多共产党员和共产党的领导干部被捕、被杀。

国民党政府通过颁布法律法规、建立保甲制度、强化特务组织乃至军事"会剿"等手段，疯狂镇压共产党及其领导的革命运动。

2. 低潮的党内环境

在白色恐怖统治下，共产党内不少人在思想上、政治上陷入混乱状态，存在严重的消极、悲观情绪。一些不坚定分子脱离共产党的组织，甚至攻击共产主义和共产党，出卖党的组织和党员。

各地革命的工会、农民协会等群众组织被查禁。共产党领导的工农群众运动虽时有发生，但都遭遇失败。

大革命高潮时参加革命统一战线的民族资产阶级附和了蒋介石。大革命失败后的一个时期里，革命的力量只有无产阶级、农民阶级和其他小资产阶级。反革命的力量大大超过了有组织的革命力量。

3. 必须回答好的两个根本性问题

敢不敢坚持革命？怎样坚持革命？这是中国共产党人和革命群众必须回答的两个根本性问题。

一些追求进步、向往真理的人士,如年逾半百的教育家徐特立、文学家郭沫若,以及在国民革命军中担任领导职务的贺龙、彭德怀等,在革命危急时刻加入共产党的队伍。在黑暗的中国,中国共产党独立地高举起反帝反封建的革命旗帜。

(二)中国共产党人发动武装斗争和土地革命

革命的失败,使共产党人认识到了武装斗争的极端重要性。

1. 八七会议

1927年8月7日,中共中央在汉口秘密召开紧急会议,即八七会议。

第一,清算了大革命后期陈独秀的右倾机会主义错误,确定了土地革命和武装斗争的方针。

第二,选出了以瞿秋白为首的中央临时政治局。

第三,毛泽东着重阐述了农民问题和武装斗争对于中国革命的极端重要性,强调党"以后要非常注意军事。须知政权是由枪杆子中取得的"。

八七会议给正处在思想混乱和组织涣散中的中国共产党指明了出路。这是由大革命失败到土地革命战争兴起的一个历史转折点。

2. 南昌起义

1927年8月1日,以周恩来为书记的前敌委员会及贺龙、叶挺、朱德、刘伯承等人,率领共产党掌握或影响下的北伐军2万多人在南昌举行起义。

南昌起义的历史意义是:

第一,打响了武装反抗国民党反动统治的第一枪,体现了中国共产党人为了人民的根本利益和中华民族的解放事业前赴后继的精神。

第二,成为共产党独立领导革命战争、创建人民军队和武装夺取政权的伟大开端。

第三,揭开了土地革命战争的序幕。

3. 湘赣边界秋收起义

1927年9月9日,毛泽东作为中央特派员到湖南领导湘赣边界秋收起义。这次起义的特点在于:

第一,放弃了"左派国民党"运动的旗号,公开打出了"工农革命军"的旗帜。

第二,不仅是军队的行动,而且有数量众多的工农武装参加了起义。

4. 三湾改编

湘赣边界秋收起义在攻打长沙遭遇挫折后,以毛泽东为书记的前敌委员会,改变原定部署,带领起义部队向敌人控制比较薄弱的山区转移。随后,在江西省永新县的三湾村,对起义部队进行改编。改编的主要内容是:

第一,将原有的一个师缩编为一个团。

第二,在部队中建立共产党各级组织,将党的支部建在连上。

第三,成立各级士兵委员会,部队内部实行民主管理。

三湾改编成为建设共产党领导的新型人民军队的重要开端。

5. 创建井冈山农村革命根据地

1927年10月7日,毛泽东率领部队抵达江西宁冈县茅坪,开始了创建井冈山农村革命根据地的斗争。井冈山根据地的创建具有深远的意义:

第一,点燃了"工农武装割据"的星星之火,为共产党领导的其他各地武装起义树立了榜样。

第二,从实践上开辟了一条在敌我力量悬殊的情况下,共产党深入农村保存和发展革命力量的正确道路。这条道路代表了1927年革命失败后中国革命发展的正确方向。

6. 广州起义

1927年12月,中共广东省委书记张太雷和叶挺、叶剑英等领导发动了广州起义。起义军一度成立了苏维埃政府,但在敌人的强势进攻下,起义最终失败。

除了以上三次著名的起义外,中国共产党先后领导了近百次武装起义。这些起义大多数很快失败。它们的失败证明:在半殖民地半封建社会的中国,在统治阶级占据着中心城市、敌我力量对比过于悬殊的情况下,企图通过城市武装暴动或攻占大城市来夺取革命胜利,行不通。

二 农村包围城市、武装夺取政权道路的开辟

(一) 中国共产党人对中国革命新道路的探索

1. 从城市到农村

各地武装起义风起云涌时,中共中央继续留在上海,党的中心工作仍然放在中心城市,但成效甚微。

中共中央根据八七会议提出的"找着新的道路"的要求,在领导各地武装起义的过程中,初步提出了相机占领某个县或几个县,建立革命政权,实行武装割据的思想。

1928年6月,在莫斯科郊区召开的中共六大,在继续把城市工作的复兴视为革命高潮到来的决定条件的同时,也明确肯定了农村根据地和红军是决定革命新高潮的更大的发展基础和重要力量。

1928年9月,由陈毅起草、周恩来审定的中共中央给红四军前委的指示信指出,先有农村红军,后有城市政权,这是中国革命的特征,这是中国经济基础的产物。

事实证明:以农村为工作重点,到农村发动农民,进行土地革命,开展武装斗争,建设根据地,这是1927年以后中国革命发展的客观规律所要求,是中国革命新道路的开辟。

2. 毛泽东对农村包围城市、武装夺取政权道路的理论论证

毛泽东是革命新道路开辟的杰出代表,不仅在实践中首先把革命的进攻方向指向农村,而且从理论上阐明了武装斗争的极端重要性和农村应当成为党的工作中心的思想。

(1)《中国的红色政权为什么能够存在?》和《井冈山的斗争》

1928年10月和11月，毛泽东写了《中国的红色政权为什么能够存在?》和《井冈山的斗争》，第一次明确提出了"工农武装割据"的思想，阐述了共产党领导的土地革命、武装斗争与根据地建设这三者之间的辩证统一关系。科学回答了红色政权存在和发展的原因与条件。

第一，根本原因是中国是一个几个帝国主义国家间接统治的经济政治发展极端不平衡的半殖民地半封建社会的大国。

第二，两个客观条件。一是国民革命的影响；二是全国革命形势的继续向前发展。

第三，两个主观条件。一是相当力量的正式红军的存在；二是共产党组织的坚强有力和各项政策的正确贯彻执行。

(2)《星星之火，可以燎原》

1930年1月，毛泽东在《星星之火，可以燎原》一文中进一步指出，红军、游击队与红色区域的建立和发展，是半殖民地中国在无产阶级领导之下的农民斗争的最高形式，是半殖民地农民斗争发展的必然结果，是促进全国革命高潮的最重要因素。这实际上批评了"城市中心论"，提出了以乡村为中心的思想，初步形成了农村包围城市、武装夺取政权的理论。

(3)《反对本本主义》

1930年5月，毛泽东在《反对本本主义》一文中，总结根据地斗争经验和同党内盛行的把马克思主义教条化、把共产国际决议和苏联经验神圣化的错误倾向做斗争的经验，深刻阐明坚持辩证唯物主义的思想路线、坚持理论和实际相结合的极端重要性，明确提出"中国革命斗争的胜利要靠中国同志了解中国情况"，表现了毛泽东开辟新道路、开创新理论的革命首创精神。

3. 古田会议

1929年12月，红四军党的第九次代表大会在福建上杭县古田村召开（史称古田会议）。

第一，确立了思想建党、政治建军原则，规定红军是一个执行革命的政治任务的武装集团，必须绝对服从共产党的领导，必须担负打仗、筹款和做群众工作的任务，必须加强政治工作。

第二，会议决议议案强调，必须加强思想和政治路线的教育，纠正党内的错误思想。

第三，古田会议的意义在于创造性地解决了在农村环境中、在党组织和军队以农民为主要成分的环境下，如何从加强思想建设入手，保持党的无产阶级先锋队性质和建设党领导的新型人民军队的问题，这是人民军队完全区别于一切旧军队的政治特质和根本优势。

（二）红军反"围剿"作战的胜利与土地革命的深入

1. 农村根据地的发展

到 1930 年年初，共产党领导的红军和根据地得到比较大的发展，在全国建立了大小十几块农村根据地，红军发展到 7 万人，连同地方武装共约 10 万人。红军游击战争实际上已经成为中国革命的主要形式，农村根据地成为积蓄和锻炼革命力量的主要战略阵地。

2. 红军反"围剿"作战胜利

1930 年 10 月到 1931 年 7 月，蒋介石集中重兵，向南方各根据地的红军发动了三次大规模的"围剿"。红一方面军在毛泽东、朱德等指挥下，贯彻积极防御的方针，实行"诱敌深入""避敌主力、打其虚弱"等战术，连续粉碎国民党军队的三次"围剿"。在反"围剿"取得胜利的过程中，使赣南、闽西根据地连成一片，形成拥有 21 座县城、250 万人口、5 万平方公里土地的中央革命根据地。

3. 土地革命

农民土地问题是中国共产党领导的新民主主义革命的一个基本问题。开展土地革命就是要消灭封建地主的土地所有制，实行农民的土地所有制。

第一，1928 年 12 月，毛泽东在井冈山主持制定了中国共产党历史上第一个土地法，以立法的形式，首次肯定了广大农民获得土地的权利。

第二，1929 年 4 月，毛泽东在兴国发布第二个土地法，将"没收一切土地"改为"没收一切公共土地及地主阶级的土地"。这是一个原则性的改正，保护了中农的利益。

第三，1931 年 2 月，毛泽东进一步总结土地革命的经验，要求各地各级工农民主政府发布公告，明确规定农民已经分得的田归农民个人所有，可以自主租借买卖，别人不得侵犯；生产的产品，除向政府缴纳土地税外，均归农民个人所有，任凭自由买卖。这就确立了废除地主的土地所有制，实现农民的土地所有制的目标和任务。

第四，土地革命中的阶级路线和土地分配方法。主要是：坚定地依靠贫农、雇农，联合中农，限制富农，保护中小工商业者，消灭地主阶级；以乡为单位，按人口平均分配土地，在原耕地基础上，实行抽多补少、抽肥补瘦。

土地革命的开展，充分调动了根据地农民发展生产和参军参战的积极性。

4. 文化战线上的反"围剿"斗争

国民党统治区的共产党人和文化界进步人士在文化战线上开展了反"围剿"斗争，形成了左翼文化运动。

鲁迅的杂文，瞿秋白的评论，茅盾的小说《子夜》，田汉作词、聂耳谱曲的《义勇军进行曲》，邹韬奋主办的《生活周刊》等，对于传播进步思想、推动抗日救亡运动起到了重要作用。毛泽东称赞鲁迅是这个文化新军的最伟大和最英勇的旗手，鲁迅的方向代表着中华民族新文化的方向。

第三节 中国革命在探索中曲折前进

一 土地革命战争的发展及其挫折

(一) 农村革命根据地的建设

1. 中华苏维埃共和国临时中央政府

1931年11月，中华苏维埃第一次全国代表大会在江西省瑞金县叶坪村举行。

大会通过了《中华苏维埃共和国宪法大纲》及土地法令、劳动法等法律文件；选举产生了中华苏维埃共和国中央执行委员会；宣告了中华苏维埃共和国临时中央政府的成立。毛泽东当选为中央执行委员会主席。中华苏维埃共和国是中国历史上第一个全国性的工农民主政权，是中国共产党在局部地区执政的首要尝试。

2. 中华苏维埃共和国的性质及建设

第一，实行各级工农兵代表大会制度。苏维埃共和国公民直接选举产生乡工农兵代表大会代表，逐级召开乡、区、县、省和全国工农兵代表大会，选举产生乡、区、县、省和全国苏维埃政府。各级苏维埃政府广泛吸收工农群众代表参加政权管理、行使当家作主的权利。

第二，积极组织军民进行经济建设，打破国民党的封锁。一是动员和组织获得土地的农民群众开展互助合作运动，提高劳动生产率。二是组织农民开垦荒地、兴修水利，增加农作物产量。三是开始建立公营的军需工业和厂矿企业。四是设置对外贸易机关，开展同国民党统治区的贸易往来，奖励私人商业输出输入各种必要商品。

第三，注重文化教育事业发展，提高工农群众的文化水平。根据地内建立各种学校，进行扫盲与培养各方面的干部和专门人才。

(二) "左"倾教条主义的危害，土地革命战争遭受严重挫折

由于对中国政局的复杂性和中国革命的长期性缺乏认识，中国共产党内开始滋长了一种近乎拼命的"左"倾急躁情绪。

1. 三次"左"倾错误

第一，1927年11月至1928年4月，"左"倾盲动错误，认为革命形势在不断高涨，盲目要求"创造总暴动的局面"。

第二，1930年6月至9月，以李立三为代表的"左"倾冒险主义，认为中国革命乃至世界革命进入高潮，盲目要求举行全国暴动与集中红军力量攻打和夺取武汉等中心城市。

第三，1931年1月至1935年1月，以王明为代表的"左"倾教条主义。一是在统一

战线问题上，将九一八事变后要求抗日与民主的民族资产阶级视为中国革命最危险的敌人，一味排斥和打击中间势力。二是在革命道路上，坚持以城市为中心，将组织城市工人的总同盟罢工和武装起义作为共产党的主要任务，指令根据地的红军采取"积极进攻策略"配合攻打中心城市。三是在土地革命问题上，提出坚决打击富农的主张。四是在反"围剿"军事斗争问题上，实行消极防御方针。五是在党内斗争和组织问题上，推行"残酷斗争，无情打击"方针。

2. 三次"左"倾错误出现的原因

第一，八七会议后，党内一直存在着浓厚的近乎拼命的冲动，始终未能从指导思想上得到认真的清理。

第二，全党的马克思主义理论准备不足，理论素养还不高，实践经验也很缺乏。

第三，共产国际的干预，以及对王明的全力支持，使许多人失去识别和抵御能力。

3. 王明"左"倾教条主义对中央革命根据地的影响

第一，中共临时中央政治局迁入中央革命根据地。"左"倾教条主义使中国共产党在国民党统治区的工作出现一片混乱，党的组织遭到严重破坏。1931年9月，中共中央临时政治局成立，由博古负总责。临时中央政治局继续推行"左"倾错误。1933年年初，中共临时中央政治局迁入中央革命根据地。

第二，"赣南会议"。1931年11月，中央苏区党组织第一次代表大会（史称"赣南会议"）召开，在"国际路线"的旗号下，对中央根据地的工作进行了多方面的批评和指责。毛泽东的许多正确主张，被指责为"狭隘的经验论""富农路线""极严重的一贯右倾机会主义"。毛泽东被排除在中央根据地红军领导地位之外。

第三，反对"罗明路线"的斗争。中共临时中央政治局迁到中央根据地后，全面推行"左"倾教条主义错误，在福建开展了反对"罗明路线"的斗争，接着又在江西开展反对邓小平、毛泽覃、谢唯俊、古柏的斗争。斗争的矛头实际上是针对毛泽东的正确主张。

第四，第五次反"围剿"失败。1933年下半年，蒋介石发动第五次"围剿"，以50万兵力进攻中央根据地。临时中央负责人博古和共产国际派来的军事顾问、德国人李德，放弃前几次反"围剿"作战中行之有效的积极防御方针，先是主张"御敌于国门之外"，继在进攻受挫后采取消极防御方针。1934年10月初，国民党军队推进到根据地腹地。中央红军主力被迫实行战略转移，第五次反"围剿"失败。

二 遵义会议与中国革命的历史性转折

（一）中央红军实施战略大转移

1934年10月，中共中央机关和中央红军（红一方面军）8.6万人撤离根据地，向西突围转移，开始了震惊中外的长征。

长征初期，博古等又犯了退却中的逃跑主义错误。在连续突破国民党军队布置的四道封锁线后，红军和中央机关人员锐减到3万多人。在严酷的事实面前，一些曾支持过"左"倾错误的中央领导人，如张闻天、王稼祥等，也改变态度，转而支持以毛泽东为代表的正确主张。

12月，面对蒋介石调遣重兵准备围歼向湘西方向转移的中央红军的紧要关头，毛泽东提议放弃原来的进军计划，改向力量薄弱的贵州挺进。毛泽东的主张得到多数人赞同。中共中央召开政治局会议，决定向贵州北部进军。随即，红军占领黔北重镇遵义。

（二）遵义会议的胜利召开

1. 遵义会议主要内容

1935年1月15—17日，中共中央政治局在遵义召开遵义会议。会议集中全力解决了当时具有决定意义的军事和组织问题。

第一，多数人同意毛泽东为代表的正确意见，批评了博古、李德在第五次反"围剿"中的错误。

第二，会议增选毛泽东为中央政治局常委，并委托张闻天起草《中央关于反对敌人第五次"围剿"的总结的决议》。

第三，会后成立了由毛泽东、周恩来、王稼祥组成的新的三人团，全权负责红军的军事行动。

这一系列重大决策，是在中国共产党同共产国际中断联系的情况下，独立自主地做出的。

2. 遵义会议的意义

第一，是中国共产党历史上一个生死攸关的转折点。开始确立以毛泽东为代表的马克思主义正确路线在党中央的领导地位，在极其危急的情况下挽救了中国共产党，挽救了中国工农红军，挽救了中国革命。

第二，标志着中国共产党在政治上走向成熟。遵义会议的一系列重大决策，是在中国共产党同共产国际中断联系的情况下，独立自主地做出的。

第三，证明了中国共产党具有自我净化和自我发展的能力。中国共产党敢于正视自己的错误，并注意从自己所犯的错误中学习并吸取教训，在总结成功经验和失败的教训中，不断地把党和党所领导的革命事业推向前进。

三 红军三大主力部队胜利完成长征

（一）长征的胜利结束

1. 红一方面军和红四方面军会师

遵义会议后，在毛泽东等的领导下，中央红军根据实际情况变化，灵活机动地变换作战方向，历经四渡赤水河、强渡金沙江、抢渡大渡河、翻越人迹罕至的夹金山，于

1935年6月抵达四川懋功地区，同张国焘、徐向前率领的红四方面军会师。

2. 张国焘南下另立"中央"

中共中央政治局会议决定，红一方面军和红四方面军会师后集中北上，相机创建新的革命根据地。但是，张国焘却提出南下四川、西康的主张，给红军会师后的有利形势蒙上了阴影。张国焘在南下途中，公然于10月5日另立"中央"。

在朱德、刘伯承、徐向前等坚决斗争和中共中央的敦促下，张国焘不得不于1936年6月6日宣布取消另立的"中央"。在此期间，南下的红军遭遇国民党军队的围追堵截，损失惨重，退守到西康甘孜地区。

3. 红军三大主力部队胜利完成长征

第一，陕甘支队到达陕北吴起镇。中共中央同张国焘的南下错误主张进行坚决斗争，决定先行北上，并将北上的中央红军主力改称陕甘支队。1935年10月19日，中共中央率陕甘支队到达陕北吴起镇，同在那里的红十五军团会合。至此，中央红军行程二万五千里、纵横十一个省的长征胜利结束。中国共产党领导的革命力量有了新的落脚点和战略基地。

第二，红二、四方面军胜利会师。1936年7月，原来在湘鄂川黔革命根据地的红二、六军团到达甘孜，同红四方面军会师；随即奉中央指令合编为红二方面军，由贺龙任总指挥、任弼时任政治委员，并迫使张国焘同意北上。1936年10月，红二、四方面军先后同红一方面军在甘肃会宁、静宁将台堡会师，胜利结束长征。

（二）长征的伟大意义

1. 是一部伟大的革命英雄主义的史诗

第一，它向全中国和全世界宣告，中国共产党及其领导的人民军队，是一支不可战胜的力量。

第二，它粉碎了国民党"围剿"红军、消灭革命力量的企图，是中国革命转危为安的关键。

2. 为迎接中国人民抗日救亡的新高潮准备了条件

通过长征，中国革命的大本营放在了西北，这为迎接中国人民抗日救亡的新高潮准备了条件。长征结束后，随着中国共产党倡导建立广泛的抗日民族统一战线，中国革命的新局面开始了。

3. 保存并锤炼了中国革命的骨干力量

4. 播撒了革命的火种

它向沿途的人民群众宣布，只有在中国共产党的领导下，中国各族人民才能翻身得解放。

5. 铸就了伟大的长征精神

第一，把全国人民和中华民族的根本利益看得高于一切，坚定革命的理想和信念，坚信正义事业必然胜利的精神。

第二，为了救国救民，不怕任何艰难险阻，不惜付出一切牺牲的精神。

第三，坚持独立自主、实事求是，一切从实际出发的精神。

第四，顾全大局、严守纪律、紧密团结的精神。

第五，紧紧依靠人民群众，同人民群众生死相依、患难与共、艰苦奋斗的精神。

要点荟萃

一 国民党全国政权的建立

（1）1928年2月，宁汉合流后，南京国民政府改组，武汉国民政府不复存在。

（2）1928年10月，在东北宣布"遵守三民主义，服从国民政府，改易旗帜"的是张学良。这意味着北洋军阀不再作为独立的政治力量继续存在，国民党在全国范围内建立了自己的统治。

（3）国民党实行的是代表地主阶级、买办性的大资产阶级利益的一党专政和军事独裁统治。

（4）国民党一党专政的军事独裁统治主要体现在四个方面：

第一，建立庞大的军队。

第二，建立密布全国的特务系统。

第三，大力推行保甲制度。

第四，厉行文化专制主义。

二 国民党统治下的中国社会经济

（1）国民党在全国的统治建立后，官僚买办资本急剧膨胀，成为国民党统治的经济基础。

第一，官僚买办资本指的是和国家政权结合在一起，同外国帝国主义、本国地主阶级结合在一起，买办的封建的国家垄断资本。

第二，官僚资本的垄断活动首先和主要是从金融业方面开始的。

（2）中国的民族资产阶级所经营的，是中等规模和小规模的资本主义经济。中国民族资本主义经济具有以下五个特点：

第一，在国民经济中所占比重很小，始终没有成为中国社会经济的主要形式。

第二，工业资本所占的比重小，商业资本和金融资本所占比重大。

第三，以纺织、食品等轻工业为主，缺乏重工业的基础，不能构成一个完整的工业体系。

第四，企业规模狭小、技术设备落后、劳动生产率低。

第五，和外国垄断资本、本国官僚资本及封建势力有千丝万缕的联系。

三　中间党派及其社会基础

（1）中间党派处于国共两党之间，它们的社会基础主要是民族资产阶级、上层资产阶级及其知识分子。

（2）影响比较大的有邓演达领导的中国国民党临时行动委员会，成立于1930年8月。

（3）它们的主张主要体现在：

第一，既不满国民党当局的内外政策，又不同意中国共产党的革命主张，企图走另一条"复兴中国革命"的道路。

第二，政治上主张进行"平民革命"，推翻国民党的独裁统治，建立各级平民政权。

第三，经济上主张实行土地国有，实行"耕者有其田"。

（4）1935年11月，中国国民党临时行动委员会改组为中华民族解放行动委员会。

四　土地革命战争的兴起和人民军队的创建

（1）1927年，大革命失败后，中国革命转入低潮，在白色恐怖下，中国共产党人和革命群众必须回答的两个根本性问题：敢不敢坚持革命？怎样坚持革命？

（2）在革命危急时刻加入共产党的队伍有年逾半百的教育家徐特立、文学家郭沫若，以及在国民革命军中担任领导职务的贺龙、彭德怀等。

（3）由大革命失败到土地革命战争兴起的一个历史转折点是八七会议。

第一，中共八七会议于1927年8月7日在汉口秘密召开，会议确定了土地革命和武装斗争的方针。

第二，毛泽东在八七会议中强调党"以后要非常注意军事。须知政权是由枪杆子中取得的"。

（4）中国共产党独立领导革命战争、创建人民军队的开端是南昌起义。

第一，南昌起义指的是1927年8月1日，以周恩来为书记的前敌委员会及贺龙、叶挺、朱德、刘伯承等人，率领共产党掌握或影响下的北伐军2万多人在南昌举行起义。

第二，南昌起义的历史意义主要体现在三个方面：

一是打响了武装反抗国民党反动统治的第一枪。

二是成为共产党独立领导革命战争、创建人民军队和武装夺取政权的伟大开端。

三是揭开了土地革命战争的序幕。

（5）1927年9月9日，毛泽东作为中央特派员到湖南领导湘赣边界秋收起义。这次起义的特点在于：

第一，放弃了"左派国民党"运动的旗号，公开打出了"工农革命军"的旗帜。

第二，它不仅是军队的行动，而且有数量众多的工农武装参加。

（6）建设共产党领导的新型人民军队的重要开端是三湾改编。三湾改编的主要内容有：

第一，将原有的一个师缩编为一个团。

第二，在部队中建立共产党各级组织，将党的支部建在连上。

第三，成立各级士兵委员会，部队内部实行民主管理。

五 农村包围城市、武装夺取政权道路的开辟

（1）1927年10月7日，毛泽东率领部队抵达江西宁冈县茅坪，开始了创建井冈山农村革命根据地的斗争。井冈山根据地的创建具有深远的意义：

第一，点燃了"工农武装割据"的星星之火，为共产党领导的其他各地武装起义树立了榜样。

第二，从实践上开辟了一条在敌我力量悬殊的情况下，共产党深入农村保存和发展革命力量的正确道路。

（2）1928年10月和11月，毛泽东写了《中国的红色政权为什么能够存在？》和《井冈山的斗争》两篇文章，科学回答了红色政权存在和发展的原因与条件。

第一，根本原因在于中国是一个几个帝国主义国家间接统治的经济政治发展极端不平衡的半殖民地半封建社会的大国。

第二，两个客观条件：一是国民革命的影响；二是全国革命形势的继续向前发展。

第三，两个主观条件：一是相当力量的正式红军的存在；二是共产党组织的坚强有力和各项政策的正确贯彻执行。

（3）在这两篇文章中，毛泽东第一次明确提出了"工农武装割据"的思想。主要阐述了共产党领导的土地革命、武装斗争与根据地建设这三者之间的辩证统一关系，强调"工农武装割据"的思想，是共产党和割据地方的工农群众必须具备的一个重要思想。

（4）1930年1月，毛泽东提出以乡村为中心思想的重要著作是《星星之火，可以燎原》。

（5）1929年12月，红四军党的第九次代表大会在福建上杭县古田村召开（史称古田会议），确定了思想建党、政治建军的原则。

六 红军反"围剿"作战的胜利与土地革命的深入

（1）农民土地问题是中国共产党领导的新民主主义革命的一个基本问题。红军反"围剿"战争的胜利，革命根据地的发展，是同土地革命的开展密切相关的。

（2）1928年，毛泽东主持制定中国共产党历史上第一个土地法是在井冈山。

（3）1929年4月，毛泽东在兴国发布第二个土地法，将"没收一切土地"改为"没收一切公共土地及地主阶级的土地"。这是一个原则性的改正，保护了中农的利益。

(4) 土地革命中的阶级路线是坚定地依靠贫农、雇农，联合中农，限制富农，保护中小工商业者，消灭地主阶级。

(5) 土地革命中的土地分配方法是以乡为单位，按人口平均分配土地，在原耕地基础上，实行抽多补少、抽肥补瘦。

七　土地革命战争的发展及其挫折

(1) 1931 年 11 月，中华苏维埃第一次全国代表大会召开的地点是江西省瑞金县叶坪村。

第一，大会选举产生了中华苏维埃共和国中央执行委员会，毛泽东当选为中央执行委员会主席。

第二，大会宣告了中华苏维埃共和国临时中央政府的成立。中华苏维埃共和国是中国历史上第一个全国性的工农民主政权，是中国共产党在局部地区执政的首要尝试。

第三，中华苏维埃共和国实行各级工农兵代表大会制度。

(2) 在 20 世纪 30 年代土地革命战争中期，"左"倾错误先后三次在中国共产党中央领导机关取得统治地位。

第一，这三次"左"倾错误主要是指：以瞿秋白为代表的"左"倾盲动主义错误；以李立三为代表的"左"倾冒险主义错误；以王明为代表的"左"倾教条主义。

第二，这三次"左"倾错误出现的原因是多方面的：

一是八七会议后，党内一直存在着浓厚的近乎拼命的冲动，始终未能从指导思想上得到认真的清理。

二是全党的马克思主义理论准备不足，理论素养还不高，实践经验也很缺乏。

三是共产国际的干预及对王明的全力支持，使许多人失去识别和抵御能力。

(3) 王明"左"倾教条主义的主要错误是：

第一，在统一战线问题上，一味排斥和打击中间势力。

第二，在革命道路问题上，继续坚持以城市为中心。

第三，在土地革命问题上，提出坚决打击富农的主张。

第四，在反"围剿"军事斗争问题上，实行消极防御方针。

第五，在党内斗争和组织问题上，推行"残酷斗争，无情打击"方针。

(4) 王明的"左"倾教条主义使中国共产党及其领导的中国革命又一次陷入困境，主要体现在：

第一，在国民党统治区，党的组织遭到严重破坏。1933 年年初，中共临时中央政治局迁入中央革命根据地。

第二，1931 年 11 月，中央苏区党组织第一次代表大会（史称"赣南会议"）召开，在"国际路线"的旗号下，对中央根据地的工作进行了多方面的批评和指责。毛泽东的许多正确主张，被指责为"狭隘的经验论""富农路线""极严重的一贯右倾机会主义"。

毛泽东被排除在中央根据地红军领导地位之外。

第三，中共临时中央政治局在福建开展了反对"罗明路线"的斗争，接着又在江西开展反对邓小平、毛泽覃、谢唯俊、古柏的斗争。斗争的矛头实际上是针对毛泽东的正确主张。

第四，第五次反"围剿"失败，中央红军主力被迫实行战略转移。

八 遵义会议与中国革命的历史性转折

（1）第五次反"围剿"斗争失败后，1934年10月开始战略转移的是红一方面军。

（2）1935年1月，中国共产党召开的具有历史转折意义的会议是遵义会议。

第一，会议集中全力解决了当时具有决定意义的军事和组织问题。

第二，会后成立了由毛泽东、周恩来、王稼祥组成的新的三人团，全权负责红军的军事行动。

第三，遵义会议的意义主要体现在三个方面：

一是中国共产党历史上一个生死攸关的转折点。开始确立以毛泽东为代表的马克思主义正确路线在党中央的领导地位，在极其危急的情况下挽救了中国共产党，挽救了中国工农红军，挽救了中国革命。

二是标志着中国共产党在政治上走向成熟。遵义会议的一系列重大决策，是在中国共产党同共产国际中断联系的情况下，独立自主地做出的。

三是证明了中国共产党具有自我净化和自我发展的能力。中国共产党敢于正视自己的错误，在总结成功经验和失败的教训中，不断地把党和党所领导的革命事业推向前进。

九 红军长征的胜利及其意义

（1）标志中央红军行程二万五千里、纵横十一个省的长征胜利结束是1935年10月19日，中共中央率陕甘支队同红十五军团会合于陕北吴起镇。

（2）1936年10月，红二、四方面军先后同红一方面军在甘肃会宁、静宁将台堡会师，胜利结束长征。

（3）中国工农红军长征胜利的意义主要体现在：

第一，是一部伟大的革命英雄主义的史诗，是中国革命转危为安的关键。

第二，通过长征，中国革命的大本营放在了西北，这为迎接中国人民抗日救亡的新高潮准备了条件。

第三，长征保存并锤炼了中国革命的骨干力量，这是党和红军极为宝贵的精华。

第四，长征沿途播撒了火种。

第五，中国共产党人和红军将士用生命与热血铸就了伟大的长征精神。

（4）长征精神的内涵是：

第一,把全国人民和中华民族的根本利益看得高于一切,坚定革命的理想和信念,坚信正义事业必然胜利的精神。

第二,为了救国救民,不怕任何艰难险阻,不惜付出一切牺牲的精神。

第三,坚持独立自主、实事求是,一切从实际出发的精神。

第四,顾全大局、严守纪律、紧密团结的精神。

第五,紧紧依靠人民群众,同人民群众生死相依、患难与共、艰苦奋斗的精神。

能力检测

一、单项选择题(在每小题列出的备选项中只有一项是最符合题目要求的,请将其选出)

1. 1928年12月,在东北宣布"服从南京国民政府,改易旗帜"的是( )。
   A. 孙传芳　　　B. 吴佩孚　　　C. 张作霖　　　D. 张学良

2. 国民党实行的一党专政和军事独裁统治代表了地主阶级与( )。
   A. 民族资产阶级利益　　　　B. 小资产阶级利益
   C. 买办性大资产阶级利益　　D. 无产阶级利益

3. 国民党统治后,官僚资本的垄断活动主要是( )。
   A. 从农业方面开始　　　　B. 从重工业方面开始
   C. 从商业方面开始　　　　D. 从金融业方面开始

4. 1930年8月,邓演达领导成立的中间党派是( )。
   A. 中国青年党　　　　　　　　B. 中国国家社会党
   C. 中国国民党临时行动委员会　D. 中国国民党革命委员会

5. 大革命失败后,中国共产党人和革命群众必须回答的两个根本性问题是( )。
   A. 是否坚持统一战线和怎样坚持革命
   B. 是否继续服从共产国际领导和怎样坚持革命
   C. 敢不敢坚持革命和怎样坚持革命
   D. 敢不敢坚持革命和是否坚持维护统一战线

6. 中共八七会议召开的地点是( )。
   A. 九江　　　　B. 上海　　　　C. 汉口　　　　D. 武昌

7. 1927年,中共八七会议确定的总方针是( )。
   A. 推翻北洋军阀黑暗统治　　B. 建立工农民主统一战线
   C. 开辟农村革命根据地　　　D. 开展土地革命和武装斗争

8. 中国共产党独立领导革命战争和创建人民军队的开端是( )。
   A. 南昌起义　B. 秋收起义　C. 平江起义　D. 百色起义

9. 南昌起义的指挥者是( )。

A. 周恩来、贺龙、叶挺、朱德、刘伯承
B. 毛泽东、周恩来、贺龙、叶挺、朱德
C. 毛泽东、周恩来、贺龙、叶挺、张太雷
D. 周恩来、贺龙、叶挺、朱德、叶剑英

10. 1927年9月9日，毛泽东领导的著名起义是（　　）。
A. 湘赣边界秋收起义　　　　B. 广州起义
C. 南昌起义　　　　　　　　D. 武昌起义

11. 1930年1月，毛泽东提出以乡村为中心思想的重要著作是（　　）。
A.《井冈山的斗争》　　　　B.《星星之火，可以燎原》
C.《反对本本主义》　　　　D.《中国革命与中国共产党》

12. 毛泽东说："星星之火，可以燎原。""星星之火"点燃在（　　）。
A. 古田会议　　　　　　　　B. 八七会议
C. 南昌起义　　　　　　　　D. 井冈山革命根据地

13. 下列人物中，不属于广州起义领导人的是（　　）。
A. 叶挺　　　B. 张太雷　　　C. 张闻天　　　D. 叶剑英

14. 1928年，毛泽东主持制定中国共产党历史上第一个土地法是在（　　）。
A. 井冈山　　B. 瑞金　　　　C. 古田　　　　D. 永新

15.《义勇军进行曲》的词作者是（　　）。
A. 田汉　　　B. 聂耳　　　　C. 鲁迅　　　　D. 瞿秋白

16. 左翼文化运动中，被毛泽东称为文化新军最伟大和最英勇的旗手是（　　）。
A. 茅盾　　　B. 邹韬奋　　　C. 鲁迅　　　　D. 瞿秋白

17. 1931年11月，当选为中华苏维埃共和国中央执行委员会主席的是（　　）。
A. 毛泽东　　B. 周恩来　　　C. 项英　　　　D. 王稼祥

18. 1931年1月至1935年1月，中国共产党内出现的主要错误倾向是（　　）。
A. 右倾机会主义　　　　　　B."左"倾盲动主义
C."左"倾冒险主义　　　　　D."左"倾教条主义

19. 第五次反"围剿"斗争失败后，1934年10月开始战略转移的是（　　）。
A. 红十五军团　　　　　　　B. 红一方面军
C. 红二方面军　　　　　　　D. 红四方面军

20. 1935年1月，中国共产党召开的具有历史转折意义的会议是（　　）。
A. 八七会议　　B. 古田会议　　C. 遵义会议　　D. 洛川会议

21. 1936年10月，中国工农红军三大主力胜利会师地是（　　）。
A. 四川懋功地区　　　　　　B. 甘肃会宁、静宁将台堡
C. 西康甘孜地区　　　　　　D. 陕北吴起镇

22. 下列选项中对"长征精神"理解有误的是（　　）。

A. 战胜所有敌人的大无畏的革命英雄主义
B. 战胜一切困难的勇气和决心
C. 顾全大局、紧密团结的集体主义精神
D. 追求民主科学、斗争到底的爱国主义精神

二、简答题
1. 简述大革命失败后国民党政府实行军事独裁统治的主要表现。
2. 简述毛泽东领导的湘赣边界秋收起义的特点。
3. 简述三湾改编的主要内容。
4. 简述井冈山革命根据地创建的历史意义。
5. 简述1931年召开的中华苏维埃第一次全国代表大会的主要内容。
6. 简述遵义会议集中解决的主要问题及其意义。

三、论述题
1. 试述红色政权存在和发展的原因与条件。
2. 试述20世纪20年代后期和30年代前期，中国共产党党内屡次出现"左"倾错误的主要原因。
3. 试述中国共产党领导中国工农红军长征胜利的历史意义。

第六章 中华民族的抗日战争

知识框架

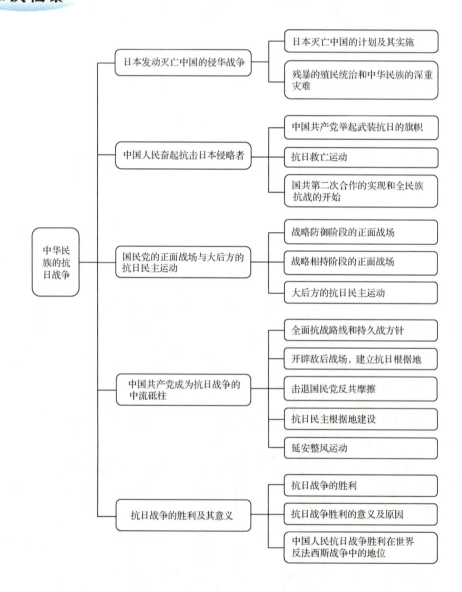

内容精要

第一节 日本发动灭亡中国的侵略战争

一 日本灭亡中国的计划及实施

（一）从九一八事变到华北事变

1. 九一八事变

1931年9月18日深夜，日本关东军自行炸毁"南满"铁路沈阳北郊柳条湖的一小段路轨，反诬是中国军队所为，随即炮轰东北军驻地北大营；接着，日军分别向沈阳和长春、四平、公主岭等地发起进攻。

这就是九一八事变，它标志着日本开始了变中国为其独占殖民地的侵华战争。1932年2月，中国东北全境沦陷。

2. 华北事变

1935年，日本在华北制造了一系列事端，向中国政府提出华北政权"特殊化"的要求。国民政府在河北、察哈尔两省的主权大部分丧失，华北成为日军可以自由出入的"真空地带"。

日本还策划华北五省（河北、察哈尔、绥远、山西、山东）两市（北平、天津）"防共自治运动"。这一系列事件被称为"华北事变"。

（二）卢沟桥事变与日本的全面侵华战争

1937年7月7日，驻丰台日军借口一名士兵失踪，炮轰宛平城，挑起卢沟桥事变，发动全面侵华战争，要变中国为其独占的殖民地。

卢沟桥事变后，日军动员几乎全部军事力量，采取"速战速决"的战略，向华北、华东、华中地区发起战略进攻，相继占领了北平、天津、太原、上海、南京、武汉、广州等一大批城市。由于中国军民的顽强抵抗，日军在1938年10月占领广州、武汉后，被迫停止正面战场的战略性进攻，调整侵华政策，实施"以华制华"和"以战养战"策略。

二 残暴的殖民统治和中华民族的深重灾难

（一）残暴的殖民统治

日本发动侵华战争后，在占领区扶植傀儡政权，实行极端残暴的军事殖民统治。

1. 伪"满洲国"对东北人民的殖民统治

九一八事变后,日本在中国东北实行了14年的殖民统治。

1932年3月,在日本关东军的导演下,伪"满洲国"发表"建国"宣言,年号"大同",清朝末代皇帝溥仪在长春举行"就职典礼",担任伪"满洲国"的"执政"。日本通过伪"满洲国",对东北人民实行殖民统治。

2. 伪"中华民国国民政府"

抗日战争进入相持阶段后,日本加紧政治诱降活动。1938年12月,中国国民党副总裁汪精卫叛国投敌。1940年3月,在日本的操纵下,汪精卫在南京成立伪"中华民国国民政府"。这些地区实质上仍然是日本的独占殖民地。

(二)日本侵略者给中华民族带来的深重灾难

1. 制造惨绝人寰的大屠杀

第一,南京大屠杀。1937年12月,日军占领国民政府首都南京后,开始疯狂的烧、杀、淫、掠。据统计,中国平民和被俘士兵被杀害者达30万人以上。这就是震惊中外的"南京大屠杀"。

第二,"三光政策"。在抗战相持阶段,日军逐步将主要兵力用于对中国共产党领导的敌后抗日根据地开展大规模的"扫荡",实行"杀光其居民、烧光其房屋、抢光其粮食"的"三光政策"。

第三,细菌战。自1940年下半年开始,日军的731部队等开始将带有霍乱、伤寒、鼠疫等病菌的投掷器投放到中国许多地区,造成中国居民大量死亡,日军甚至用中国人进行人体活体试验,用欺骗手段掳掠大量的中国劳工,强迫一些中国妇女充当"慰安妇"。

2. 疯狂掠夺中国的资源财富

第一,掠夺工业矿产。在东北,"南满铁路株式会社""南满重工业股份公司"两大公司,独占东北全部重工业和铁路交通,控制了东北的经济命脉,掠夺矿产资源。在关内,日本"华北开发股份公司"和"华中振兴股份公司"分别主管对华北和华中的经济掠夺。

第二,掠夺土地及农产品。日本侵略者推行"粮食出荷"政策,对农产品实行严格的统制和垄断,强迫农民将粮食等主要农产品廉价出卖给伪政府,除保证侵华日军的需求外,大部分粮食被运往日本国内。

3. 强制奴化教育

按照"思想战"的方针,在其占领区大力推行奴化教育,企图达到泯灭中国民众的民族意识和反抗精神,维护其殖民统治的目的。

据不完全统计,战争期间,中国军民伤亡3500多万人;按照1937年的比价,中国直接经济损失1000多亿美元,间接经济损失5000多亿美元。

第二节　中国人民奋起抗击日本侵略者

一　中国共产党举起武装抗日的旗帜

（一）中华苏维埃共和国临时中央政府宣布对日作战

九一八事变后，中共中央发布一系列文告，号召全国工农武装起来，进行民族的自卫战争。1932年4月15日，中华苏维埃共和国临时中央政府宣布对日作战。

（二）东北抗日联军

中国共产党不仅积极参加和推动各地的抗日救亡运动，而且直接领导了东北人民的抗日武装斗争。

第一，中共中央先后选派杨靖宇、赵一曼等到东北，加强中共满洲省委及其各级地方党组织的领导力量。

第二，1933年年初，中国共产党领导的抗日游击队先后在东北各地崛起。

第三，1934年6月，各抗日游击队改编为东北人民革命军。

第四，1936年2月，东北人民革命军改建为东北抗日联军。

二　抗日救亡运动和共产党人与部分国民党人合作抗日

（一）抗日救亡运动

1. 中国共产党及其领导的抗日救亡运动

第一，上海、天津等各地工人纷纷举行反日大罢工和抗日示威游行，组织抗日救国会，开展抗日募捐。

第二，冀东农民开展打游击等斗争。

第三，北平、南京、上海等地大中学生举行罢课、示威、街头宣传等活动，要求停止内战，一致对外。

2. 民族资产阶级的抗日主张

民族资产阶级及其政治代表要求国民党当局"改弦更张""与民更始"，变更"剿共"政策，"全国一致对外"。

（二）共产党人与部分国民党人合作抗日

第一，在东北，中共满洲省委同以原东北军为主体的抗日义勇军进行合作。

第二，1932年1月，驻上海的国民党第十九路军在蔡廷锴、蒋光鼐的领导下抵抗日军，中共中央号召各界民众组织义勇军，支援十九路军作战。

第三，1933年5月，原西北军将领冯玉祥在张家口成立察哈尔抗日同盟军，在同盟军中工作的共产党员约有300人。

第四，第十九路军代表同中央根据地的红军代表签署《反日反蒋的初步协定》，1933年11月，国民党第十九路军将领蔡廷锴、蒋光鼐，以及国民党内李济深、陈铭枢等反蒋爱国人士在福州发动抗日反蒋事变。

第五，1934年4月，由中国共产党提出，宋庆龄、何香凝、李杜等1779人签名，发表了《中国人民对日作战的基本纲领》，号召中国人民自己起来武装驱逐日军。

三 国共第二次合作的实现和全民族抗战的开始

（一）一二·九运动和共产党提出抗日民族统一战线新政策

1. 一二·九运动

1935年12月9日，在中共北平临时工作委员会的领导下，北平学生举行声势浩大的抗日游行，学生们喊出"反对华北自治运动""打倒日本帝国主义""停止内战，一致对外"等口号，游行队伍遭到国民党军警镇压。

12月16日，北平学生和市民1万多人在天桥召开市民大会，反对成立冀察政务委员会，并举行更大规模示威游行。在群众压力下，冀察政务委员会被迫延期成立。

一二·九运动打击了日本帝国主义侵略中国并吞并华北的计划，促进了中华民族的觉醒，标志着中国人民抗日救亡运动新高潮的到来。

2. 中国共产党提出抗日民族统一战线新政策

第一，1935年8月1日，中共驻共产国际代表团发表《为抗日救国告全国同胞书》，呼吁全国各党派、各界同胞、各军队捐弃前嫌，停止内战，集中一切国力，为抗日救国神圣事业而奋斗。

第二，1935年12月，中共中央在陕北瓦窑堡召开政治局扩大会议，提出在抗日条件下，与民族资产阶级重建统一战线的新政策。这为迎接全国抗日新高潮的到来做了理论和政治上的准备。

第三，1936年5月，中共中央发布《停战议和一致抗日通电》，放弃"反蒋"口号，第一次公开把蒋介石作为联合的对象。9月1日，中共中央发出党内指示，明确提出党的总方针是"逼蒋抗日"。

（二）西安事变及其和平解决

1. 西安事变

1936年12月初，蒋介石飞抵西安，逼迫张学良、杨虎城攻打陕甘地区的红军。张学良在"哭谏"无效的情况下，与杨虎城毅然实行"兵谏"，扣留蒋介石，提出改组南京政府、停止一切内战、召开救国会议等八项主张。

2. 西安事变和平解决

中国共产党从民族利益出发，审时度势，确定促成事变和平解决的基本方针，派周恩来等组成中共代表团赴西安谈判。

中共代表团与张学良、杨虎城及南京方面代表宋美龄、宋子文的和平谈判，迫使蒋介石做出了停止"剿共"、联合红军抗日等六项承诺。

西安事变的和平解决成为时局转换的枢纽，十年内战的局面由此结束，国内和平基本实现。

3. 中共中央致国民党五届三中全会电

为促进国共两党合作，1937年2月，中共中央致电国民党五届三中全会，提出停止内战、一致对外等五项要求。如果国民党将这五项要求定为国策，共产党愿意实行四项保证：

第一，停止武力推翻国民党政府的方针；

第二，苏维埃政府改名为中华民国特区政府，红军改为国民革命军；

第三，特区实行彻底的民主制度；

第四，停止没收地主土地的政策。

（三）第二次国共合作正式形成

1. 八路军　新四军

第一，八路军。1937年8月，国共两党达成将红军主力改编为国民革命军第八路军（简称为八路军）等协议。八路军由朱德任总指挥，彭德怀任副总指挥。八路军下辖三个师：第一一五师、第一二〇师、第一二九师，共4.6万人。

第二，新四军。南方的红军和游击队，除琼崖红军游击队外，改编为国民革命军新编第四军（简称新四军），叶挺任军长，项英任副军长，下辖四个支队，全军1.03万人。

第三，陕甘宁根据地。改称陕甘宁边区，仍是中共中央所在地。

2. 抗日民族统一战线正式建立

1937年9月22日，国民党中央通讯社发表《中共中央为公布国共合作宣言》；23日，蒋介石发表讲话，实际上承认了中国共产党的合法地位。

由此，以国共两党第二次合作为基础的抗日民族统一战线正式建立。

3. 全民抗战

在中国共产党倡导建立的以国共合作为基础的抗日民族统一战线的旗帜下，地不分南北，人不分老幼，全国人民义无反顾地投身到抗击日本侵略者的洪流之中。

第一，邓玉芬。把丈夫和五个孩子送上前线，全部战死沙场。

第二，马本斋。马本斋领导的冀中回民支队进行大小战斗870多次，歼敌3.76万人。

第三，陈嘉庚。新加坡成立了以陈嘉庚为主席的华侨筹赈祖国难民总会，其分支机构遍及东南亚各国。

第四，宋庆龄。1938年，宋庆龄接受中共中央建议，在香港成立保卫中国同盟，呼吁世界人民支援中国抗战。

第三节 国民党的正面战场与大后方的抗日民主运动

一 战略防御阶段的正面战场

(一) 正面战场的抗战

1. 抗日战争时期两个战场

抗日战争时期，中国始终存在着两个战场，即中国共产党领导的敌后战场和国民党领导的正面战场。国民党领导的正面战场始终是中国抗战的重要战场，在全民族抗战中具有重要地位。

2. 战略防御阶段

从 1937 年卢沟桥事变到 1938 年 10 月广州、武汉失守，中国抗战处于战略防御阶段。

在战略防御阶段，日本侵略者以国民党军队为主要作战对象。国民党制定了持久消耗战的基本战略，组织了淞沪、忻口、徐州、武汉会战等一系列大战役。

3. 台儿庄战役

1938 年 3 月，李宗仁领导的第五战区在台儿庄战役中，歼灭日军 1 万余人，取得大捷。

4. 正面战场的爱国官兵

第一，北平南苑战斗中，第二九军副军长佟麟阁、第一三二师师长赵登禹先后阵亡。

第二，淞沪会战，第八十八师五二四团团副谢晋元率孤军据守四行仓库，被上海市民誉为"八百壮士"。

(二) 正面战场的失败及原因

战略防御阶段，在敌强我弱的形势下，中国暂时丢失一些国土在所难免。但是，中国丢失国土面积之大，速度之快，除国力对比悬殊外，与国民政府的战略指导方针的失误有直接关系。

第一，实行片面抗战路线。蒋介石集团在决心抗战的同时，又害怕群众的广泛动员可能危及自身的统治，没有广泛发动群众，将希望单纯寄托在政府和正规军的抵抗上。

第二，在战略战术上，没有采取积极防御的方针。

二 战略相持阶段的正面战场

(一) 日本战略相持阶段的战略方针

抗日战争进入战略相持阶段后，日本改变了"速战速决"的战略方针，准备应付长期战争。

1938年11月,日本政府提出"善邻友好、共同防共、经济提携"的对华三原则,对国民政府采取政治诱降为主、军事打击为辅的方针。

(二) 国民党战略相持阶段的内外政策

国民党在重申坚持持久抗战的同时,其对内对外政策发生重大变化。

1. 片面抗战逐步转变为消极抗战

1939年1月,国民党五届五中全会决定成立"防共委员会",确定了"防共、限共、溶共、反共"的方针。

蒋介石将抗战到底的含义解释为"恢复到卢沟桥事变以前的状态"。这标志着国民党由片面抗战逐步转变为消极抗战。

日军在对国民党进行政治诱降的同时,为了巩固占领区,对国民党军发动若干次进攻。国民党军队节节抵抗,在正面战场上进行了十几次大战役,大体保住了西南、西北大后方地区。1940年5月,在枣宜会战中,第三十三集团军总司令张自忠殉国。

战略相持阶段,总体来说,国民党对抗战在全局上逐渐趋向消极,基本上实行保守的收缩战线,以便保存实力。

2. 制造反共"摩擦"事件

抽出相当多的兵力用来限制、打击共产党及其领导的八路军、新四军,制造了多次的反共"摩擦"事件。

3. 建立中国战区和中国远征军

第一,正式对日宣战。1941年12月8日,日军偷袭珍珠港,太平洋战争爆发。英、美等国对日宣战,国民政府正式对日宣战。

第二,中国战区成立。1942年年初,中国战区成立,蒋介石任最高统帅。为配合英、美打击日军,国民政府命令各战区发起攻击。

第三,中国远征军。1942年2月,国民政府组成中国远征军入缅甸作战。中国陆军第二〇〇师师长戴安澜在缅北殉国。

4. 国民党豫湘桂战役失败,引起大后方人民严重不满

在世界反法西斯战争胜利发展,敌后战场开始局部反攻的有利形势下,国民党军队的战斗力却日益下降。

1944年4月至1945年1月,日军发动打通中国大陆交通线的作战。在这次豫湘桂战役中,国民党军队损失50多万兵力,丢失拥有146座大小城市、6000万人口的20多万平方公里的国土。

这激起了大后方人民对蒋介石集团的严重不满,国民党政府在军事、政治、经济各个方面陷入深刻的危机。

三 大后方的抗日民主运动及抗日文化运动

（一）大后方的抗日民主运动

抗战时期的国民党统治区被称为大后方。中国共产党积极团结国统区抗日民主力量，推进国统区民主改革。

第一，1938年年初，国民政府改组军事委员会，下设政治部，聘请周恩来为政治部副部长。

第二，1938年6月，国民参政会成立。国民参政会虽然不是真正的民意机关，是受国民党控制的最高咨询机关，但它为各党派、各界人士提供了一个可以公开发表政见的讲坛。

第三，1939年10月，国民参政会中一些党派的代表发起宪政座谈会，批评国民党的一党专政，宪政运动在国民党统治区普遍开展起来。

第四，1941年3月，中国民主政团同盟成立，到香港开展工作，创办盟报《光明报》。

（二）大后方的抗战文化工作

全民族抗战开始后，中国共产党积极领导和开展国统区进步文化工作，推动和参与文化界抗战团体的组建与发展。

第一，抗战文化在斗争中得到新发展。文化界提出"抗战、团结、民主"为文艺创作的三大目标。中国共产党的《新华日报》《群众》周刊在重庆公开发行，及时向大后方宣传党的主张，鼓舞和激励群众的抗战热情。

第二，西南联合大学。抗战开始后，北京大学、清华大学、南开大学迁往昆明，合并组建为国立西南联合大学。爱国师生在极其艰苦的情况下，为中华民族的独立和复兴坚持进行教学科研工作。

国民党统治区的抗日民主运动和进步文化工作，是全民族抗日战争中的一条重要的战线，对于激发大后方人民的爱国民主意识、坚持国共合作团结抗战、支援抗战前线、积蓄革命力量等发挥了重要作用。

第四节　中国共产党成为抗日战争的中流砥柱

一　全面抗战的路线和持久战的方针

（一）制定全面抗战路线

1. 洛川会议

1937年8月22日，中共中央在陕北洛川召开了政治局扩大会议。会议通过了《关于目前形势与党的任务的决定》和《抗日救国十大纲领》，提出了关于抗日的基本主张。

会议强调，必须坚持统一战线中无产阶级的领导权，在敌后放手发动独立自主的山地游击战，在国民党统治区放手发动抗日的群众运动。

2.《抗日救国十大纲领》

第一，打倒日本帝国主义，关键在于使已经发动的抗战成为全面的全民族的抗战。

第二，必须实行全国军事的总动员、全国人民的总动员。

第三，必须改革政治机构，给人民以充分的抗日民主权利，并适当改善工农大众的生活。

本纲领体现了中国人民的根本利益和要求，体现了中国共产党的人民战争路线，是彻底的抗日纲领。

（二）持久抗战理论

1. 毛泽东发表《论持久战》

对于中国抗战的前途，影响较大的有"亡国论""速胜论"。1938年5月至6月，毛泽东发表《论持久战》，总结抗战10个月来的经验，集中全党智慧，系统阐述了抗日战争的特点、前途和发展规律，阐明了持久抗战的总方针。

2.《论持久战》的内容

第一，中日战争性质。中日战争是半殖民地半封建社会的中国和帝国主义的日本之间在20世纪30年代进行的一个决死战争。全部问题的根据就在这里。

第二，中日双方存在的四个特点。敌强我弱，敌小我大，敌退步我进步，敌寡助我多助。一方面，日本是强国，中国是弱国，强国弱国的对比，决定了抗日战争只能是持久战。另一方面，日本是小国，发动的是退步的野蛮的侵略战争，在国际上失道寡助；而中国是大国，进行的是进步的、正义的反侵略斗争，在国际上得道多助。此外，中国已经有了代表中华民族和中国人民根本利益的、政治上成熟的共产党及其领导的人民军队和抗日根据地。因此，最后的胜利又将是属于中国。

第三，抗日战争的发展进程。抗日战争将经过战略防御、战略相持、战略反攻三个阶段。其中，战略相持阶段是中国抗日战争取得最后胜利的最关键阶段。只要坚持持久抗战、坚持抗日民族统一战线，中国将在这个阶段中获得转弱为强的力量。

3.《论持久战》的意义

毛泽东阐明的持久战战略思想，抓住了中日战争发生的时代特点和战争性质，揭示了抗日战争的发展规律和坚持抗战、争取抗战胜利必须实行的战略方针，对全国抗战起了积极作用。

二 开辟敌后战场，建立抗日根据地

（一）敌后战场的开辟和敌后根据地的建立

全国性抗战开始后，共产党领导的八路军、新四军立即投入抗日战争，刚开赴前线时，主要是直接在战役上配合国民党军队作战。

1. 平型关大捷

1937年9月，八路军第一一五师主力在晋东北平型关附近伏击日军，歼敌1000余人，击毁汽车100多辆，这是全民族抗战开始后中国军队的第一次重大胜利，粉碎了日军不可战胜的神话。

2. 抗日根据地的建立

1937年11月，太原失守后，按照中共中央的部署，八路军在敌后实施战略展开，发动独立自主的敌后游击战争，先后开辟晋察冀、晋西北、晋冀豫、山东、大青山等抗日根据地。

新四军则挺进长江南北，开赴苏南、皖南、皖中地区，创建华中抗日根据地。到1938年10月，共产党领导的抗日武装发展到近20万人。

3. 敌后战场的民族英雄

在敌后战场，涌现了无数的民族英雄，八路军副参谋长左权，东北抗日联军第一路军总指挥杨靖宇、第二路军副总指挥赵尚志，新四军第四师师长彭雪枫等抗日将领在作战中以身殉国；还涌现出八路军"狼牙山五壮士"、新四军"刘老庄连"、东北抗联八位女战士等众多英雄群体。

（二）抗日游击战争的战略地位和作用

八路军、新四军采取"基本是游击战，但不放松有利条件下的运动战"的作战方针。

1. 战略防御阶段，游击战争起辅助作用

从全局看，国民党正面战场的正规战是主要的，敌后的游击战是辅助的。但是，敌后游击战迫使敌人不得不把用于进攻的兵力抽调回来保护其占领区，对阻止日军进攻、减轻正面战场的压力，促使战争转入战略相持阶段起了重要作用。

2. 战略相持阶段，游击战争成为主要抗日作战方式

战略相持阶段，日军逐步将主要兵力用于敌后战场，以保持和巩固其占领地。1939

年至 1940 年，华北地区的日军对敌后抗日根据地进行大扫荡 109 次。为了打击日本侵略者，人民军队在有利条件下也进行过运动战。

1940 年 8 月至 12 月初，八路军总部调集 105 个团共 20 万人，对华北日军发动了一场大规模的以破袭敌人交通线为重要目标的进攻战役。这就是百团大战。百团大战沉重打击了日本的"囚笼"政策，减轻了正面战场的压力，鼓舞了中国军民抗战的信心，提高了共产党和八路军的声望。

3. 游击战为战略反攻准备条件

1944 年春，敌后战场人民军队转入攻势作战。他们已经抗击着全部侵华日军的 64%。在 1945 年 8 月反攻阶段到来前夕，人民军队已经发展到 120 万人、民兵 220 万人，抗日根据地达到了 19 块。游击战为人民军队进行战略反攻准备了条件。

三 击退国民党的反共摩擦，巩固和壮大抗日民族统一战线

（一）击退国民党的反共摩擦，坚持团结抗日

1. 第一次反共高潮

1939 年冬至 1940 年春，国民党顽固派发动第一次反共高潮。国民党军胡宗南部进攻陕甘宁边区，山西阎锡山进攻共产党领导的新军和八路军。人民军队给予了坚决的还击。

2. 第二次反共高潮

1941 年 1 月，国民党顽固派在皖南以 8 万余兵力包围袭击新四军军部及所属部队 9000 多人，除了约 2000 人突围外，一部分被打散，大部分牺牲或被俘。蒋介石诬称新四军"叛变"，宣布取消新四军番号，制造了皖南事变。

对于国民党的行为，共产党进行了针锋相对的斗争，宣布恢复新四军番号，重建军部，并在政治上对国民党当局进行有力的揭露和声讨，赢得国内外舆论的同情和支持。

3. 第三次反共高潮

1943 年春，国民党顽固派策划发动第三次反共高潮，由于共产党及时进行揭露和斗争而被制止。

（二）坚持统一战线中的独立自主原则

中国共产党强调，必须在统一战线中坚持独立自主原则，既统一，又独立。

第一，共产党必须保持在思想上、政治上和组织上的独立性，放手发动群众，壮大人民力量。

第二，必须坚持对人民军队的绝对领导，冲破国民党的限制和束缚，努力发展人民武装和抗日根据地。

第三，必须对国民党采取既团结又斗争、以斗争求团结的方针。

目的就是动员千百万群众进入抗日民族统一战线，保持并发展共产党领导的革命力量已经取得的阵地。

实质是力争中国共产党对抗日战争的领导权，使自己成为团结全民族抗战中的中坚力量。这是把抗日战争引向胜利的中心一环。

（三）巩固和发展抗日民族统一战线

1. 中国共产党应对反共摩擦

第一，三大政治口号。1939年7月，中国共产党提出坚持抗战、反对投降，坚持团结、反对分裂，坚持进步、反对倒退三大政治口号。

第二，自卫立场。对国民党顽固派的军事进攻，坚持"人不犯我，我不犯人，人若犯我，我必犯人"的自卫立场，打退他们的进攻。

第三，争取团结蒋介石集团抗日。坚持把解决中日民族矛盾放在首位，坚决揭露打击汪精卫集团的叛国投降活动，继续争取同蒋介石集团合作抗日。

2. 中国共产党巩固发展抗日民族统一战线的策略总方针

中国共产党制定了"发展进步势力，争取中间势力，孤立顽固势力"的策略总方针。

第一，发展进步势力。进步势力主要是指工人、农民和城市小资产阶级。他们是统一战线的基础，抗日战争的主要依靠力量。这是整个策略的中心环节。

第二，争取中间势力。中间势力主要是指民族资产阶级、开明绅士和地方实力派。争取中间势力需要一定的条件：一是共产党要有充足的力量；二是尊重他们的利益；三是要同顽固派做坚决的斗争，并能一步一步地取得胜利。

第三，孤立顽固势力。顽固势力是指大地主大资产阶级的抗日派，即以蒋介石集团为代表的国民党亲英美派。他们采取两面政策，既主张抗日，又限共、溶共、反共并摧残进步势力。为此，共产党必须以革命的两面政策来对付他们，即贯彻既联合又斗争的政策，斗争不忘统一，统一不忘斗争，二者不可偏废，而以统一为主。同顽固派做斗争时，应坚持有理、有利、有节的原则。

中国共产党与国民党顽固派做斗争时，紧紧抓住中国社会的最主要矛盾，即中日之间的民族矛盾，把统一战线中的摩擦和斗争限制在一定范围与程度内，始终坚持和发展抗日民族统一战线。

四 抗日民主根据地的建设

（一）抗日根据地的政权建设

1. 抗日民主根据地政权的性质

加强政权建设，是抗日根据地建设的首要的、根本的任务。

第一，根据地政权是共产党领导的抗日民族统一战线性质的政权，它以工农联盟为基础，是共产党领导的一切赞成抗日又赞成民主的几个革命阶级联合的政权，具有广泛的社会基础。

第二，抗日民主政权普遍采取民主集中制，各级抗日民主政权机构的领导人都经过人民选举产生。

2. "三三制"原则

抗日民主政府在政权机关工作人员分配上实行"三三制"原则，即共产党员、非党的左派进步分子和不左不右的中间派各占1/3。这样做，可以容纳各方面的代表，团结一切赞成抗日又赞成民主的各阶级、阶层。

3. "精兵简政"

1941年当根据地面临严重经济困难时，陕甘宁边区参议会副议长、党外人士李鼎铭提出"精兵简政"提案，中共中央把"精兵简政"作为一项重要工作，要求各根据地实行。根据地的干部与人民群众建立了鱼水关系，根据地政权成为当时中国最民主、廉洁的政权。

（二）开展大生产运动，克服经济困难

各地抗日民主政权十分重视根据地的经济建设，以坚持长期抗战、发展生产和改善人民生活为目的。

1. 减租减息政策

根据地内停止没收地主土地的政策，普遍实行减租减息政策，以减轻农民负担，提高他们的抗日和生产的积极性；同时又照顾地主的利益，有利于保障根据地的社会稳定。

2. 发展农业生产

第一，动员农民开垦荒地，兴修水利。

第二，发动农民组织劳动互助，提高劳动生产率。

第三，帮助农民改良耕作技术，推广优良品种。

3. 开展大生产运动

第一，为了克服根据地面临的严重困难局面，毛泽东提出了"发展经济，保障供给"的经济工作和财政工作的总方针，发出了"自己动手，丰衣足食"的号召。

第二，大生产运动首先在陕甘宁边区进行，毛泽东、朱德等亲自参加生产。

第三，陕甘宁边区的八路军第三五九旅发扬艰苦奋斗的精神，将荒无人烟的南泥湾改造成为"陕北的好江南"。

第四，各根据地通过大生产运动，克服了经济困难，解决了部队的粮饷，提高了当地人民的生活水平。

（三）发展抗日文化事业，培养抗日骨干

全国性抗战开始后，大批知识青年冲破国民党的封锁线奔赴延安。中共中央及时做出大量吸收知识分子的决定，把发展抗日的革命文化运动提上重要议事日程。

第一，创办学校。创办了中国人民抗日军事政治大学（简称"抗大"）、鲁迅艺术学院（简称"鲁艺"）等一批干部学校和专门学校。各根据地还创办了大量的中、小学校，吸收农民子女入学。

第二，重视学科建设和研究。哲学社会科学和自然科学研究也得到重视。1940年8月创办的延安自然科学院，是中国共产党历史上第一个开展自然科学教学与研究的专门机构。

五 延安整风运动和毛泽东思想指导地位的确立

（一）新民主主义理论的系统阐明

1. "马克思主义的中国化"命题的提出

1938年9月至11月，中国共产党在延安举行了扩大的六届六中全会。在这次全会上，毛泽东明确地提出了"马克思主义的中国化"这个命题。

2. 新民主主义理论的主要内容

毛泽东撰写了《〈共产党人〉发刊词》《中国革命和中国共产党》《新民主主义论》等一批重要的理论著作，系统阐明新民主主义理论。

第一，新民主主义革命的前途。在分析近代中国社会的性质和主要矛盾的基础上，科学阐明中国共产党领导的整个中国革命运动，是包括民主主义革命和社会主义革命两个阶段在内的全部革命运动。而1919年五四运动以后的中国民主革命，已经是无产阶级领导的人民大众的反帝反封建的新民主主义革命。它的前途是社会主义。

第二，新民主主义革命阶段的基本纲领。政治上，推翻帝国主义和封建主义的压迫，建立一个以无产阶级为领导、以工农联盟为基础的各革命阶级联合专政的新民主主义共和国。经济上，没收操纵国计民生的大银行、大工业、大商业归新民主主义国家所有，建立国营经济；没收地主阶级的土地归农民所有，并引导个体农民发展合作经济；允许民族资本主义经济的发展和富农经济的存在。文化上，废除封建买办文化，发展无产阶级领导的人民大众的反帝反封建的中华民族的新文化，即民族的科学的大众的文化。

第三，三个法宝。总结中国共产党成立以来的历史经验，指出统一战线和武装斗争，是战胜敌人的两个基本武器。而党的组织，则是掌握统一战线和武装斗争这两个武器以实行对敌冲锋陷阵的英勇战士。统一战线，武装斗争，党的建设，这就是中国共产党在中国革命中战胜敌人的三个主要的法宝。

新民主主义理论是以毛泽东为主要代表的中国共产党人把马克思主义基本原理同中国具体实际相结合的成果。新民主主义理论的系统阐明，标志着毛泽东思想得到多方面展开而达到成熟。

（二）延安整风运动，实事求是思想路线在全党的确立

1. 延安整风运动

在20世纪40年代前中期，中国共产党以延安为中心，在全党范围内开展了一场整风运动。

第一，整风运动的展开。1941年5月，毛泽东做了《改造我们的学习》的报告。整

风运动首先在党的高级干部中进行。1942年2月，毛泽东先后做了《整顿党的作风》和《反对党八股》的讲演，整风运动在全党范围普遍展开。

第二，整风运动的主要内容。反对主观主义以整顿学风，反对宗派主义以整顿党风，反对党八股以整顿文风。其中，反对主观主义以整顿学风是整风运动最主要的任务。主观主义的主要表现形式是教条主义和经验主义，尤其是教条主义。这是中国共产党内反复出现"左"、右倾错误的思想认识根源。

第三，整风运动的意义。整风运动是一场伟大的思想解放运动。在全党范围确立起一切从实际出发、理论联系实际、实事求是的马克思主义思想路线。

2. 《关于若干历史问题的决议》

1945年4月20日，中共六届七中全会通过了《关于若干历史问题的决议》。该《决议》对党的若干重大的历史问题做出结论，使全党尤其是党的高级干部对中国民主革命的基本问题的认识达到在马克思列宁主义基础上的一致。

3. 实事求是思想路线

毛泽东对"实事求是"这个成语做了新的解释。他说："实事"就是客观存在着的一切事物，"是"就是客观事物的内部联系，即规律性，"求"就是我们去研究。实事求是成为中国共产党唯物主义思想路线通俗而又生动的表述。

4. 毛泽东思想的正式提出

1945年4月23日至6月11日，中国共产党第七次全国代表大会在延安举行。大会将以毛泽东为主要代表的中国共产党人把马克思列宁主义基本原理同中国具体实际相结合所创造的理论成果，正式命名为毛泽东思想，并将毛泽东思想规定为党的一切工作的指针。

第五节 抗日战争的胜利及其意义

一 抗日战争的胜利

（一）中国战场向日军发起局部进攻

1944年起，敌后根据地开始向日军发起局部进攻。在华北、华中战场，八路军、新四军消灭敌人的有生力量，解放了一些地区，为全面反攻创造了条件。

1945年上半年，正面战场发动了局部反攻，收复了一些被日军占领的城市。

（二）波茨坦公告敦促日本无条件投降

1. 波茨坦公告

1945年上半年，世界反法西斯战争进入最后阶段。5月上旬，苏联红军攻克柏林，德国法西斯投降。

7月26日，中、美、英三国发表波茨坦公告，敦促日本投降。8月上旬，苏联红军进入中国东北，猛烈攻击日本关东军。

2. 毛泽东发表《对日寇的最后一战》

1945年8月9日，毛泽东发表《对日寇的最后一战》的声明，号召八路军、新四军及其他人民军队，应在一切可能条件下，对于一切不愿投降的侵略者及其走狗实行广泛的进攻。中国人民军队对日军的战略反攻全面展开。

8月10日、11日，朱德总司令连续发布七道进军命令，令人民军队收复日军占领区，维护社会秩序。

（三）日本投降

第一，1945年8月14日，日本政府照会中、美、英、苏等国，表示接受波茨坦公告。8月15日，日本天皇裕仁以广播"终战诏书"的形式宣布接受波茨坦公告。

第二，1945年9月2日，在东京湾美军军舰密苏里号上举行日本向同盟国投降签字仪式。9月3日成为中国人民抗日战争胜利纪念日。

第三，1945年9月9日，中国战区日军投降签字仪式在南京举行。

第四，1945年10月25日，中国政府在台湾地区举行受降仪式。根据波茨坦公告，被日本占领50年之久的台湾及澎湖列岛，由中国收回。这成为抗日战争取得完全胜利的重要标志。世界反法西斯战争也胜利结束。

二 抗日战争胜利的意义及原因

（一）抗日战争胜利的意义

第一，彻底粉碎了日本军国主义殖民奴役中国的图谋。捍卫了国家主权和领土完整，彻底洗刷了近代以来抗击外来侵略屡战屡败的民族耻辱。

第二，重新确立了中国在世界上的大国地位。1945年4月，中国同美国、英国、苏联共同发起旧金山会议，共商建立联合国。随着《联合国宪章》正式出台，中国成为联合国安全理事会五个常任理事国之一。中国人民赢得了世界爱好和平人民的尊敬，赢得了崇高的民族声誉。

第三，促进了中华民族的觉醒，开辟了中华民族复兴的光明前景。经历抗日战争锤炼的中国人民进一步认识到：只有实现民族独立和人民解放，建立人民当家作主的新中国，才能真正实现民族振兴、人民幸福。抗日战争的胜利为中国共产党领导人民取得整个新民主主义革命的胜利奠定了基础。

（二）抗日战争胜利的原因

1. 以爱国主义为核心的民族精神是决定因素

在抗日战争时期，这种民族觉醒和民族精神升华达到了全新的高度，形成了伟大的抗战精神。面对民族存亡的空前危机，中华儿女众志成城、共御外侮，为民族而战，为祖国而战，为尊严而战，汇聚起气势磅礴的力量。

2. 中国共产党的中流砥柱作用是关键

第一，中国共产党自成立之日起就把实现中华民族伟大复兴作为自己的历史使命。

第二，中国共产党坚持全面抗战路线，制定正确的战略策略，开辟广大敌后战场，成为坚持抗战的中坚力量。

第三，中国共产党以自己的政治主张、坚定意志、模范行动，引领着夺取战争胜利的正确方向，成为夺取战争胜利的民族先锋。

3. 全民族抗战是重要法宝

第一，中国共产党敌后战场和国民党的正面战场合作形成了共同抗击日本侵略者的战略局面。

第二，中国共产党坚持动员人民、依靠人民，提出并实施持久战的战略总方针和一整套人民战争的战术战法，使日本侵略者陷入了人民战争的汪洋大海之中。

4. 世界反法西斯力量的同情和支持是有利的国际条件

中国人民抗日战争的胜利，同世界所有爱好和平与正义的国家和人民、国际组织以及各种反法西斯力量的同情和支持也是分不开的。

（三）中国人民抗日战争在世界反法西斯战争中的地位

第一，中国战场是世界反法西斯战争的东方主战场。中国抗战从1931年九一八事变后开始，开展时间最早、持续时间最长。中国战场长期牵制和抗击日本军国主义的主要兵力，对日本侵略者的彻底覆灭起了决定性作用。

第二，中国人民的持久抗战为盟国军队实施战略反攻创造有利条件。中国人民的持久抗战牵制了日本的"北进"和"南进"步伐，制约和打乱了日本和德国法西斯战略配合的企图，在战略上策应和支持了盟国作战，为盟国军队完成战略转折和实施战略反攻创造有利条件。

第三，中国作为亚洲太平洋地区盟军对日作战的重要后方基地，还为盟国提供了大量战略物资和军事情报。中国军队出国作战，不仅打击了日军，还对盟军给予了实际支援。

要点荟萃

一 日本灭亡中国的计划及其实施

（1）1931年，日本帝国主义制造的侵略中国东北的事变是九一八事变，这标志着日本开始了变中国为其独占殖民地的侵华战争。

（2）1935年，日本帝国主义为扩大对华侵略而发动的事变是华北事变。

（3）1937年，日本帝国主义发动全面侵华战争的标志是卢沟桥事变。

二 日本在中国占领区的殖民统治

（1）自《马关条约》签订后，日本就开始对台湾地区长达50年的殖民统治。

（2）九一八事变后，日本在中国东北实行了14年的殖民统治。1932年，伪"满洲国"发表"建国"宣言，日本通过伪"满洲国"，对东北人民实行殖民统治。

（3）1940年3月，在日本操纵下，汪精卫在南京成立伪"中华民国国民政府"。

三 日本侵略者给中华民族造成的深重灾难

（1）制造惨绝人寰的大屠杀，其中有1937年12月的南京大屠杀；对敌后抗日根据地实行的"杀光其居民、烧光其房屋、抢光其粮食"的"三光政策"；日军的731部队的细菌战和人体活体试验等。

（2）疯狂掠夺中国的资源与财富。

（3）强制奴化教育。

（4）据不完全统计，战争期间，中国军民伤亡3500多万人；按照1937年的比价，中国直接经济损失1000多亿美元，间接经济损失5000多亿美元。

四 中国共产党举起武装抗日的旗帜

（1）1932年4月15日，中华苏维埃共和国临时中央政府宣布对日作战。

（2）1933年年初，中国共产党领导的抗日游击队先后在东北各地崛起，1936年2月，改建为东北抗日联军。

（3）1933年5月，国民党西北军将领冯玉祥在张家口领导成立的抗日武装力量是察哈尔抗日同盟军。

（4）1933年11月，国民党第十九路军将领蔡廷锴、蒋光鼐及国民党内李济深、陈铭枢等反蒋爱国人士在福州发动的抗日反蒋事变是福建事变。

（5）1934年4月，由中国共产党提出，宋庆龄、何香凝、李杜等1779人签名，发表《中国人民对日作战的基本纲领》，号召中国人民自己起来武装驱逐日本。

五 国共第二次合作的实现

（1）1935年12月9日，在中共北平临时工作委员会领导下，北平学生举行抗日游行，喊出"反对华北自治运动""打倒日本帝国主义""停止内战，一致对外"等口号，游行队伍遭到国民党军警镇压。这就是一二·九运动。

（2）一二·九运动的意义：打击了日本帝国主义侵略中国并吞并华北的计划，促进了中华民族的觉醒，标志着中国人民抗日救亡运动新高潮的到来。

(3) 1935年8月1日,中共驻共产国际代表团以中华苏维埃共和国临时中央政府和中共中央的名义发表《为抗日救国告全国同胞书》,呼吁全国各党派、各界同胞、各军队捐弃前嫌,停止内战,集中一切国力,为抗日救国神圣事业而奋斗。

(4) 1935年12月,中国共产党确定抗日民族统一战线政策的会议是瓦窑堡会议。会议提出了在抗日的条件下,与民族资产阶级重建统一战线的新政策。

(5) 1936年12月,西安事变的和平解决,成为时局转换的枢纽,十年内战的局面由此结束,国内和平基本实现。

(6) 为促进国共两党合作,1937年2月,中共中央致电国民党五届三中全会,提出停止内战、一致对外等五项要求。如果国民党将这五项要求定为国策,共产党愿意实行四项保证:

第一,停止武力推翻国民党政府的方针;

第二,苏维埃政府改名为中华民国特区政府,红军改为国民革命军;

第三,特区实行彻底的民主制度;

第四,停止没收地主土地的政策。

(7) 1937年8月,国共两党达成将红军主力改编为国民革命军第八路军(简称为八路军)等协议。八路军由朱德任总指挥,彭德怀任副总指挥。

(8) 南方的红军和游击队,除琼崖红军游击队外,改编为国民革命军新编第四军(简称新四军),叶挺任军长,项英任副军长。

(9) 以国共两党第二次合作为基础的抗日民族统一战线正式建立的标志是1937年9月22日,国民党中央通讯社发表《中共中央为公布国共合作宣言》和9月23日蒋介石发表讲话,实际上承认了中国共产党的合法地位。

六 全民族抗战的开始

(1) 在中国共产党倡导建立的以国共合作为基础的抗日民族统一战线的旗帜下,全国人民义无反顾投身到抗击日本侵略者的洪流之中。

(2) 把丈夫和五个孩子送上前线,全部战死沙场的是邓玉芬。

(3) 领导冀中回民支队进行大小战斗870多次,歼敌3.76万人的是马本斋。

(4) 新加坡成立了以陈嘉庚为主席的华侨筹赈祖国难民总会,其分支机构遍及东南亚各国。

(5) 1938年,宋庆龄接受中共中央建议,在香港成立保卫中国同盟,呼吁世界人民支援中国抗战。

七 战略防御阶段国民党的正面战场

(1) 抗日战争时期,中国始终存在着两个战场,即中国共产党领导的敌后战场和国民党领导的正面战场。

（2）中国抗战的战略防御阶段是指从 1937 年卢沟桥事变到 1938 年 10 月广州、武汉失守。

（3）1938 年 3 月，国民党军队在抗日战争正面战场取得胜利的战役是李宗仁领导的台儿庄战役。

（4）在北平南苑战斗中，牺牲的是第二九军副军长佟麟阁、第一三二师师长赵登禹。

（5）1937 年，在淞沪会战中率领"八百壮士"孤军据守四行仓库的爱国将领是谢晋元。

（6）战略防御阶段，国民党正面战场失败的原因既有敌强我弱的客观原因，更与国民政府战略指导方针的失误有直接关系，主要是实行片面的抗战路线和没有采取积极防御的方针。

八 战略相持阶段国民党的对内对外政策

（1）1938 年 10 月广州、武汉失守后，中国抗日战争进入的阶段是战略相持阶段。

（2）抗日战争进入相持阶段后，日本改变"速战速决"的战略方针，对国民政府采取政治诱降为主、军事打击为辅的方针。

（3）国民党由片面抗战逐步转变为消极抗战，主要标志是 1939 年 1 月，国民党五届五中全会决定成立"防共委员会"，确定了"防共、限共、溶共、反共"的方针。蒋介石将抗战到底的含义解释为"恢复到卢沟桥事变以前的状态"。

（4）1940 年，在枣宜会战中以身殉国的国民党爱国将领是张自忠。

（5）1941 年 12 月 8 日，日军偷袭珍珠港，太平洋战争爆发。英、美等国对日宣战，国民政府正式对日宣战。

（6）1942 年年初，中国战区成立，蒋介石任最高统帅。

（7）1942 年 2 月，国民政府组成中国远征军入缅甸作战。中国陆军第二〇〇师师长戴安澜在缅北殉国。

（8）1944 年 4 月至 1945 年 1 月，国民党正面战场上豫湘桂战役的失败，激起了大后方人民对蒋介石集团的严重不满，国民党政府在军事、政治、经济各个方面陷入深刻的危机。

九 中国共产党领导和开展的大后方抗日民主运动与抗日文化工作

（1）大后方指的是抗战时期的国民党统治区。

（2）1941 年 3 月，中国民主政团同盟成立，到香港开展工作，创办盟报《光明报》。

（3）文化界提出"抗战、团结、民主"为文艺创作的三大目标。

（4）抗战开始后，北京大学、清华大学、南开大学迁往昆明，合并组建为国立西南联合大学。

十　中国共产党的全面抗战路线

(1) 1937 年 8 月，中国共产党制定《抗日救国十大纲领》的重要会议是洛川会议。

(2) 体现了中国人民的根本利益和要求，体现了中国共产党的人民战争路线的彻底的抗日纲领是《抗日救国十大纲领》。

(3) 1938 年 5 月，毛泽东发表的系统阐述抗日战争特点、前途和发展规律的著作是《论持久战》。

(4) 毛泽东在《论持久战》中对分析了中日双方互相矛盾的四个特点，即敌强我弱，敌小我大，敌退步我进步，敌寡助我多助。这四个特点决定了抗日战争是持久战，而最后的胜利将属于中国，因为：

第一，日本是强国，中国是弱国，强国弱国的对比，决定了抗日战争只能是持久战。

第二，日本是小国，发动的是退步的野蛮的侵略战争，在国际上失道寡助；而中国是大国，进行的是进步的、正义的反侵略斗争，在国际上得道多助。

第三，中国已经有了代表中华民族和中国人民根本利益的共产党及其领导的人民军队与抗日根据地。因此，最后的胜利又将是中国的。

(5) 毛泽东在《论持久战》中指出，抗日战争将经过战略防御、战略相持、战略反攻三个阶段。其中，战略相持阶段是中国抗日战争取得最后胜利的最关键阶段。

十一　开辟敌后战场，建立抗日根据地

(1) 1937 年 9 月，全民族抗战开始后中国军队的第一次重大胜利，粉碎了日军不可战胜的神话的战役是平型关大捷。

(2) 1937 年 11 月，太原失守后，按照中共中央的部署，八路军在敌后实施战略展开，发动独立自主的敌后游击战争，开辟敌后战场，建立敌后抗日根据地。

(3) 中国抗日战争逐渐形成战略上相互配合的两个战场：一个是主要由国民党军队担负的正面战场，一个是由共产党领导的人民军队为主担负的敌后战场。这两个战场的相互关系是：

第一，在战略防御阶段，从全局上看，国民党正面战场的正规战是主要的，敌后游击战是辅助的。

第二，在战略相持阶段，敌后游击战争成为主要的抗日作战方式。

第三，在 1945 年 8 月反攻阶段到来前夕，游击战为人民军队进行战略反攻准备了条件。

(4) 在敌后战场，涌现了无数的民族英雄，在抗日战争中为国捐躯的有：八路军副参谋长左权，东北抗日联军第一路军总指挥杨靖宇、第二路军副总指挥赵尚志，新四军

第四师师长彭雪枫等。

（5）1940年10月，八路军对侵华日军发动大规模进攻的战役是百团大战。

十二　中国共产党巩固和壮大抗日民族统一战线

（1）抗日战争相持阶段，中国共产党击退了国民党顽固派制造的三次反共摩擦：

第一次，1939年冬至1940年春，国民党军胡宗南部进攻陕甘宁边区，山西阎锡山进攻共产党领导的新军和八路军。人民军队给予了坚决的还击。

第二次，1941年1月，国民党顽固派在皖南以8万余兵力包围袭击新四军蒋介石诬称新四军"叛变"，宣布取消新四军番号，制造了皖南事变。共产党宣布恢复新四军番号，重建军部。

第三次，1943年春，国民党顽固派策划发动第三次反共高潮，由于共产党及时进行揭露和斗争而被制止。

（2）中国共产党坚持抗日统一战线的原则是独立自主，既统一，又独立。

（3）中国共产党关于巩固和扩大抗日民族统一战线的策略总方针是"发展进步势力，争取中间势力，孤立顽固势力"。

第一，进步势力主要是指工人、农民和城市小资产阶级。他们是统一战线的基础，抗日战争的主要依靠力量。这是整个策略的中心环节。

第二，中间势力主要是指民族资产阶级、开明绅士和地方实力派。争取中间势力需要一定的条件：一是共产党要有充足的力量；二是尊重他们的利益；三是要同顽固派做坚决的斗争，并能一步一步地取得胜利。

第三，顽固势力是指大地主大资产阶级的抗日派，即以蒋介石集团为代表的国民党亲英美派。共产党对其贯彻又联合又斗争的政策，在同顽固派做斗争时，应坚持有理、有利、有节的原则。

十三　抗日民主根据地的建设

（1）抗日民主政权普遍采取民主集中制，在政权机关工作人员的名额分配上实行"三三制"原则，即共产党员、非党的左派进步分子和不左不右的中间派各占1/3。这样做，可以容纳各方面的代表，团结一切赞成抗日又赞成民主的各阶级、阶层。

（2）1941年当根据地面临严重经济困难时，提出"精兵简政"提案的是陕甘宁边区参议会副议长、党外人士李鼎铭。

（3）1940年至1943年，面对抗日根据地出现的严重经济困难，毛泽东提出"发展经济，保障供给"的经济工作和财政工作的总方针，发出了"自己动手，丰衣足食"的号召，开展大生产运动。

（4）将荒无人烟的南泥湾改造成为"陕北的好江南"的是八路军的三五九旅。

十四 新民主主义理论的系统阐述及其意义

（1）毛泽东明确提出"马克思主义的中国化"这个命题是在 1938 年 9 月召开的中国共产党六届六中全会上。

（2）毛泽东撰写了《〈共产党人〉发刊词》《中国革命和中国共产党》《新民主主义论》等一批重要的理论著作，系统阐明新民主主义理论。

（3）新民主主义理论的基本内容包括：

第一，中国共产党领导的整个中国革命运动，包括新民主主义革命和社会主义革命两个阶段。1919 年五四运动以后的中国民主革命，已经是无产阶级领导的人民大众的反帝反封建的新民主主义革命。它的前途是社会主义。

第二，中国共产党在新民主主义革命阶段的政治、经济、文化基本纲领。

第三，总结中国共产党战胜敌人的三大法宝：统一战线，武装斗争，党的建设。

（4）新民主主义理论是以毛泽东为主要代表的中国共产党人把马克思主义基本原理同中国具体实际相结合的成果。

十五 延安整风运动及其意义

（1）20 世纪 40 年代前中期，中国共产党以延安为中心，在全党范围内开展了一场整风运动。

（2）1941 年 5 月，毛泽东做了《改造我们的学习》的报告。整风运动首先在党的高级干部中进行。

（3）1942 年 2 月，毛泽东先后做了《整顿党的作风》和《反对党八股》的讲演，整风运动在全党范围普遍展开。

（4）延安整风运动的主要内容是：反对主观主义以整顿学风，反对宗派主义以整顿党风，反对党八股以整顿文风。

（5）中国共产党开展延安整风运动的最主要任务是反对主观主义。

（6）主观主义的主要表现形式是教条主义和经验主义，尤其是教条主义，这是中国共产党内反复出现"左"、右倾错误的思想认识根源。

（7）毛泽东对"实事求是"做出了新的解释，赋予了新的含义，实事求是成为中国共产党思想路线通俗而又生动的表述。

（8）整风运动意义体现在：它是一场伟大的思想解放运动，在全党范围确立起一切从实际出发、理论联系实际、实事求是的马克思主义思想路线。

（9）1945 年 4 月 20 日，中共六届七中全会通过了《关于若干历史问题的决议》。该决议对党的若干重大的历史问题做出结论，使全党尤其是党的高级干部对中国民主革命的基本问题的认识达到在马克思列宁主义基础上的一致。

十六 中共七大

（1）1945年4月23日至6月11日，在延安召开了中国共产党第七次全国代表大会。

（2）大会正式提出了"毛泽东思想"，指的是以毛泽东为主要代表的中国共产党人把马克思列宁主义基本原理同中国具体实际相结合所创造的理论成果，并将毛泽东思想规定为党的一切工作的指针。

十七 中国共产党成为抗日战争的中流砥柱

中国共产党的中流砥柱作用是中国人民抗日战争胜利的关键，这主要体现在四个方面：

（1）中国共产党自成立之日起就把实现中华民族伟大复兴作为自己的历史使命。

（2）中国共产党坚持全面抗战路线，制定正确的战略策略。

（3）中国共产党开辟敌后战场，开展敌后游击战，成为坚持抗战的中坚力量。

（4）始终坚持抗战、反对投降，坚持团结、反对分裂，坚持进步、反对倒退，击退国民党的反共摩擦，同各爱国党派团体和广大人民一起，巩固壮大抗日民族统一战线，共同维护团结抗战大局。

十八 抗日战争的胜利及其意义

（1）1945年7月26日，中、美、英三国敦促日本无条件投降，发表了波茨坦公告。

（2）1945年8月，发表《对日寇的最后一战》声明的是毛泽东。

（3）中国人民抗日战争胜利纪念日是9月3日。

（4）抗日战争取得完全胜利的重要标志是台湾及澎湖列岛由中国收回。

（5）1942年1月，由中、美、英、苏四国领衔，26个国家共同签署《联合国家宣言》。

（6）1945年4月，中国同美国、英国、苏联共同发起旧金山会议，共商建立联合国。以解放区代表身份参加中国代表团出席会议的是中共党员董必武。随着《联合国宪章》正式出台，中国成为联合国安全理事会五个常任理事国之一。

十九 抗日战争胜利的意义及原因

（1）中国人民抗日战争胜利的主要原因是：

第一，决定因素是以爱国主义为核心的伟大民族精神。

第二，关键是中国共产党的中流砥柱作用。

第三，重要法宝是全民族抗战。

第四，国际条件是世界所有爱好和平与正义的国家和人民、国际组织及各种反法西斯力量的同情和支持。

(2) 抗日战争胜利的意义主要有：

第一，彻底粉碎了日本军国主义殖民奴役中国的图谋。捍卫了国家主权和领土完整，彻底洗刷了近代以来抗击外来侵略屡战屡败的民族耻辱。

第二，重新确立了中国在世界上的大国地位。中国成为联合国安全理事会五个常任理事国之一。中国人民赢得了世界爱好和平人民的尊敬，赢得了崇高的民族声誉。

第三，促进了中华民族的觉醒，开辟了中华民族复兴的光明前景。

二十 中国人民抗日战争在世界反法西斯战争中的地位

中国人民抗日战争是世界反法西斯战争的重要组成部分，为世界反法西斯战争的胜利做出了伟大贡献，付出了巨大的民族牺牲，主要表现在以下三个方面：

(1) 中国战场是世界反法西斯战争的东方主战场。中国抗战开展时间最早、持续时间最长，牵制和抗击了日本军国主义的主要兵力，对日本侵略者的彻底覆灭起了决定性作用。

(2) 中国人民的持久抗战为盟国军队实施战略反攻创造了有利条件。中国人民的持久抗战牵制了日本的"北进"和"南进"步伐，大大减轻了其他战场的压力，为盟国军队完成战略转折和实施战略反攻创造了有利条件。

(3) 中国作为亚洲太平洋地区盟军对日作战的重要后方基地，还为盟国提供了大量战略物资和军事情报。中国军队出国作战，不仅打击了日军，还对盟军给予了实际支援。

能力检测

一、单项选择题（在每小题列出的备选项中只有一项是最符合题目要求的，请将其选出）

1. 1931 年，日本帝国主义制造的侵略中国东北的事变是（　　）。
   A. 九一八事变　　　　　　　　B. 一·二八事变
   C. 七七事变　　　　　　　　　D. 八一三事变

2. 1935 年，日本帝国主义为扩大对华侵略而发动的事变是（　　）。
   A. 华北事变　　　　　　　　　B. 九一八事变
   C. 卢沟桥事变　　　　　　　　D. 一·二八事变

3. 1937 年，日本帝国主义发动全面侵华战争的标志是（　　）。
   A. 华北事变　　　　　　　　　B. 九一八事变
   C. 卢沟桥事变　　　　　　　　D. 一·二八事变

4. 1932 年，日本侵略者在中国策划建立的傀儡政权是（　　）。
   A. 伪"华北自治政府"　　　　　B. 伪"满洲国"

C. 伪"中华民国维新政府"　　　　D. 伪"中华民国政府"

5. 1933年5月，国民党西北军将领冯玉祥领导成立的抗日武装力量是（　　）。
   A. 东北抗日义勇军　　　　　　B. 东北抗日联军
   C. 察哈尔抗日同盟军　　　　　D. 冀中回民支队

6. 1933年11月，国民党爱国将领蔡廷锴、蒋光鼐发动的抗日反蒋事件是（　　）。
   A. 西安事变　　B. 宁都起义　　C. 福建事变　　D. 二二八起义

7. 一二·九运动的口号不包括（　　）。
   A. 反对华北自治运动　　　　　B. 打倒日本帝国主义
   C. 停止内战，一致对外　　　　D. 变更"剿共"政策

8. 1935年12月，中国共产党确定抗日民族统一战线新政策的会议是（　　）。
   A. 瓦窑堡会议　　　　　　　　B. 洛川会议
   C. 中共六届六中全会　　　　　D. 中共六届七中全会

9. 1938年3月，国民党军队在正面战场上取得胜利的战役是（　　）。
   A. 台儿庄战役　B. 桂南战役　　C. 枣宜战役　　D. 中条山战役

10. 1937年10月，在淞沪会战中率领"八百壮士"孤守上海四行仓库的爱国将领是（　　）。
    A. 佟麟阁　　　B. 赵登禹　　　C. 谢晋元　　　D. 戴安澜

11. 1938年10月，广州、武汉失守后，中国抗日战争进入的阶段是（　　）。
    A. 战略防御阶段　　　　　　　B. 战略相持阶段
    C. 战略反攻阶段　　　　　　　D. 战略决战阶段

12. 抗日战争进入相持阶段后，日本帝国主义对国民党政府采取的政策是（　　）。
    A. 以军事打击为主，政治诱降为辅　　B. 以政治诱降为主，军事打击为辅
    C. 军事打击和政治诱降并重　　　　　D. 速战速决，武力征服

13. 在抗日战争中，国民党由比较积极地抗战转向消极抗战的标志是（　　）。
    A. 国民党五届三中全会的召开　　　　B. 国民党五届四中全会的召开
    C. 国民党五届五中全会的召开　　　　D. 国民党五届六中全会的召开

14. 1940年，在枣宜会战中以身殉国的国民党爱国将领是（　　）。
    A. 佟麟阁　　　B. 谢晋元　　　C. 张自忠　　　D. 戴安澜

15. 1941年，在缅北对日作战中以身殉国的中国远征军将领是（　　）。
    A. 佟麟阁　　　B. 谢晋元　　　C. 张自忠　　　D. 戴安澜

16. 1941年3月，在大后方抗日民主运动中诞生的民主党派是（　　）。
    A. 中国国民党临时行动委员会　　　　B. 中国民主政团同盟
    C. 中国民主促进会　　　　　　　　　D. 中国民主建国会

17. 1937年8月，中国共产党制定《抗日救国纲领》的重要会议是（　　）。
    A. 瓦窑堡会议　　　　　　　　B. 洛川会议

C. 中共六届六中全会　　　　　　D. 中共六届七中全会

18. 1938年，毛泽东发表的系统阐述抗日战争特点、前途和发展规律的著作是（　　）。
　A.《论反对日本帝国主义的策略》　B.《论持久战》
　C.《抗日救国十大纲领》　　　　　D.《论联合政府》

19. 毛泽东在《论持久战》中指出，中国抗日战争取得胜利最关键的阶段是（　　）。
　A. 战略防御阶段　　　　　　　　B. 战略相持阶段
　C. 战略反攻阶段　　　　　　　　D. 战略决战阶段

20. 抗日战争全面爆发后，中国军队取得第一次重大胜利的战役是（　　）。
　A. 平型关战役　　　　　　　　　B. 台儿庄战役
　C. 百团大战　　　　　　　　　　D. 昆仑关战役

21. 在抗日战争中，为国捐躯的八路军副参谋长是（　　）。
　A. 彭雪枫　　B. 赵尚志　　C. 左权　　D. 杨靖宇

22. 1940年，八路军对华北日军发动的大规模进攻战役是（　　）。
　A. 平型关战役　　　　　　　　　B. 雁门关战役
　C. 阳明堡战役　　　　　　　　　D. 百团大战

23. 毛泽东明确提出"马克思主义中国化"这个命题的会议是（　　）。
　A. 中共六届六中全会　　　　　　B. 中共六届七中全会
　C. 中共七大　　　　　　　　　　D. 洛川会议

24. 毛泽东总结中国共产党战胜敌人的三大法宝是统一战线、武装斗争和（　　）。
　A. 实事求是　　B. 党的建设　　C. 独立自主　　D. 解放思想

25. 中国共产党开展的延安整风运动最主要的任务是（　　）。
　A. 反对主观主义　　　　　　　　B. 反对宗派主义
　C. 反对官僚主义　　　　　　　　D. 反对党八股

26. 中国共产党内反复出现"左"、右倾错误的思想认识根源是（　　）。
　A. 经验主义　　B. 教条主义　　C. 官僚主义　　D. 党八股

27. 1945年，通过《关于若干历史问题的决议》的会议是（　　）。
　A. 瓦窑堡会议　　　　　　　　　B. 洛川会议
　C. 中共六届六中全会　　　　　　D. 中共六届七中全会

28. 正式命名毛泽东思想，并将毛泽东思想规定为党的一切工作的指针的会议是（　　）。
　A. 八七会议　　B. 中共六大　　C. 中共七大　　D. 遵义会议

29. 1945年8月，发表《对日寇的最后一战》声明的是（　　）。
　A. 蒋介石　　B. 毛泽东　　C. 朱德　　D. 彭德怀

30. 抗日战争取得完全胜利的重要标志是收回了（　　）。

   A. 香港和澎湖列岛　　　　　　　B. 台湾和澎湖列岛

   C. 台湾和香港　　　　　　　　　D. 香港和西沙群岛

31. 1945 年，以解放区代表身份参加中国代表团出席旧金山会议的是（　　）。

   A. 董必武　　　B. 毛泽东　　　C. 朱德　　　D. 彭德怀

二、简答题

1. 简述一二·九运动及其历史意义。

2. 简述中国共产党的中流砥柱作用是中国人民抗日战争胜利的关键。

3. 简述毛泽东在《论持久战》中对中日双方互相矛盾的四个特点的分析。

4. 简述延安整风运动的主要内容及意义。

5. 简述中国人民抗日战争胜利的主要原因。

三、论述题

1. 试述中国共产党抗日民族统一战线中的策略总方针及斗争策略。

2. 试述新民主主义理论的主要内容。

3. 试述中国人民抗日战争在世界反法西斯战争中的地位。

第七章 为创建新中国而奋斗

知识框架

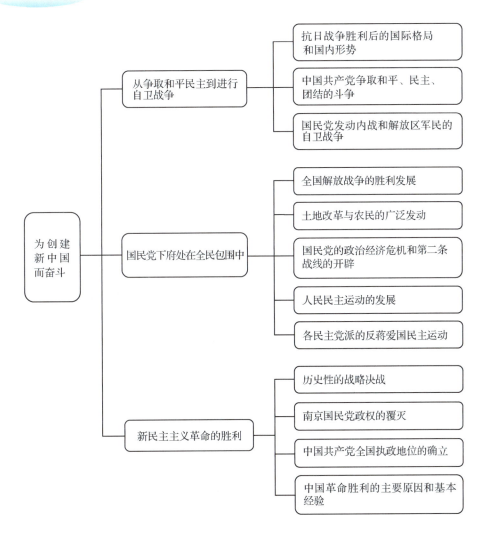

内容精要

第一节　从争取和平民主到进行自卫战争

一　抗日战争胜利后的国际格局和国内形势

（一）抗日战争胜利后的国际格局

1. 帝国主义势力受到削弱，人民民主力量明显增长

第一，"二战"后，德、意、日法西斯国家被打败，英、法在战争中受到严重削弱，美国开始在资本主义世界中称雄。

第二，社会主义的苏联在经受战争考验后，较快地恢复和巩固。

第三，人民民主和社会主义制度在多国建立。

第四，民族解放运动在亚非拉蓬勃兴起。

第五，在资本主义国家，共产党的影响显著增长，工人运动有了新的发展。

2. 形成美、苏两极的政治格局

逐步打破了以维持欧洲大国均势为中心的传统的国际政治格局，形成了美、苏两极的政治格局，在此基础上，逐步形成了分别以美、苏为首的帝国主义和社会主义两个阵营的对立。

3. 美国拟订准备称霸世界的"全球战略计划"

为了实现"全球战略计划"，美国在遏制苏联势力的旗号下积极向全球扩张，并把夺取中国以巩固它在亚洲的地位作为重要的战略部署。因此，美国继续采取扶蒋反共政策。

第一，在形势对国民党不利时，力促国共两党和平谈判，以期用和平手段诱骗中共向国民党投降，使美国不战而控制全中国。

第二，从各方面大力加强国民党的力量，一旦和谈目的不能实现，便帮助国民党与中共决战，以期用武力打败中共，使中国成为美国的附庸。

（二）抗日战争胜利后的国内形势

1. 国共两党变化

第一，中国人民的觉悟程度、组织程度空前提高，中国共产党及其领导的人民革命力量得到空前发展。

第二，国民党统治集团，坚持独裁统治和内战方针，继续走半殖民地半封建社会的老路。

2. 三种建国方案

第一，地主阶级和买办性大资产阶级的建国方案。它维护地主阶级和买办性大资产阶级的根本利益，与中国最广大人民的根本利益和愿望背道而驰，最终被人民所唾弃。

第二，民族资产阶级的建国方案。它在中国行不通。因为一是帝国主义不容许中国成为一个独立、富强的资本主义国家；二是民族资产阶级本身的软弱性使它没有能力领导人民进行彻底的反帝反封建的斗争。民族资产阶级中的绝大多数最终接受了中国共产党的新民主主义革命纲领。

第三，工人阶级、农民阶级和城市小资产阶级的建国方案。这三个阶级的政治代表是中国共产党。建国方案的主要内容是：在工人阶级及其政党的领导下，通过彻底的反帝反封建的民主革命，即新民主主义革命，建立一个工人阶级领导的，以工农联盟为基础的、团结一切可以团结的力量的人民民主专政的人民共和国。这一方案是引导中华民族和中国人民争得民族独立与人民解放，从而为实现国家富强开辟道路的科学的建国方案。

二 中国共产党争取和平、民主、团结的斗争

（一）"和平、民主、团结"方针的制定

1945年8月25日，中共中央在《对目前时局的宣言》中明确提出了"和平、民主、团结"的口号，指出在新的历史时期中，摆在全民族面前的重大任务是：

第一，巩固国内团结，保证国内和平。

第二，实现民主，改善民生。

第三，在和平、民主、团结的基础上，实现全国的统一，建立独立自由与富强的新中国。

（二）重庆谈判和政治协商会议

1. 重庆谈判

第一，1945年8月14日、20日、23日，蒋介石接连发出三封电报，邀请毛泽东到重庆共商"国际国内各种重要问题"。

第二，为了争取和平民主，毛泽东不顾个人安危，于8月28日偕周恩来、王若飞赴重庆与国民党当局进行谈判。

第三，10月10日，双方签署《政府与中共代表会谈纪要》，即"双十协定"，确认和平建国的基本方针。

2. 政治协商会议

第一，1946年1月10日，国共双方下达停战令。同一天，政治协商会议（以下简称政协会议）在重庆开幕。

第二，出席会议的有国民党、共产党、民主同盟、青年党和无党派人士的代表共

38 人。

第三，会议历时 22 天，通过政府组织案、国民大会案、和平建国纲领、军事问题案、宪法草案五项协议。

（三）维护和破坏政协协议的斗争

1. 较场口惨案

1946 年 2 月 10 日，国民党派遣的特务、打手，破坏 19 个团体在重庆较场口举行的"庆祝政协成功大会"，制造了校场口惨案。

李公朴、郭沫若、马寅初及新闻记者等多人被打伤，连同失踪、被捕的共有 60 多人。

2. 蒋介石集团破坏政协协议

1946 年 3 月，国民党六届二中全会召开，蒋介石命令他的追随者对政协协议予以"补救"，即以扩大内战的行动，使政协协议成为一纸空文。

之后，国民党在东北放手大打内战，对关内各解放区的进攻也日益升级。这迫使中国共产党的工作重点由争取和平民主转向准备自卫战争。

3. 下关惨案

1946 年 6 月 23 日，上海人民团体联合会派出请愿团，赴南京向国民党当局呼吁和平。请愿团到达南京下关车站时，遭到国民党当局指使的大批暴徒的围殴。团长马叙伦和代表雷洁琼等多人受伤。

4. 中国共产党做好自卫战争的准备

针对国民党当局反内战的真面目，中国共产党在解放区做好自卫战争的准备。

第一，在各解放区抓紧减租、生产和练兵，主编野战兵团。

第二，发布解决农民土地问题的"五四指示"，进行土地改革。

第三，抓紧"向北发展，向南防御"战略方针的落实，做好自卫战争的各项准备工作。

三 国民党发动内战和解放区军民的自卫战争

（一）国民党发动全面内战

1. 全面内战爆发

第一，1946 年 6 月底，国民党军以进攻中原解放区为起点，挑起了全国性的内战。

第二，1946 年 10 月 11 日，国民党军占领华北解放区重镇张家口。蒋介石于当天宣布 11 月 12 日召开由国民党一手包办的"国民大会"。

第三，1947 年 3 月，国民党当局限期令中共驻南京、上海、重庆三地代表及工作人员全部撤退。至此，一切和平谈判之门都被国民党关闭，国共关系彻底破裂。

2. 全面内战爆发时，国共两党实力比较

第一，国民党军的总兵力为 430 万人，统治着约占全国面积 3/4 的地区和 3.39 亿以

上的人口，控制着几乎所有的大城市和绝大部分铁路交通线。

第二，人民解放军的总兵力为 127 万人，装备基本上是缴自日军的步兵武器；解放区的人口为 1.36 亿，面积约占全国的 1/4，而且基本上处于被分割包围的、经济比较落后的农村，在物质上得不到任何外援。

正是凭着军力和经济力的优势，蒋介石声称，这场战争"一定能速战速决"。

（二）以自卫战争粉碎国民党的军事进攻

1. 必须打败蒋介石

因为蒋介石发动的战争，是一个在美帝国主义指挥之下的反对中国民族独立和中国人民解放的反革命的战争。不用革命战争反对反革命战争，中国就将变成黑暗世界，我们民族的前途就会被断送。

2. 能够打败蒋介石

第一，蒋介石军事力量的优势和美国的援助，只是临时起作用的因素；而蒋介石发动的战争是反人民性质的，人心的向背，则是经常起作用的因素，人民解放军的战争所具有的爱国的正义的革命的性质，必然要获得全国人民的拥护。这就是战胜蒋介石的政治基础。

第二，毛泽东还提出"一切反动派都是纸老虎"的著名论断，并预言人民解放军的"小米加步枪"一定能战胜国民党军队的"飞机加坦克"。

第二节 国民党处在全民的包围中

一 全国解放战争的胜利发展

（一）人民解放军转入战略进攻

1. 人民解放军由战略防御转向战略进攻

第一，在 1946 年 7 月至 1947 年 6 月一年的时间里，人民军队处于战略防御阶段。战争主要在解放区进行。

第二，经过人民解放军一年的作战，战争形势发生了重大变化。中共中央果断决定，不待完全粉碎敌人的战略进攻，不等解放军在数量上占有优势，立刻将人民解放军主力打到外线去，举行全国性的反攻，将战争引向国民党区域，将中国革命推向新的高潮。

2. 人民解放战争战略进攻序幕揭开

第一，刘邓大军挺进大别山。1947 年 6 月底，根据中共中央的决策和部署，刘伯承、邓小平率领的晋冀鲁豫野战军主力，配合华东野战军粉碎国民党的重点进攻，千里跃进大别山，在鄂豫皖实施战略展开。

第二，陈毅、粟裕指挥的华东野战军主力为东路，挺进苏鲁豫皖地区。

第三，陈赓、谢富治指挥的晋冀鲁豫野战军一部为西路，挺进豫西。

三路大军在江、淮、河、汉之间，布成"品"字形阵势，相互策应，机动歼敌。它们调动和吸引国民党军南线全部兵力160多个旅中约90个旅于自己周围，迫使国民党军处于被动地位。人民解放战争战略进攻的序幕由此揭开。

（二）提出"打倒蒋介石，解放全中国"的口号

1. "打倒蒋介石，解放全中国"的口号

1947年10月10日，中国人民解放军总部发表的《中国人民解放军宣言》正式提出"打倒蒋介石，解放全中国"的口号。这个口号的提出，极大地鼓舞了解放军全体指战员和全国人民的斗志。

2. 新民主主义革命的经济纲领

1947年12月，中共中央在陕北米脂县杨家沟召开会议，制定了夺取全国胜利的行动纲领。毛泽东在《目前形势和我们的任务》报告中提出了新民主主义革命的三大经济纲领：

第一，没收封建阶级的土地归农民所有；

第二，没收蒋介石、宋子文、孔祥熙、陈立夫为首的垄断资本归新民主主义的国家所有；

第三，保护民族工商业。

3. 新民主主义革命总路线

1948年4月1日，毛泽东在晋绥干部会议上的讲话中完整地提出新民主主义革命的总路线和总政策，即无产阶级领导的，人民大众的，反对帝国主义、封建主义和官僚资本主义的新民主主义革命的总路线。

毛泽东强调，政策和策略是党的生命，注意按照实际情况决定工作方针，善于把党的政策变成群众的行动；必须维护党的集中统一领导，加强组织性纪律性，以便把人民解放战争胜利地向前推进。

二 土地改革与农民的广泛发动

（一）从《五四指示》到《中国土地法大纲》

1. 《五四指示》

1946年5月4日，中共中央发出《关于清算、减租及土地问题的指示》（史称"五四指示"），决定将党在抗日战争时期实行的减租减息政策改变为实现"耕者有其田"的政策。在此之后，通过开展清算斗争等，到1947年下半年，解放区即有2/3的地区基本上解决了农民的土地问题。

2. 《中国土地法大纲》

1947年7月至9月，中国共产党在河北省平山县西柏坡村召开全国土地工作会议，

制定和通过了《中国土地法大纲》，明确规定"废除封建性及半封建性剥削的土地制度，实现耕者有其田的土地制度"。

（二）土地改革运动的热潮

1. 中国共产党的土地改革总路线

1947年下半年和1948年年初，土地改革运动在各解放区广泛发动。

毛泽东在晋绥干部会议上的讲话，总结了土地改革的经验，系统阐明中国共产党的土地改革总路线，即依靠贫农，团结中农，有步骤地、有分别地消灭封建剥削制度，发展农业生产。

2. 解放区土地改革运动后的变化

第一，解放区广大人民实现了"耕者有其田"的愿望。

第二，广大农民对共产党更加信任和拥护，工农联盟和解放区的人民民主政权得到进一步巩固和加强。

第三，农民的生产积极性空前提高，解放区农村的经济面貌明显改观。

第四，大批青壮年农民踊跃参军，广大农民积极支援和配合解放军作战。

第五，人民解放战争有了巩固的后方和最基本的人力、物力保证。

三 国民党统治的政治经济危机和第二条战线的开辟

（一）国民党统治的政治经济危机

随着人民解放战争的发展，国民党统治区的政治经济危机日益加深，主要原因有：

第一，抗战胜利后，国民党把接收变成"劫收"，大发"胜利财"，使更多民众的期望破灭。

第二，国民党统治集团违背全国人民迫切要求休养生息、和平建国的意愿，执行反人民的内战政策。

第三，国民党统治集团从多方面加剧对广大人民的疯狂掠夺，将全国各阶层人民置于饥饿和死亡线上。

（二）学生运动的高涨

1. "一二·一"运动

1945年年底，昆明学生发动了以"反对内战，争取自由"为主要口号的一二·一运动。它吹响了国统区爱国学生运动的第一声号角，在全国范围产生了重大影响。

2. "抗暴运动"

1946年12月30日，为抗议驻华美军强暴北京大学先修班一女学生，北平学生高喊"抗议美军暴行！""美军退出中国！"的口号，举行示威游行。抗议驻华美军暴行的运动（史称"抗暴运动"或"一二三〇运动"）由此掀起。12天内，抗暴斗争扩展到14个省26个城市，参加罢课、游行等的学生总数达50万人。

3. "五二〇"运动

1947年5月20日，南京、上海、杭州等16所专科以上院校学生6000余人汇集南京，举行反饥饿、反内战、挽救教育危机联合大游行，遭到镇压。同时，天津南开大学、北洋大学两校游行学生，遭到特务殴打。南京、天津的流血事件，便是"五二〇"运动。

4. "反饥饿、反内战、反迫害"运动

"五二〇"运动以后，学生提出了"反迫害"的口号，运动向着"反饥饿、反内战、反迫害"的目标发展，随后，迅速扩大到上海、杭州等60多个大、中城市，同工人罢工、教员罢教等各阶层人民的斗争会合到了一起，标志着反对国民党统治的第二条战线正式形成。

四 人民民主运动的发展

（一）工人、城镇贫民和农民运动的发展

第一，工人罢工。1947年间，全国20多个大、中城市中，先后有120万工人举行罢工。

第二，民变运动。1947年5月到6月，饥饿的城市居民的"抢米"风潮席卷包括江苏、浙江、安徽、四川等省的40多个大小城镇。许多地方的抢米风潮发展为反对政府的直接斗争。

（二）台湾和少数民族地区的人民民主运动

1. 二二八起义

1947年2月28日，台湾省台北市人民为反抗国民党当局的暴政、抗议反动军警屠杀市民，举行大规模示威游行。2月底3月初，台湾各地汉族、高山族人民纷起响应，夺取武器，举行起义，并攻占台中、嘉义等城市。国民党当局从大陆调来大批军警、特务，对起义群众进行镇压。3月14日起义失败。

起义虽然失败了，但作为全国人民民主运动的组成部分，它有力地显示了台湾人民的革命精神，鼓舞了全国人民。

2. "三区革命"

1944年秋，新疆伊犁、塔城、阿勒泰三个专区少数民族，爆发了一场有组织的反对以军阀盛世才为代表的国民党反动派的武装斗争，并于1945年建立革命政府，史称"三区革命"。

国民党政府迫于压力，派出代表团同三区革命政府代表团举行谈判，并于1946年1月初签订11项和平条款。但是，国民党政府很快就推翻和平条款，加紧镇压新疆人民革命运动。新疆各族人民在艰苦的条件下继续坚持斗争。

3. 内蒙古自治政府成立

1947年年初，内蒙古东部大部和中部部分地区获得解放。同年4月，在乌兰浩特举

行内蒙古人民代表会议，通过《内蒙古自治政府施政纲领》等。5月1日，内蒙古自治政府宣告成立，乌兰夫为主席。内蒙古人民的斗争发展到了一个新阶段。

五 各民主党派的反蒋爱国民主运动

（一）各民主党派的历史发展

1. 八个民主党派

中国各民主党派是中国共产党领导的爱国统一战线的重要组成部分。

第一，中国国民党革命委员会（简称"民革"）。1948年1月1日，会议宣布中国国民党革命委员会正式成立。宋庆龄为名誉主席，李济深为主席。

第二，中国民主同盟（简称"民盟"）。1941年3月，中国民主政团同盟在重庆诞生。民盟由6个组织联合组成，它们是：救国会、中华民族解放行动委员会（亦称"第三党"，后改称"中国农工民主党"）、中华职业教育社、乡村建设协会及青年党和国家社会党（后改称"民主社会党"）。1944年9月更名为中国民主同盟。

第三，中国民主建国会（简称"民建"）。1945年12月，由爱国的民族工商业者和与其有联系的知识分子发起在重庆成立。黄炎培、胡厥文等当选为常务理事。

第四，中国民主促进会（简称"民进"）。1945年12月，中国民主促进会在上海宣告成立。以文化教育出版界知识分子为主，还有一部分上海工商界爱国人士。会务由马叙伦负责。

第五，中国农工民主党（简称"农工党"）。1930年8月，国民党左派领导人邓演达在上海主持召开第一次全国干部会议，成立中国国民党临时行动委员会。1935年11月，改称中华民族解放行动委员会（亦称"第三党"）。1947年2月，改称中国农工民主党。章伯钧任主席。

第六，中国致公党。1925年10月，由华侨社团美洲致公党发起在美国旧金山成立。1947年5月，中国致公党在香港召开第三次代表大会，进行改组，成为一个新民主主义的政党，选举李济深为主席（对外未公开）。

第七，九三学社。1944年年底以来，重庆科技界、文化界、教育界的一些高级知识分子经常在一起举行座谈会（一度称"民主科学座谈会"）。1945年9月3日，座谈会改名为九三学社。1946年5月4日，九三学社在重庆宣告正式成立。许德珩等当选为理事。

第八，台湾民主自治同盟（简称"台盟"）。二二八起义失败后，由一部分从事爱国主义运动的台湾省人士在香港于1947年组织成立。谢雪红任主席。

2. 各民主党派的社会基础

中国各民主党派形成时的社会基础，主要是民族资产阶级、城市小资产阶级及同这些阶级相联系的知识分子和其他爱国分子。它们所联系和代表的不是单一阶级，而是这些阶级、阶层的人们在反帝爱国和争取民主的共同要求基础上的联合，是阶级联盟性质的政党。

（二）中国共产党与民主党派的团结合作

第一，在国共重庆谈判和召开政协会议时，各民主党派作为"第三方面"，主要是同共产党一起，反对国民党的内战、独裁政策，为和平民主而共同努力。

第二，全面内战爆发后，民主党派中的大多数人同共产党保持一致，拒绝参加国民党一手包办的伪"国民大会"，反对国民党炮制的伪"宪法"。

第三，各民主党派的许多成员积极参加和支持中国共产党领导的爱国民主运动。

第四，1948年年初，在人民解放战争转入战略反攻阶段，各民主党派公开发表宣言，站在人民革命一边，同共产党一道为推翻国民党的反动统治和建立新中国而共同奋斗。

（三）中国共产党领导的多党合作、政治协商格局的形成

1. 中国共产党五一劳动号召

1948年4月30日，中共中央在纪念五一国际劳动节的口号中提出："各民主党派、各人民团体、各社会贤达迅速召开政治协商会议，讨论并实现召集人民代表大会，成立民主联合政府。"这个号召得到各民主党派和社会各界的热烈响应。

从当年8月起，各民主党派负责人、无党派民主人士接受中共中央邀请，陆续进入东北、华北解放区。

2. 各民主党派联合发表意见

1949年1月22日，李济深、沈钧儒等民主党派的领导人和著名的无党派民主人士55人联合发表《对时局的意见》，一致拥护中共提出的关于召开政治协商会议、成立联合政府的主张，恳切表示愿在中共领导下，献其绵薄，共策进行。

这个政治声明表明，中国各民主党派和无党派民主人士自愿地接受了中国共产党的领导，决心走人民革命的道路，拥护建立人民民主的新中国。

第三节　新民主主义革命的胜利

一　历史性的战略决战

（一）决战前夜的基本态势

1. 中国共产党的基本态势

第一，人民解放军由战争开始时的120万人发展到280万人，部队装备有了极大改善，政治觉悟和军事技术进一步提高。

第二，基本完成土地制度改革的各解放区连成一片，广大农民的革命与生产的积极性空前高涨。

2. 中国国民党的基本态势

第一，国民党军队由战争开始时的 430 万人下降为 365 万人，士气低落，战斗力不强，失败情绪弥漫。

第二，国民党军队遭到各阶层人民的强烈反对，处境十分孤立。

第三，国民党军事上放弃"全面防御"，实行"重点防御"。

第四，国民党政权濒临崩溃。

（二）决定中国命运的战略决战

1. 辽沈战役

自 1948 年 9 月 12 日开始至 11 月 2 日结束，历时 52 天。东北野战军主力 70 万人在林彪、罗荣桓领导下，共歼敌 47.2 万人。

2. 淮海战役

自 1948 年 11 月 6 日开始至 1949 年 1 月 10 日结束，历时 66 天。华东野战军、中原野战军及地方武装共 60 万人，在由刘伯承、陈毅、邓小平、粟裕、谭震林组成的总前委（邓小平为书记）领导下，歼敌 55.5 万人。

3. 平津战役

自 1948 年 11 月 29 日开始至 1949 年 1 月 31 日结束，历时 64 天。入关作战的东北野战军、华北解放军主力与地方武装共 100 万人，在由林彪、罗荣桓、聂荣臻组成的平津前线总前委领导下，歼灭和改编国民党军队 52 万余人。

三大战役前后历时 4 个月零 19 天，共歼灭国民党军队的有生力量 154 万余人。国民党赖以维持其反动统治的主要军事力量基本上被摧毁。

二 南京国民党政权的覆灭

（一）国共谈判

1. 蒋介石发表"求和"声明

三大战役后，为挽救败局，1949 年元旦，蒋介石发表"求和"声明，企图借"和平谈判"之机争取喘息时间，布置长江防线，以便卷土重来。

2. 毛泽东发表新年贺词《将革命进行到底》

1948 年 12 月 30 日，毛泽东在新年贺词《将革命进行到底》一文中指出，必须将革命进行到底，用革命的方法，坚决彻底干净全部地消灭一切反动势力，在全国范围内推翻国民党的反动统治，建立无产阶级领导的以工农联盟为主体的人民民主专政的共和国。

3. 国共北平谈判

第一，1949 年 1 月，中国共产党为了迅速结束内战，提出了与蒋介石的和平阴谋针锋相对的和平谈判八项条件。

第二，1949 年 4 月 1 日，国共双方代表以中共所提八项条件为基础在北平进行谈判。

第三,1949年4月20日,国民党政府拒绝在中共提出的《国内和平协定》上签字,和谈破裂。

(二)人民解放军向全国进军

1. 渡江战役

1949年4月21日,毛泽东、朱德发布《向全国进军的命令》,中国人民解放军发起渡江战役,一举摧毁国民党苦心经营了3个半月的长江防线。

2. 占领南京

1949年4月23日,人民解放军占领南京,宣告延续了22年之久的国民党反动统治的覆灭。

3. 向全国进军

第一,解放军所部各路大军继续向中南、西北、西南各省举行胜利的大进军,分别以战斗方式或和平方式,迅速解决残余敌人,解放广大国土。

第二,国民党蒋介石集团从大陆逃往中国台湾省。

第三,1949年年底,中国人民解放军解放了除西藏以外的全部中国大陆。

三 人民政协的召开与中国共产党全国执政地位的确立

(一)中共七届二中全会

1949年3月,中共七届二中全会在河北省平山县西柏坡村召开。其主要内容是:

第一,规定了党在全国胜利后在政治、经济、外交方面应当采取的基本政策。

第二,指出了中国由农业国转变为工业国、由新民主主义社会转变为社会主义社会的发展方向。

第三,在中国共产党自身建设上,提出了"两个务必"的要求,即"务必使同志们继续地保持谦虚、谨慎、不骄、不躁的作风,务必使同志们继续地保持艰苦奋斗的作风"。

(二)毛泽东《论人民民主专政》

1949年6月30日,毛泽东发表了《论人民民主专政》一文,系统阐明中国共产党关于建立人民民主专政的新中国的主张:

第一,人民民主专政的基础是工人阶级、农民阶级和城市小资产阶级的联盟。

第二,工人和农民的联盟是主要的联盟。因为这两个阶级占了中国人口的80%~90%。推翻帝国主义和国民党反动派,由新民主主义到社会主义,主要依靠这两个阶级的联盟。

第三,为建立新中国,必须利用一切于国计民生有利而不是有害的城乡资本主义因素,团结民族资产阶级。但是民族资产阶级不能充当革命的领导者,也不应当在国家政权中占主要的地位。

第四，人民民主专政即工人阶级领导的以工农联盟为基础的人民民主专政。

（三）人民政协会议的召开与中国共产党全国执政地位的确立

1. 人民政协会议的召开

1949年9月21日，中国人民政治协商会议第一届全体会议在北平中南海怀仁堂隆重开幕，参加会议的代表共662人。

2. 人民政协会议通过的《共同纲领》

第一，关于新中国的国体和政体。国体，即国家政权的阶级性，中华人民共和国是工人阶级领导的、以工农联盟为基础的、团结各民主阶级和国内各民族的人民民主专政。政体，即国家政权的组织形式，人民行使国家政权的机关为各级人民代表大会和各级人民政府，各级政权机关一律实行民主集中制。

第二，关于新中国的基本的民族政策。中华人民共和国境内各民族一律平等，各少数民族聚居的地区，应实行民族区域自治。

第三，关于新中国的经济工作方针。以公私兼顾、劳资两利、城乡互助、内外交流的政策，达到发展生产、繁荣经济之目的。

第四，关于新中国的外交原则。保障本国独立、自由和领土主权的完整，维护国际的持久和平和各国人民间的友好合作，反对帝国主义的侵略政策和战争政策。

3. 人民政协会议通过中央人民政府组织法

会议一致选举毛泽东为中央人民政府主席，朱德、刘少奇、宋庆龄、李济深、张澜、高岗为副主席，陈毅等56人为中央人民政府委员会委员。随后，中央人民政府委员会任命周恩来为政务院总理兼外交部部长。

1949年9月30日，会议通过的宣言宣布："中华人民共和国现已宣告成立，中国人民业已有了自己的中央政府。"

四 中国革命胜利的主要原因和基本经验

（一）中国革命胜利的主要原因

1. 有了中国共产党的领导

第一，中国共产党作为工人阶级的政党，不仅代表着中国工人阶级的利益，而且代表着整个中华民族和全中国人民的利益。

第二，中国共产党是用马克思主义的科学理论武装起来的，它以中国化的马克思主义即毛泽东思想作为一切工作的指针。

第三，中国共产党能够制定出适合中国情况的，符合中国人民利益的纲领、路线、方针和政策，为中国人民的斗争指明正确的方向。

第四，中国共产党人以行动表明了自己是最有远见，最富于牺牲精神，最坚定，而又最能虚心体察民情并依靠群众的坚强的革命者，从而赢得了广大中国人民的衷心拥护。

2. 广大人民群众和各界人士的大力支持

由于帝国主义、封建主义、官僚资本主义的残酷压迫，中国人民走上了反帝反封建反官僚资本主义斗争的伟大时代。

第一，工人、农民、城市小资产阶级群众是民主革命的主要力量。

第二，民族资产阶级，随着斗争的发展，也逐步向共产党靠拢。

没有广大人民和各界人士的广泛参加与大力支持，中国革命的胜利是不可能的。

3. 国际无产阶级的支持

中国革命之所以能够赢得胜利，同国际无产阶级和人民群众的支持也是分不开的。为了中国人民的解放事业，一些国际友人还直接参加了中国的革命斗争，有的已经长眠在中国的土地上。

（二）中国革命胜利的基本经验

1. 建立广泛的统一战线

第一，建立广泛的统一战线，是坚持和发展革命的政治基础。

第二，统一战线中存在着两个联盟。一个是劳动者联盟，主要是工人、农民和城市小资产阶级的联盟，一个是劳动者与非劳动者的联盟，主要是劳动者与民族资产阶级的联盟，有时还包括与一部分大资产阶级的暂时的联盟。

第三，两个联盟的关系。前者是基本的、主要的；后者是辅助的，同时又是重要的。必须坚决依靠第一个联盟，争取建立和扩大第二个联盟。

第四，巩固和扩大统一战线的关键，是坚持工人阶级及其政党的领导权。为此，一是必须率领同盟者向共同的敌人做坚决的斗争并取得胜利；二是必须对被领导者给以物质福利，至少不损害其利益，同时对被领导者给以政治教育；三是必须对同工人阶级争夺领导权的资产阶级采取既联合又斗争的政策。

2. 坚持革命的武装斗争

第一，武装斗争是中国革命的主要形式。

第二，中国的武装斗争实质上是工人阶级领导的农民战争。中国共产党必须深入农村，发动和武装农民，在农村建立革命的根据地，以农村包围城市，才能逐步地争取革命的胜利。

第三，为了坚持和发展中国革命，必须建立一支在工人阶级政党绝对领导下的、具有严格纪律的、同人民群众保持亲密联系的新型人民军队。

3. 加强中国共产党自身的建设

第一，中国共产党是掌握统一战线和武装斗争这两个武器以实行对敌冲锋陷阵的英勇战士。

第二，着重加强党的思想建设，用工人阶级思想克服资产阶级、小资产阶级思想，解决思想上入党的问题。

第三，培育和发扬理论与实际相结合、密切联系群众和自我批评的作风。

第四，在党内斗争中实行"惩前毖后，治病救人"的方针。

第五，创造了在全党通过批评与自我批评进行马克思主义思想教育的整风形式等。

（三）中国革命胜利的意义

人民民主专政的新中国的创建，标志着近代以来中国面临的争取民族独立、人民解放这个历史任务的基本完成，这就为中国人民集中力量进行建设，以实现国家的繁荣富强和人民的共同富裕，创造了前提，开辟了道路。

要点荟萃

一 抗日战争胜利后国际格局

抗日战争胜利后，国际格局出现了新的重大变化，它突出地体现在三个方面：

（1）帝国主义势力受到削弱，人民民主力量明显增长。

（2）逐步打破了以维持欧洲大国均势为中心的传统的国际政治格局，形成了美、苏两极的政治格局。

（3）美国拟订一个准备称霸世界的"全球战略计划"，把夺取中国以巩固它在亚洲的地位作为重要的战略部署。因此，美国继续采取扶蒋反共政策。

二 抗日战争胜利后中国国内的三种建国方案

抗日战争胜利后，中国国内形势也出现了新变化，三种建国方案和两个中国之命运的斗争日益尖锐。三种建国方案分别是：

（1）地主阶级和买办性大资产阶级的建国方案。方案主要维护地主阶级和买办资产阶级根本利益，坚持独裁统治，坚持内战方针，继续走半殖民地半封建社会的老路，最终遭到中国人民唾弃。

（2）民族资产阶级的建国方案。这个方案在中国行不通，民族资产阶级人士中的绝大多数最终接受了中国共产党的新民主主义革命纲领。

（3）工人阶级、农民阶级和城市小资产阶级的建国方案，这三个阶级的政治代表是中国共产党。这个建国方案的主要内容是：在工人阶级及其政党的领导下，通过彻底的反帝反封建的民主革命，即新民主主义革命，建立一个工人阶级领导的，以工农联盟为基础的、团结一切可以团结的力量的人民民主专政的人民共和国。这一方案是引导中华民族和中国人民争得民族独立与人民解放，从而为实现国家富强开辟道路的科学的建国方案。

三 中国共产党争取和平、民主、团结的斗争

（1）1945年8月，中共中央在《对目前时局的宣言》中明确提出的口号是和平、民

主、团结。

（2）1945年8月至10月，国共双方举行的谈判是重庆谈判。国共双方签署《政府与中共代表会谈纪要》，即"双十协定"，确认和平建国的基本方针。

（3）1946年1月10日，政治协商会议（以下简称政协会议）在重庆开幕。出席会议的有国民党、共产党、民主同盟、青年党和无党派人士的代表38人。会议通过政府组织案、国民大会案、和平建国纲领、军事问题案、宪法草案五项协议。

（4）1946年2月10日，国民党派遣的特务、打手，破坏19个团体在重庆较场口举行的"庆祝政协成功大会"，制造了校场口惨案。

（5）1946年6月23日，国民党当局制造的镇压上海人民团体联合会请愿团的惨案是下关惨案。

四　国民党发动内战和解放区军民的自卫战争

（1）1946年6月，国民党军队挑起全面内战的起点是大举围攻中原解放区。

（2）全面内战爆发后，中国共产党清醒地估计了国内外形势，明确而坚定地指出我们不但必须打败蒋介石，而且能够打败他。

第一，必须打败蒋介石，因为蒋介石发动的战争，是一个在美帝国主义指挥之下的反对中国民族独立和中国人民解放的反革命的战争。不用革命战争反对反革命战争，中国就将变成黑暗世界，我们民族的前途就会被断送。

第二，能够打败蒋介石，因为蒋介石军事力量的优势和美国的援助，只是临时起作用的因素；而蒋介石发动的战争是反人民性质的，人心的向背，则是经常起作用的因素，人民解放军的战争所具有的爱国的正义的革命的性质，必然要获得全国人民的拥护。这就是战胜蒋介石的政治基础。

（3）毛泽东提出的著名论断是"一切反动派都是纸老虎"，并预言人民解放军的"小米加步枪"一定能战胜国民党军队的"飞机加坦克"。

五　全国解放战争的胜利发展

（1）1947年6月，晋冀鲁豫野战军千里跃进大别山，揭开了人民解放战争战略进攻的序幕。

（2）1947年10月10日，中国人民解放军总部发布的《中国人民解放军宣言》，正式提出的行动口号是"打倒蒋介石，解放全中国"。

（3）1947年12月，中共中央在陕北米脂县杨家沟召开会议，毛泽东做了《目前形势和我们的任务》的报告，提出了新民主主义革命的三大经济纲领。

（4）新民主主义革命的三大经济纲领内容是：没收封建阶级的土地归农民所有；没收蒋介石、宋子文、孔祥熙、陈立夫为首的垄断资本归新民主主义的国家所有；保护民族工商业。

（5）1948年4月，毛泽东完整地提出新民主主义革命的总路线的著作是《在晋绥干部会议上的讲话》。

（6）新民主主义革命阶段的总路线和总政策是，无产阶级领导的，人民大众的，反对帝国主义、封建主义和官僚资本主义的新民主主义革命的总路线。

六 土地改革与农民的广泛发动

（1）1946年5月4日，中共中央决定将党在抗日战争时期实行的减租减息政策改为实现"耕者有其田"政策的文件是《关于清算、减租及土地问题的指示》（史称"五四指示"）。

（2）1947年7月至9月，中国共产党在河北省平山县西柏坡村召开全国土地工作会议，制定和通过了《中国土地法大纲》，明确规定"废除封建性及半封建性剥削的土地制度，实现耕者有其田的土地制度"。

（3）毛泽东在晋绥干部会议上的讲话，系统阐明中国共产党的土地改革总路线，即依靠贫农，团结中农，有步骤地、有分别地消灭封建剥削制度，发展农业生产。

七 国民党统治的政治经济危机

（1）随着人民解放战争的发展，国民党统治区的政治经济危机日益加深，主要原因有：

第一，抗战胜利后，国民党把接收变成"劫收"，大发"胜利财"，使更多民众的期望破灭。

第二，国民党统治集团执行反人民的内战政策，从多方面加剧对广大人民的疯狂掠夺，将全国各阶层人民置于饥饿和死亡线上。迫使全国各阶层人民团结起来，同蒋介石反动政府进行你死我活的斗争，除此以外，再无出路。

（2）1947年5月，在国统区爆发的大规模的爱国学生运动是"五二〇"运动。

（3）1947年2月，台湾地区人民为反抗国民党当局暴政而举行的起义是"二二八起义"。

八 中国共产党与各民主党派的团结合作

（1）中国民主党派有8个，他们是中国共产党领导的爱国统一战线的重要组成部分。

（2）中国各民主党派形成时的社会基础，主要是民族资产阶级、城市小资产阶级，以及同这些阶级相联系的知识分子和其他爱国分子。

（3）中国各民主党派的性质是阶级联盟性质的政党，因为它们所联系和代表的不是单一阶级，而是这些阶级、阶层的人们，在反帝爱国和争取民主共同要求基础上的联合。

（4）全国解放战争时期，各民主党派与中国共产党的团结合作主要体现在以下四个方面：

第一，在国共重庆谈判和召开政协会议时，各民主党派作为"第三方面"，同共产党一起，反对国民党的内战、独裁政策，为和平民主而共同努力。

第二，全面内战爆发后，民主党派中的大多数人同共产党保持一致，拒绝参加国民党一手包办的伪"国民大会"，反对国民党炮制的伪"宪法"。

第三，各民主党派的许多成员积极参加和支持中国共产党领导的爱国民主运动，有的并为此流血牺牲。

第四，1948年年初，在人民解放战争转入战略反攻阶段，各民主党派公开发表宣言，站在人民革命一边，同共产党一道为推翻国民党的反动统治和建立新中国而共同奋斗。

九　中国共产党领导的多党合作、政治协商格局的形成

（1）1948年4月30日，中共中央发出纪念五一国际劳动节的口号，号召"各民主党派、各人民团体、各社会贤达迅速召开政治协商会议，讨论并实现召集人民代表大会，成立民主联合政府"。

（2）各民主党派和社会各界热烈响应中共中央五一国际劳动节口号，相继接受中共中央邀请，陆续进入东北、华北解放区。

（3）1949年1月22日，李济深、沈钧儒等民主党派领导人和著名的无党派民主人士55人联合发表《对时局的意见》。这个政治声明表明，中国各民主党派和无党派民主人士自愿地接受了中国共产党的领导，决心走人民革命的道路，拥护建立人民民主的新中国。

十　历史性的战略决战

（1）1948年秋，人民解放战争进入夺取全国胜利的决定性阶段。中国人民解放军先后发动了决定中国命运的三大战役，即辽沈战役、淮海战役、平津战役。

（2）1948年9月的辽沈战役是中国人民解放军发起战略决战的第一个战役。

十一　南京国民政权的覆灭

（1）1948年12月30日，毛泽东在新年贺词《将革命进行到底》一文中指出，必须将革命进行到底，用革命的方法，坚决彻底干净全部地消灭一切反动势力，在全国范围内推翻国民党的反动统治，建立无产阶级领导的以工农联盟为主体的人民民主专政的共和国。

（2）1949年4月1日，国共双方代表以中共所提八项条件为基础在北平进行谈判。

（3）1949年4月20日，国民党政府拒绝在中共提出的《国内和平协定》上签字，

和谈破裂。

（4）1949年4月21日，毛泽东、朱德发布《向全国进军的命令》，中国人民解放军发起渡江战役。

（5）1949年4月23日，人民解放军占领南京，宣告延续了22年之久的国民党反动统治的覆灭。

十二 中共七届二中全会的主要内容

（1）1949年3月，中国共产党在河北省平山县西柏坡村召开的重要会议是中共七届二中全会。

（2）此次会议的内容主要包含三个方面：

第一，规定了党在全国胜利后在政治、经济、外交方面应当采取的基本政策。

第二，指出了中国由农业国转变为工业国、由新民主主义社会转变为社会主义社会的发展方向。

第三，在中国共产党自身建设上，提出了"两个务必"的要求，即"务必使同志们继续地保持谦虚、谨慎、不骄、不躁的作风，务必使同志们继续地保持艰苦奋斗的作风"。

十三 《论人民民主专政》与中国共产党的建国主张

（1）1949年6月30日，毛泽东发表《论人民民主专政》一文，系统阐明中国共产党关于建立人民民主专政的新中国的主张。

（2）人民民主专政的新中国的基本内容是：

第一，人民民主专政的基础是工人阶级、农民阶级和城市小资产阶级的联盟。

第二，工人阶级和农民阶级的联盟是主要的联盟，由新民主主义到社会主义，主要依靠这两个阶级的联盟。

第三，为建立新中国，必须利用一切于国计民生有利而不是有害的城乡资本主义因素，团结民族资产阶级。但是民族资产阶级不能充当革命的领导者，也不应当在国家政权中占主要的地位。

第四，人民民主专政，即工人阶级领导的以工农联盟为基础的人民民主专政。

十四 中国人民政治协商会议及其《共同纲领》的主要内容

（1）1949年9月21日，中国人民政治协商会议第一届全体会议在北平中南海怀仁堂开幕。

（2）此次会议一致同意以新民主主义，即人民民主主义为中华人民共和国的政治基础。

（3）此次会议通过《中国人民政治协商会议共同纲领》（简称《共同纲领》）。

（4）《共同纲领》的主要内容包括四个方面：

第一，关于新中国的国体和政体，这是《共同纲领》最基本、最核心的内容。

第二，关于新中国的基本的民族政策，提出各少数民族聚居的地区，应实行民族区域自治。

第三，关于新中国的经济工作方针。这主要包括两个方面：

一是以公私兼顾、劳资两利、城乡互助、内外交流的政策，达到发展生产、繁荣经济的目的。

二是使各种社会经济成分在国营经济领导下，分工合作，各得其所，以促进整个社会经济的发展。

第四，关于新中国的外交原则。

(5)《共同纲领》在当时的情况下，起着临时宪法的作用。

十五　中国革命胜利的主要原因和基本经验

(1) 中国革命胜利的主要原因有三个方面：

第一，有了中国工人阶级的先锋队——中国共产党的领导。

第二，获得了广大人民群众和各界人士的大力支持，其中工人、农民、城市小资产阶级群众是民主革命的主要力量。

第三，同国际无产阶级和人民群众的支持也是分不开的。

(2) 中国革命胜利的基本经验主要体现在三个方面：

第一，建立广泛的统一战线，是坚持和发展革命的政治基础。统一战线中存在着两个联盟：第一个是劳动者联盟，第二个是劳动者与非劳动者的联盟。必须坚决依靠第一个联盟，争取建立和扩大第二个联盟。

第二，坚持革命的武装斗争。武装斗争是中国革命的主要形式。

第三，加强共产党的自身建设。中国共产党是掌握统一战线和武装斗争这个武器以实行对敌冲锋陷阵的英勇战士。

能力检测

一、单项选择题（在每小题列出的备选项中只有一项是最符合题目要求的，请将其选出）

1. 1945 年 8 月，中共中央在《对目前时局的宣言》中明确提出的口号是（　　）。

　　A. 和平、民主、团结　　　　　　　B. 向北发展，向南防御

　　C. 打倒蒋介石，解放全中国　　　　D. 打过长江去，解放全中国

2. 1945 年 8 月至 10 月，国共双方举行的谈判是（　　）。

　　A. 西安谈判　　B. 重庆谈判　　C. 南京谈判　　D. 北平谈判

3. 1946 年 1 月 10 日，国共双方下达停战令。同日，政治协商会议开幕，其地点在

（　　）。

  A．北平　　　　B．天津　　　　C．南京　　　　D．重庆

 4．1946年2月，国民党特务破坏"庆祝政协成功大会"所制造的惨案是（　　）。

  A．五卅惨案　　B．确山惨案　　C．校场口惨案　　D．下关惨案

 5．1946年6月，国民党当局制造的镇压上海人民团体联合会请愿团的惨案是（　　）。

  A．二七惨案　　B．校场口惨案　　C．下关惨案　　D．确山惨案

 6．1946年6月国民党军队挑起全面内战的起点是（　　）。

  A．大举围攻中原解放区　　　　B．大举围攻东北解放区

  C．重点进攻陕甘宁边区　　　　D．重点进攻山东解放区

 7．提出"一切反动派都是纸老虎"著名论断的是（　　）。

  A．毛泽东　　B．周恩来　　C．邓小平　　D．刘少奇

 8．1947年6月，晋冀鲁豫野战军千里跃进大别山，揭开了人民解放战争（　　）。

  A．战略防御的序幕　　　　B．战略转移的序幕

  C．战略进攻的序幕　　　　D．战略决战的序幕

 9．1947年10月中共发布的《中国人民解放军总部宣言》正式提出的行动口号是（　　）。

  A．和平、民主、团结　　　　B．向北发展，向南防御

  C．打倒蒋介石，解放全中国　　D．打过长江去，解放全中国

 10．1947年12月，毛泽东提出新民主主义革命的三大经济纲领的报告是（　　）。

  A．《新民主主义论》　　　　B．《目前形势和我们的任务》

  C．《在晋绥干部会议上的讲话》　　D．《将革命进行到底》

 11．1948年4月，毛泽东完整提出新民主主义革命总路线的著作是（　　）。

  A．《新民主主义论》　　　　B．《目前形势和我们的任务》

  C．《在晋绥干部会议上的讲话》　　D．《将革命进行到底》

 12．1946年，中共中央决定将减租减息政策改为实现"耕者有其田"政策的文件是（　　）。

  A．《井冈山土地法》　　　　B．《兴国土地法》

  C．《关于清算、减租及土地问题的指示》　D．《中国土地法大纲》

 13．1947年7月至9月，中国共产党在河北省平山县召开全国土地会议，制定和通过的文件是（　　）。

  A．《井冈山土地法》　　　　B．《兴国土地法》

  C．《关于清算、减租及土地问题的指示》　D．《中国土地法大纲》

 14．1947年在国统区爆发的大规模的爱国学生运动是（　　）。

  A．一二·九运动　　　　B．一二·一运动

C. 一二三〇运动　　　　　　　　D. 五二〇运动

15. 1947年，台湾省人民举行的反对国民党反动统治的大规模斗争是（　　）。
   A. 黑旗军起义　　　　　　　　B. 一二·一运动
   C. 二二八起义　　　　　　　　D. 一二三〇运动

16. 1947年10月，被国民党当局宣布为"非法团体"并勒令取缔的民主党派是（　　）。
   A. 中国农工民主党　　　　　　B. 中国民主同盟
   C. 中国民主促进会　　　　　　D. 中国国民党革命委员会

17. 1948年9月中国人民解放军发起战略决战的第一个战役是（　　）。
   A. 辽沈战役　　B. 淮海战役　　C. 平津战役　　D. 渡江战役

18. 1949年3月中国共产党在河北省平山县西柏坡召开的会议是（　　）。
   A. 中共六大　　　　　　　　　B. 中共六届六中全会
   C. 中共七大　　　　　　　　　D. 中共七届二中全会

19. 1949年3月，毛泽东在中共七届二中全会上明确提出了（　　）。
   A. "和平、民主、团结"的方针　　B. "成立民主联合政府"的主张
   C. "打倒蒋介石，解放全中国"的口号　　D. "两个务必"的要求

20. 1949年4月21日，毛泽东、朱德发布《向全国进军的命令》，中国人民解放军发起（　　）。
   A. 渡江战役　　B. 济南战役　　C. 平津战役　　D. 淮海战役

21. 标志着国民党政权在大陆统治覆灭的重大事件是（　　）。
   A. 1949年南京解放　　　　　　B. 1949年北平解放
   C. 1949年上海解放　　　　　　D. 1949年中共开国大典

二、简答题

1. 简述抗日战争胜利后中国国内的三种建国方案。
2. 简述民族资产阶级的建国方案在中国行不通的原因。
3. 简述新民主主义革命的总路线和三大经济纲领。
4. 简述中国各民主党派形成时的社会基础及其性质。
5. 简述中共七届二中全会的主要内容。
6. 简述《中国人民政治协商会议共同纲领》规定的新中国的经济工作方针。
7. 简述中国革命统一战线中的两个联盟及其关系。

三、论述题

1. 试述全面内战爆发后，必须打败蒋介石，又能够打败蒋介石的原因。
2. 试述全国解放战争时期，各民主党派与中国共产党团结合作的主要表现。
3. 试述中国新民主主义革命取得胜利的主要原因。
4. 试述中国新民主主义革命胜利的基本经验。

第八章 社会主义基本制度的全面确立

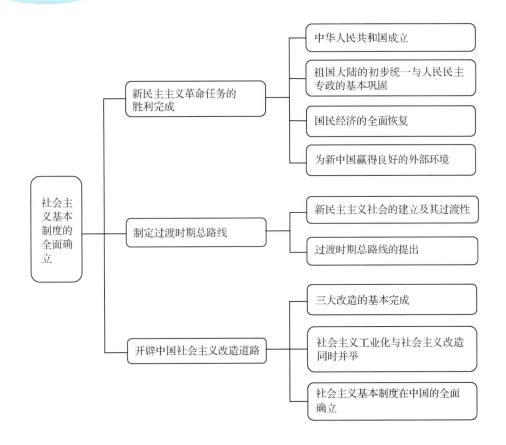

内容精要

第一节 新民主主义革命任务的胜利完成

一 中华人民共和国的成立

(一)中国历史的新纪元

1949年10月1日,中华人民共和国成立,中国历史由此开辟了一个新纪元。

1. 帝国主义列强压迫中国、奴役中国人民的历史从此结束

中华民族一洗近百年来蒙受的屈辱,开始以崭新的姿态自立于世界民族之林。占人类总数四分之一的中国人从此站立起来了。

2. 本国封建主义、官僚资本主义统治的历史从此结束

长期以来受尽压迫和欺凌的广大中国人民在政治上翻了身,第一次成为新社会、新国家的主人。一个真正属于人民的共和国建立起来了。

3. 军阀割据、战乱频仍、匪患不断的历史从此结束

国家基本统一,民族团结,社会政治局面趋向稳定,各族人民开始过上安居乐业的生活。

4. 从根本上改变了中国社会的发展方向

为实现由新民主主义向社会主义的过渡,并在社会主义道路上实现中华民族的伟大复兴,创造了政治前提。

5. 中国共产党成为全国范围内的执政党

它可以运用国家政权凝聚和调集全国力量,巩固民族独立和人民解放的成果,解放并发展社会生产力,以造福于各族人民,造福于整个中华民族。

总之,中华人民共和国的成立,标志着中国的新民主主义革命取得了基本的胜利,标志着半殖民地半封建社会的结束和新民主主义社会在全国范围内的建立。这是马克思主义同中国实际相结合的伟大胜利。近代以来中国面临的第一项历史任务,即求得民族独立和人民解放的任务基本上完成了。这就为实现第二项历史任务,即实现国家的繁荣富强和人民的共同富裕,创造了前提,开辟了道路。

(二)执政面临的严峻考验

1. 能不能保卫住人民胜利的成果,巩固新生的人民政权

第一,解放全中国的任务还没有完成。

第二,国民党从大陆撤退时遗留下的100余万军队、200多万政治土匪及60多万特务分子还有待肃清。

第三，在广大城乡，反动会道门和传统黑恶势力还危害着人民的生命财产安全。

第四，在广大的新解放区还没有进行封建土地制度的改革。

2. 能不能战胜严重的经济困难，迅速恢复和发展国民经济

第一，当时中国的经济不仅远远落后于欧美发达国家和亚洲许多国家，就是与许多亚洲国家相比也有一定的差距。

第二，新中国从旧中国接收过来的是一副烂摊子。许多工厂倒闭，大批工人失业，通货膨胀，物价飞涨，人民生活遇到极大的困难。

3. 能不能巩固民族独立，维护国家主权和安全

以美国为首的西方资本主义阵营企图通过实行强硬的对华政策，即政治上孤立、经济上封锁、军事上威胁的政策，从根本上搞垮新中国。

4. 能不能经受住执政的考验

中国共产党成为全国范围内的执政党后，能不能继续保持谦虚、谨慎、不骄、不躁的作风和艰苦奋斗的作风。

二 祖国大陆的初步统一与人民民主专政的基本巩固

（一）解放全国大陆，建立人民政权

1. 解放全国大陆

第一，人民解放军在中央军委统一部署下，继续向西南、华南进军，继续完成解放全中国的任务。

第二，西藏和平解放。1951年5月，中央人民政府同西藏地方政府达成关于和平解放西藏办法的协议。10月，人民解放军进驻拉萨，西藏和平解放。至此，除台湾和少数海岛以外的全部中国领土得到解放，中国大陆实现统一。

第三，在新解放区，人民解放军进行大规模剿匪作战，彻底解决旧中国历史上遗留的匪患问题，社会秩序得到初步稳定。

2. 新解放区建立人民政权

第一，建立军事管制委员会。各新解放区建立的军事管制委员会，是过渡性的临时政权。其职能是接管旧政权机关，镇压反革命的破坏活动，维护社会秩序，恢复和发展生产，帮助召集各界人民代表会议，选举地方人民政权。

第二，至1951年10月，全国各大行政区、省、直辖市、县，以至乡基层政权机构基本建立，各级行政机关有效运转。

第三，按照《共同纲领》的规定，在少数民族聚居地区实行民族区域自治，成立民族区域自治机关。

（二）开展土地改革及其他民主改革

1. 新解放区土地改革运动

1950年6月，中央人民政府颁布《中华人民共和国土地改革法》，新解放区农村掀起了土地改革运动。

从1950年冬到1953年春，除一些少数民族地区外，土地改革在全国范围内基本完成。这彻底摧毁了封建制度的经济基础，消灭了封建土地所有制，使中国农民得到了解放，极大地解放了农业生产力。这是中国人民反封建斗争的重大胜利。

2. 镇压反革命运动

1950年7月，中央人民政府和最高人民法院发出《关于镇压反革命活动的指示》。镇反运动贯彻"镇压与宽大相结合"的政策，历时3年，肃清了历代政府都不曾解决的匪患及地方性黑社会组织，镇压了一大批匪首和反革命首要分子，实现了我国历史上从未有过的社会安定，有力支持和配合了抗美援朝战争和各项民主改革与建设的进行。

3. 建立职工代表会议制度

在没收的官僚资本企业中，清除封建把头，废除压迫工人的规章制度，建立职工代表会议制度和吸收工人参加的工厂管理委员会，工人阶级成为企业的主人。

按照《共同纲领》规定的"公私兼顾、劳资两利"原则，对私营工商业的生产关系、劳资关系和产销关系，进行全面调整。

4. 婚姻制度改革

为了解放广大妇女和形成新的社会风尚，人民政府于1950年5月颁布《中华人民共和国婚姻法》，通过废除包办婚姻、男尊女卑的封建婚姻制度，实行婚姻自由、一夫一妻、男女权利平等的新民主主义婚姻制度。

5. 制定新中国文化教育方针

按照《共同纲领》的发展新民主主义文化的目标，在党领导下开展了对旧教育制度和电影、戏剧等文化事业的改革，确定了思想宣传工作的方针和任务，制定了新中国文化教育的方针。

1951年，在全国开展了一场知识分子思想改造运动，使知识分子开始树立为人民服务的理念，为新中国建设事业做出积极贡献。

三 国民经济的全面恢复

（一）没收官僚资本，建立社会主义性质的国营经济

新中国的社会主义国营经济主要是通过没收官僚资本建立起来的。没收官僚资本，对于新中国国民经济的发展具有举足轻重的作用。

第一，削弱了资本主义经济力量，壮大了社会主义的国营经济。

第二，没收官僚资本归工人阶级领导的人民共和国所有，就使人民共和国掌握了国

家的经济命脉。

(二) 争取国家财政经济状况的基本好转

1. 建立稳定的经济秩序与社会秩序

第一,打击少数金融投机商活动,控制金融市场。

第二,调集全国主要物资,实行集中抛售,与囤积居奇的不法商人进行周旋,促使物价稳定下来。

第三,1949年7月,成立以陈云为主任的中央财经委员会,集中统一领导金融工作。

第四,1950年3月,政务院颁布《关于统一全国财政经济工作的决定》,对全国财政收支、贸易和物资调度及现金实行集中和统一的管理。

第五,1951年11月,印有少数民族文字的人民币发行范围扩大到所有解放区,标志着新中国统一货币的形成。

2. 中共七届三中全会与《为争取国家财政经济状况的基本好转而斗争》的报告

1950年6月,中共七届三中全会召开。毛泽东做了《为争取国家财政经济状况的基本好转而斗争》的报告。

第一,要获得国家财政经济状况的根本好转,要有三年左右的时间,创造三个条件,即土地改革的完成,现有工商业的调整,国家机构所需经费的大量节减。

第二,针对一些地区在处理阶级关系方面出现的打击面过宽的"左"的倾向,毛泽东强调,必须处理好同民族资产阶级、各民主党派、知识分子和少数民族之间的关系,以便孤立和打击当前的主要敌人,而不要四面出击,树敌太多,造成全国紧张的不利局面。

(三) 开展"三反""五反"运动,合理调整工商业

1. "三反"运动

1951年年底到1952年,中国共产党在党政机关工作人员中开展了反贪污、反浪费、反官僚主义的"三反"运动,处决了犯有严重贪污罪行的刘青山、张子善,处理了一批党政干部。

这次运动教育了干部的大多数,挽救了犯错误的同志,清除了党和国家干部队伍中的腐化分子,有力抵制了旧社会恶习和资产阶级的腐蚀,对于在执政的条件下保持共产党人的革命精神,促进中国共产党和人民政府的廉政建设,起到了重要作用。

2. "五反"运动

1952年1月,中共中央决定开展反行贿、反偷税漏税、反盗窃国家财产、反偷工减料、反盗窃经济情报的"五反"运动。要求依靠工人阶级、团结守法的资本家及其他市民,揭露违法资本家的"五毒"行为。

"五反"运动历时半年,打击了不法资本家严重的"五毒"行为,在工商业中普遍进行了一次守法经营的教育,推动了在私营企业中建立工人监督和实行民主改革。

3. 合理调整工商业

"五反"运动后,中共中央和人民政府针对新出现的公私关系和劳资关系的紧张、市场萧条的情况,进一步采取措施在新的基础上调整关系,扩大加工订货和收购包销,保证合理利润,使私营工商业继续有所发展。

(四)国民经济的全面恢复

1. 国民经济全面恢复和初步发展

经过三年努力,到1952年年底,国民经济得到全面恢复和初步发展。

第一,当年工农业总产值和工农业主要产品的年产量都超过国民党统治时期的最高水平。

第二,国家财政收支平衡,职工、农民收入增加。

第三,国民经济结构发生深刻变化,新民主主义社会的五种经济成分都得到发展,国营经济的发展更为迅速。

2. 国民经济全面恢复的原因

第一,紧紧抓住恢复和发展生产作为一切工作的中心,正确处理恢复国民经济同其他各项工作的关系。

第二,从当时国情出发,对国家财经实行集中和统一的管理,制定"不要四面出击"等正确方针政策,妥善处理公私关系、劳资关系等各种社会关系。

第三,中国共产党加强自身建设,保持和发扬党的优良传统和作风,及时有力地抵制了资产阶级的腐蚀。

四 为新中国赢得良好的外部环境

(一)独立自主和平外交的初步开展

1. 改变旧中国"跪倒在地上办外交"的局面

废除了帝国主义利用不平等条约获取的在中国的一切特权,收回了长期被帝国主义控制的海关,实行对外贸易的管制和对外汇的管理,维护了国家的独立、主权和经济利益,从根本上改变了旧中国"跪倒在地上办外交"的局面。

2. 确立外交方针

针对以美国为首的西方国家的封锁、遏制中国的外交环境,中国共产党提出了"另起炉灶""打扫干净屋子再请客""一边倒"的外交方针。

3. 积极开展外交工作

新中国成立后,中央人民政府按照《共同纲领》确定的外交原则和政策,积极开展外交工作,打开对外关系。至新中国成立时,一系列国家相继同中国建交。

4. 中苏结成友好同盟

第一,1949年10月2日,苏联第一个照会中国政府,决定同中华人民共和国建立外交关系。

第二，1949年12月，毛泽东访问苏联。

第三，1950年2月，中苏签订《中苏友好同盟互助条约》，中苏结成友好同盟，这是对新中国很重要的国际支持。

第四，中苏签订一系列协定，使新中国在收回旧政权丧失的国家利益的基础上，同苏联建立了平等互助的新型同盟关系，在国际社会树立起独立自主办外交的良好形象。

（二）抗美援朝，保家卫国

1. 朝鲜战争爆发

1950年6月，朝鲜战争爆发。美国宣布武装援助南朝鲜，同时命令其海军第七舰队开进台湾海峡，"阻止对台湾的任何进攻"，公然干涉中国内政，侵占中国的领土台湾；并将朝鲜战争的战火烧到中朝交界的鸭绿江边。

2. 中国政府做出抗美援朝、保家卫国的决策

中国政府做出抗美援朝的决策。彭德怀被任命为中国人民志愿军司令员兼政治委员。1950年10月，志愿军赴朝作战。美国侵略军被打回三八线附近。中朝两国人民及其军队经过近三年的艰苦作战及谈判斗争，终于在1953年7月27日迫使美国代表在停战协定上签字。

3. 抗美援朝战争胜利的意义

第一，打破了美国军队不可战胜的神话，雄辩地证明，西方侵略者几百年来只要在东方一个海岸上架起几尊大炮就可霸占一个国家的时代一去不复返了。

第二，极大激发了全国人民的爱国主义和国际主义精神，成为恢复和发展国民经济、推动各项社会改革的巨大动力。

第三，使全世界对新中国刮目相看，新中国的国际威望空前提高，为新中国的经济和社会改革赢得了一个相对稳定的和平环境。

第二节　制定过渡时期总路线

一　新民主主义社会的建立及其过渡性

（一）新民主主义社会的建立

1. 中国共产党领导的革命的两个阶段

第一，新民主主义革命。革命的目的是建立以中国无产阶级为首领的中国各个革命阶级联合专政的新民主主义社会。

第二，社会主义革命。目的是建立中国社会主义的社会。

2. 中国新民主主义社会的两个发展阶段

第一，新中国成立前，新民主主义社会在局部建立。新中国成立前，新民主主义社会在各个解放区局部建立起来，这就是当时的各个解放区。在这里，半殖民地半封建的社会制度被废除，但民主革命的任务尚未完成，所以还不具备向社会主义过渡的条件。

第二，新中国成立，标志着新民主主义革命阶段的基本结束和社会主义革命阶段的开始，新民主主义社会就进入向社会主义的过渡时期。

（二）新民主主义社会的特点和性质

1. 新民主主义社会的经济特点

1949 年 3 月，中共七届二中全会决议指出，全国胜利并解决了土地问题以后，中国社会经济存在着五种成分，即社会主义性质的国营经济、半社会主义性质的合作社经济、农民和手工业者的个体经济、私人资本主义经济和国家资本主义经济。

半社会主义性质的合作社经济是个体经济向社会主义集体经济过渡的形式，国家资本主义经济是私人资本主义经济向国营经济过渡的形式，所以，其中主要的经济成分是三种：社会主义经济、个体经济和私人资本主义经济。

新民主主义社会在经济上的特点，就是既具有社会主义因素，又有资本主义因素。

2. 新民主主义社会中三种基本阶级力量之间的矛盾

三种主要经济成分对应三种基本的阶级力量，即工人阶级、农民阶级、其他小资产阶级，这集中地表现为无产阶级与资产阶级、社会主义与资本主义的矛盾。

此时中国还存在着两种基本的矛盾：国际上是新中国同帝国主义的矛盾，国内是工人阶级和资产阶级的矛盾。

3. 新民主主义社会的性质

新民主主义社会不是一个凝固不变的、独立的社会形态。它本身具有过渡性，处在深刻的变动之中，每天都在产生社会主义因素。

二 过渡时期总路线的提出

（一）开始采取向社会主义过渡的实际步骤

新中国成立后的最初三年，即 1949 年至 1952 年期间，在着重完成民主革命的遗留任务的同时，社会主义革命的任务实际上也开始实行了。这主要表现在以下三个方面：

第一，没收官僚资本，确立社会主义性质的国营经济的领导地位。

第二，开始将资本主义纳入国家资本主义轨道。新中国在利用资本主义工商业的过程中，已经开始对它进行适当的限制，并把其中的大部分引上了初级形式的国家资本主义的道路。

第三，引导个体农民在土地改革后逐步走上互助合作的道路。

（二）提出实现国家社会主义工业化的任务

1. 实现国家工业化任务的提出

1949 年，中华人民共和国的成立，标志着近代以来争取民族独立和人民解放的第一项历史任务完成。国家富强、人民幸福的第二项任务提上日程。

第二项任务的完成必须要发展经济，而进行经济建设就首先要把一个落后的农业国变为一个先进的工业国，实现国家的工业化。

2. 选择社会主义工业化道路

第一，两条主要工业道路。从世界历史上看，实现国家的工业化主要有两条道路，一条是资本主义工业化的道路，这是欧洲许多国家、美国和日本走过的，而且走通了；一条是社会主义工业化的道路，这是苏联走过的，而且也走通了。

第二，中国必须走社会主义道路。一是苏联通过社会主义的工业化道路，从比较落后的国家发展成了欧洲的第一强国、世界上最强大的两个国家之一。二是由于社会主义制度具有集中力量办大事、促进社会生产力迅速发展的优越性，对于中国这样一个经济文化落后的国家来说，通过社会主义道路实现国家工业化，这是最好的选择。三是近代以来的历史表明，资本主义工业化的道路在中国是走不通的。在帝国主义时代，中国通过走资本主义道路以实现现代化的可能性已经失去。为了实现国家的工业化，中国必须走社会主义的道路。

（三）过渡时期总路线反映了历史的必然

1. 过渡时期总路线的内容

中共中央在 1952 年年底开始酝酿并于 1953 年正式提出党在过渡时期的总路线，明确规定："党在这个过渡时期的总路线和总任务，是要在一个相当长的时期内，逐步实现国家的社会主义工业化，并逐步实现国家对农业、对手工业和对资本主义工商业的社会主义改造。"

2. 过渡时期总路线的特点

这是一条"一化三改""一体两翼"的总路线，即社会主义建设同社会主义改造同时并举的总路线，体现了发展生产力和变革生产关系的有机统一。

3. 过渡时期总路线的历史必然性

第一，社会主义性质的国营经济力量相对来说比较强大，它是实现国家工业化的主要基础。

第二，资本主义经济力量弱小，发展困难，不可能成为中国工业起飞的基础。

第三，对个体农业进行社会主义改造，是保证工业发展、实现国家工业化的一个必要条件。

第四，当时的国际环境也促使中国选择社会主义。新中国成立以后，长期受到美国等西方资本主义国家经济上、外交上和军事上的严密封锁与遏制，只有社会主义的苏联能够援助中国。

第三节 开辟中国社会主义改造道路

一 对农业、手工业和资本主义工商业的社会主义改造的基本完成

（一）对农业、手工业的社会主义改造

1. 农民走互助合作道路的提出

1951年12月，中共中央下发了《关于农业生产互助合作的决议（草案）》。要求按照自愿和互利的原则，发展农民劳动互助的积极性。

2. 引导农民走向社会主义的几种过渡性经济组织形式

1953年12月，中共中央通过《关于发展农业生产合作社的决议》，总结互助合作运动的经验，概括提出引导农民走向社会主义的几种过渡性经济组织形式。

第一是互助组，这具有社会主义的萌芽。

第二是初级农业生产合作社。在土地及牲畜、大农具私有的基础上土地入股、统一经营，有较多的公共财产，实行土地分红和按劳分配相结合的原则。这具有半社会主义的性质。

第三是高级农业生产合作社。将土地及其他主要生产资料归集体所有，统一经营、集体劳动，实行各尽所能、按劳分配的原则。这具有社会主义的性质。

采取这种逐步过渡的办法，是中国农业合作化运动中的一项重要的创造。

3. 开创有中国特点的农业合作化道路

第一，在中国的条件下，可以走先合作化、后机械化的道路。在土地改革基本完成后，及时将"组织起来"作为农村工作的一件大事来抓。

第二，充分利用和发挥土改后农民的两种生产积极性，通过互助组、初级农业生产合作社、高级农业生产合作社这种由低到高的互助合作的组织形式，实行积极发展、稳步前进、逐步过渡的方针。

第三，农业互助合作的发展，要坚持自愿和互利的原则，采取典型示范、逐步推广的方法，发展一批，巩固一批。

第四，要始终把是否增产作为衡量合作社是否办好的标准。

第五，要把社会改造同技术改造相结合。在实现农业合作化以后，国家应努力用先进的技术和装备发展农业经济。

4. 农业合作化的基本完成

第一，农业合作化基本完成。1955年夏季以后，农业合作化运动加速发展，出现了

农业合作化高潮。到1956年年底,农业合作化基本完成。

第二,农业合作化的重要影响。在农业合作化运动期间,从1953年到1956年,农业生产力不断发展,全国农业总产值平均每年递增4.8%。农民安居乐业,生产有所发展,生活有所改善。中国农村在发展稳定的气氛中完成了从几千年的分散个体劳动向集体所有、集体经营的历史性转变。这是中国历史上一次伟大的社会变革、社会进步。

第三,农业合作化运动后期的不足。对个体农业的社会主义改造,在1955年夏季以后,要求过急,工作过粗,改变过快,形式也过于简单划一,以致在较长期间遗留了一些问题。尽管如此,农业合作化在总体上是成功的。

5. 对手工业的社会主义改造

第一,手工业合作化的组织形式。由手工业生产合作小组、手工业供销合作社到手工业生产合作社。

第二,手工业合作化步骤。从供销入手,由小到大,由低到高,逐步实行社会主义改造和生产改造。

农业合作化的迅猛发展,也极大地加快了手工业合作化的步伐。到1956年年底,参加合作社的手工业人员已占全体手工业人员的91.7%。手工业的合作化也基本完成了。

(二) 对资本主义工商业的社会主义改造

1. 国家资本主义形式

1953年9月,毛泽东明确指出:国家资本主义是改造资本主义工商业和逐步完成社会主义过渡的必经之路。

对资本主义工商业进行社会主义改造,就是实行赎买政策,采取国家资本主义的形式,把民族资本主义工商业改造成为社会主义性质的企业。采取这种政策,既可以在一定时期内利用资本主义工商业的积极作用(如增加产品供应、扩大商品流通、维持工人就业、为国家提供税收等),又有利于争取民族资产阶级及其知识分子,并减少他们接受社会主义改造的阻力。

2. 国家资本主义的初级形式和高级形式

第一,国家资本主义经济的性质。国家资本主义经济是在人民政府管理之下的,用各种形式和国营社会主义经济联系着的,并受工人监督的资本主义经济。

第二,国家资本主义的初级形式。仍由资本家经营,它同国营社会主义经济通过订立合同等办法,在企业外部建立这样那样的联系。其形式,在工业中有收购、加工、订货、统购、包销;在商业中有经销、代销、代购代销、公私联营等。

第三,国家资本主义的高级形式。高级形式的国家资本主义就是公私合营,分为个别企业的公私合营和全行业的公私合营。实行公私合营以后,原来的资本主义企业同社会主义经济的联系已经不仅限于流通领域,而是深入企业内部,深入生产领域。社会主义经济在企业中已经具有决定意义的作用了。

3. 国家资本主义的企业利润分配

第一,"四马分肥"。个别企业的公私合营中,公方代表已经居于领导地位。企业利润采取"四马分肥"的办法,即分为国家所得税、企业公积金、工人福利费、股金红利四个部分。企业收益大部分归国家和工人所有,资本家所得不足1/4。这种企业已经具有不同程度的社会主义性质。

第二,定股定息。全行业公私合营企业中,国家对资本家原有的生产资料进行清理估价,以核实私股股额;在合营期间,每年发给资本家5%的股息,这就叫定股定息。全行业公私合营以后,这些企业基本上已经是社会主义性质的经济,除资本家领取定息外,同国营企业已经没有原则上的区别。

4. 国家对资本主义工商业的和平赎买政策的特点

第一,有偿地而不是无偿地,逐步地而不是突然地改变资产阶级的所有制。

第二,在改造他们的同时,给予他们以必要的工作安排。

第三,不剥夺资产阶级的选举权,并且对于他们中间积极拥护社会主义改造,同时在这个改造事业中有所贡献的代表人物给以恰当的政治安排。

5. 国家对资本主义工商业改造的影响

对资本主义工商业的改造,也有急于求成的缺点,但从根本上来说,对资本主义工商业的社会主义改造符合客观需要,是一件有伟大历史意义的事情。

第一,将马克思、恩格斯的和平赎买政策设想结合中国实际付诸实践。

第二,在实行全行业公私合营的时候,国家为资本家安排了工作,许多人担负了一定的领导职务。这既有利于发挥他们在经营管理方面的特长,又可以为使他们成为自食其力的劳动者创造条件。

二 社会主义工业化与社会主义改造同时并举

(一) 有计划的社会主义工业化建设的开端

1. "一五"计划的提出

在提出有系统地进行社会主义改造的1953年,新中国即开始进行有计划的社会主义建设。实际上,编制发展国民经济的第一个五年计划的工作,在1951年就已着手进行。1955年7月召开的一届全国人大二次会议通过了这个计划。

2. "一五"计划的主要内容

第一,集中主要力量发展重工业,建立国家工业化和国防现代化的初步基础。

第二,相应地发展交通运输业、轻工业、农业和商业。

第三,相应地培养建设人才。

第四,保证在发展生产的基础上逐步提高人民的物质生活和文化生活的水平。

（二）为建立社会主义制度奠定物质基础

1. 着重建设了一大批基础性的重点工程

"一五"期间，在苏联的援助下，中国着重建设了一大批基础性的重点工程，为国家的工业化奠定了初步的坚实基础。

第一，鞍山、包头、武汉三大钢铁基地的建设取得重大进展。

第二，到1956年，中国在工业建设上接连实现了具有历史意义的许多项零的突破。如第一座生产载重汽车的长春第一汽车制造厂建成投产，第一座制造机床的沈阳机床厂建成投产，第一座大批量生产电子管的北京电子管厂建成投产，第一座制造飞机的沈阳飞机制造厂成功试制第一架喷气式飞机。

第三，1957年，武汉长江大桥通车，从此铁路贯通中国南北。青藏、康藏、新藏公路先后建成通车，沟通了西藏和内地的联系。

2. 大中型骨干企业为顺利过渡到社会主义社会奠定强大物质基础

"一五"期间建成的这些大中型工业骨干企业，都是国家统一规划、统一投资的国营企业。这些建设成就，极大地加强和壮大了国营经济的领导力量，为顺利过渡到社会主义社会奠定了强大的物质基础。

3. "一五"计划提前完成

在基本完成社会主义改造的1956年，第一个五年计划原定的主要指标，大多提前完成。至1957年年底，第一个五年计划的各项指标大多大幅度超额完成。

三 社会主义基本制度在中国的全面确立

（一）社会主义改造基本完成的意义

第一，随着社会主义改造的基本完成，中国继建立社会主义基本政治制度之后，社会主义的基本经济制度也建立起来了。这是中国进入社会主义社会的最主要的标志，社会主义基本制度在中国得到全面的确立。

第二，社会主义改造是在生产关系方面由私有制到公有制的一场伟大的变革，这就使社会生产力从旧的生产关系的束缚中解放出来，对生产力的发展直接起到了促进作用。

第三，通过社会主义改造，中国共产党创造性地完成了由新民主主义到社会主义的过渡，实现了中国历史上最伟大最深刻的社会变革，开始在社会主义道路上实现中华民族伟大复兴的历史征程。

（二）在社会主义条件下推进工业化、现代化

1. 社会主义革命的目的是为了解放生产力

第一，社会主义制度的全面确立，有利于解放生产力、发展生产力，更好地推进中国的工业化、现代化事业。

第二，社会主义制度的建立，为当代中国的一切发展进步奠定了根本政治前提和制

度基础。

2. 中国进入社会主义的特殊性

中国是在没有实现工业化的情况下进入社会主义的。

第一，当时中国有了先进的无产阶级的政党，有了初步的资本主义经济，加上国际条件，所以在一个很不发达的中国能搞社会主义。

第二，由于经济文化比较落后，中国的社会主义还只能是初级阶段的社会主义，或者说只能是社会主义的初级阶段。不经过生产力的巨大发展，是不可能越过这个阶段的。

要点荟萃

一 中华人民共和国的成立开辟了中国历史的新纪元

1949年10月1日，中华人民共和国成立，标志着半殖民地半封建社会的结束和新民主主义社会在全国范围内的建立，中国历史由此开辟了一个新纪元。这主要表现在以下五个方面：

（1）帝国主义列强压迫中国、奴役中国人民的历史从此结束，中华民族开始以崭新的姿态自立于世界民族之林。

（2）本国封建主义、官僚资本主义统治的历史从此结束，广大中国人民在政治上翻了身，第一次成为新社会、新国家的主人。

（3）军阀割据、战乱频仍、匪患不断的历史从此结束，各族人民开始过上安居乐业的生活。

（4）从根本上改变了中国社会的发展方向，为实现由新民主主义向社会主义的过渡，并在社会主义道路上实现中华民族的伟大复兴，创造了政治前提。

（5）中国共产党成为全国范围内的执政党，它可以运用国家政权凝聚和调集全国力量，巩固民族独立和人民解放的成果，解放并发展社会生产力，以造福于各族人民，造福于整个中华民族。

二 新中国成立初期中国共产党面临的主要问题和考验

新中国成立初期，中国共产党面临的问题和考验主要表现在四个方面：

（1）能不能保卫住人民胜利的成果，巩固新生的人民政权。

（2）能不能战胜严重的经济困难，迅速恢复和发展国民经济。

（3）能不能巩固民族独立，维护国家主权和安全。

（4）能不能经受住执政的考验，继续保持谦虚、谨慎、不骄、不躁的作风和艰苦奋斗的作风。

三　新中国成立初期的各项民主改革

（1）随着西藏和平解放，除台湾和少数海岛以外的全部中国领土得到解放，中国大陆实现统一。西藏和平解放的时间是 1951 年 10 月。

（2）1950 年 6 月，中央人民政府颁布《中华人民共和国土地改革法》，新解放区农村掀起了土地改革运动。

（3）为巩固新生政权，新中国开展了镇压反革命运动。

（4）在已经没收的官僚资本企业中，建立职工代表会议制度和吸收工人参加的工厂管理委员会，工人阶级成为企业的主人。

（5）按照《共同纲领》规定的"公私兼顾、劳资两利"原则，对私营工商业的生产关系、劳资关系和产销关系，进行全面调整。

（6）人民政府于 1950 年颁布《中华人民共和国婚姻法》，解放妇女和推动社会移风易俗的改革，形成新的社会风尚。

四　国民经济的全面恢复

（1）新中国成立初期，社会主义国营经济主要是通过没收官僚资本建立起来。

（2）1950 年 6 月，中共七届三中全会召开，毛泽东做了《为争取国家财政经济状况的基本好转而斗争》的报告，这个报告明确了当前党和国家的中心任务是争取国家财政经济状况的基本好转。

（3）该报告指出，争取国家财政经济状况基本好转的三个条件是：土地改革的完成，现有工商业的调整，国家机构所需经费的大量节减。

（4）针对不法资本家行贿党政干部情况的严重发展，1951 年年底到 1952 年春，中国共产党在党政机关工作人员中开展了"三反"运动：即反贪污、反浪费、反官僚主义。

（5）1952 年 1 月，中共中央决定开展"五反"运动：即反行贿、反偷税漏税、反盗窃国家财产、反偷工减料、反盗窃经济情报。

（6）经过三年努力，到 1952 年年底，国民经济得到全面恢复和初步发展。国民经济迅速恢复的原因主要有三点：

第一，紧紧抓住恢复和发展生产作为一切工作的中心，正确处理恢复国民经济同其他各项工作的关系。

第二，从当时国情出发，对国家财经实行集中和统一的管理，制定"不要四面出击"等正确方针政策，妥善处理公私关系、劳资关系等各种社会关系。

第三，中国共产党加强自身建设，保持和发扬党的优良传统和作风，及时有力地抵制了资产阶级的腐蚀。

五　为新中国赢得良好的外部环境

（1）新中国成立，中国共产党提出的外交方针是："另起炉灶""打扫干净屋子再请客""一边倒"。

（2）1949年10月2日，苏联第一个照会中国政府，决定同中华人民共和国建立外交关系。

（3）1950年2月，中苏签订《中苏友好同盟互助条约》，中苏结成友好同盟，这是对新中国很重要的国际支持。

（4）1952年10月，新中国成立后召开的第一次大型国际会议是亚洲太平洋地区和平会议。

（5）1950年6月，朝鲜战争爆发。1950年10月，志愿军赴朝作战，彭德怀被任命为中国人民志愿军司令员兼政治委员。中朝两国人民及其军队经过近三年的艰苦作战及谈判斗争，终于在1953年7月27日迫使美国代表在停战协定上签字。

（6）抗美援朝胜利的意义主要体现在三个方面：

第一，打破了美国军队不可战胜的神话，雄辩地证明，西方侵略者几百年来只要在东方一个海岸上架起几尊大炮就可霸占一个国家的时代一去不复返了。

第二，极大激发了全国人民的爱国主义和国际主义精神，成为恢复和发展国民经济、推动各项社会改革的巨大动力。

第三，使全世界对新中国刮目相看，新中国的国际威望空前提高，为新中国的经济和社会改革赢得了一个相对稳定的和平环境。

六　新民主主义社会

1. 新民主主义社会的建立

中国的新民主主义社会经历两个发展阶段：

第一个阶段是新中国成立以前，新民主主义社会在局部地区建立，这就是当时的各个解放区。这时的新民主主义社会还不具备向社会主义过渡的条件。

第二个阶段是1949年10月中华人民共和国成立，中国进入由新民主主义社会向社会主义社会的过渡时期。这时的新民主主义社会，就已经是一个属于社会主义体系的和逐步过渡到社会主义社会的过渡性质的社会。

2. 新民主主义社会的特点

新民主主义社会在经济上的特点，就是既具有社会主义因素，又有资本主义因素。

1949年3月，中共七届二中全会决议指出，全国胜利并解决了土地问题以后，中国社会经济存在着五种成分，即社会主义性质的国营经济、半社会主义性质的合作社经济、农民和手工业者的个体经济、私人资本主义经济和国家资本主义经济。

3. 新民主主义社会的性质

新民主主义社会不是一个凝固不变的、独立的社会形态。它本身具有过渡性，处在深刻的变动之中，每天都在产生社会主义因素。

七 过渡时期总路线

1. 新中国成立初期开始向社会主义过渡采取的实际步骤

（1）没收官僚资本，确立社会主义性质的国营经济的领导地位。

（2）开始将资本主义纳入国家资本主义轨道。

（3）引导个体农民在土地改革后逐步走上互助合作的道路。

2. 资本主义工业化与社会主义工业化道路的选择

（1）从世界历史上看，实现国家的工业化主要有两条道路。一条是资本主义工业化的道路，一条是社会主义工业化的道路。

（2）近代以来历史表明，资本主义工业化道路在中国走不通。社会主义制度具有集中力量办大事、促进社会生产力迅速发展的优越性，对于中国这样一个经济文化落后的国家来说，通过社会主义道路实现国家工业化，是最好的选择。

3. 过渡时期总路线的内容

（1）中共中央正式提出党在过渡时期的总路线的时间是1953年。

（2）过渡时期总路线的基本内容是：是要在一个相当长的时期内，逐步实现国家的社会主义工业化，并逐步实现国家对农业、对手工业和对资本主义工商业的社会主义改造。简称"一化三改""一体两翼"。

（3）过渡时期的总路线，即社会主义建设同社会主义改造同时并举的总路线，体现了发展生产力和变革生产关系的有机统一。

4. 过渡时期总路线反映了历史的必然

（1）社会主义性质的国营经济力量相对来说比较强大，它是实现国家工业化的主要基础。

（2）资本主义经济力量弱小，发展困难，不可能成为中国工业起飞的基础。

（3）对个体农业进行社会主义改造，是保证工业发展、实现国家工业化的一个必要条件。

（4）当时的西方资本主义国家对新中国的封锁和遏制，社会主义苏联援助中国的国际环境也促使中国选择社会主义。

八 对农业社会主义改造

（1）对农业社会主义改造采取的过渡性经济组织形式有三种：

第一是互助组，具有社会主义的萌芽性质。

第二是初级农业生产合作社，具有半社会主义的性质。

第三是高级农业生产合作社，具有社会主义性质。

（2）对农业社会主义改造的基本原则和方针：

第一，在中国的条件下，可以走先合作化、后机械化的道路。

第二，实行积极发展、稳步前进、逐步过渡的方针。

第三，坚持自愿和互利的原则，采取典型示范、逐步推广的方法，发展一批，巩固一批。

第四，要始终把是否增产作为衡量合作社是否办好的标准。

第五，要把社会改造同技术改造相结合。

（3）完成对农业社会主义改造的意义主要有两个方面：

第一，在农业合作化运动期间，农业生产力不断发展，农民安居乐业，生产有所发展，生活有所改善。

第二，中国农村在发展稳定的气氛中完成了从几千年的分散个体劳动向集体所有、集体经营的历史性转变。这是中国历史上一次伟大的社会变革、社会进步。

九 手工业合作化的组织形式

手工业合作化的组织形式，是由手工业生产合作小组、手工业供销合作社到手工业生产合作社，步骤是从供销入手，由小到大，由低到高，逐步实行社会主义改造和生产改造。

十 对资本主义工商业的社会主义改造

（1）对资本主义工商业进行社会主义改造采取的政策是赎买政策。

（2）赎买政策指的是采取国家资本主义的形式，把资本主义工商企业改造成社会主义性质的企业。

（3）国家资本主义经济是在人民政府管理之下的，用各种形式和国营社会主义经济联系着的，并受工人监督的资本主义经济。

（4）国家资本主义有初级形式和高级形式两种：

第一，初级形式的国家资本主义企业仍由资本家经营，它同国营社会主义经济通过订立合同等办法，在企业外部建立这样那样的联系。

第二，高级形式的国家资本主义就是公私合营，分为个别企业的公私合营和全行业的公私合营。

（5）个别企业的公私合营中，企业利润采取"四马分肥"的办法，即分为国家所得税、企业公积金、工人福利费、股金红利四个部分。企业收益大部分归国家和工人所有，资本家所得不足1/4。这种企业已经具有不同程度的社会主义性质。

十一　对资本主义工商业采取和平赎买政策的特点及意义

（1）国家对资本主义工商业的和平赎买政策的特点主要体现在三个方面：

第一，有偿地而不是无偿地，逐步地而不是突然地改变资产阶级的所有制。

第二，在改造他们的同时，给予他们以必要的工作安排。

第三，不剥夺资产阶级的选举权，并且对于他们中间积极拥护社会主义改造，并在这个改造事业中有所贡献的代表人物给以恰当的政治安排。

（2）国家对资本主义工商业的和平赎买政策的意义主要体现在两个方面：

第一，将马克思、恩格斯的和平赎买政策设想结合中国实际付诸实践。

第二，既可以在一定时期利用资本主义工商业的积极作用，又有利于争取民族资产阶级及其知识分子，并减少他们接受社会主义改造的阻力，既有利于发挥他们在经营管理方面的特长，又可以为使他们成为自食其力的劳动者创造条件。

十二　第一个五年计划及工业建设的成就

（1）1955年7月召开的一届全国人大二次会议通过了第一个五年计划。

（2）新中国发展国民经济第一个五年计划的中心环节是优先发展重工业。

（3）第一个五年计划期间，国家在工业建设上的成就主要有：

第一，在苏联的援助下，中国着重建设了一大批基础性的重点工程，为国家的工业化奠定了初步的坚实基础。

第二，到1956年，中国在工业建设上接连实现了具有历史意义的许多项零的突破。

第三，"一五"期间建成的一些大中型工业骨干企业，都是国家统一规划、统一投资的国营企业。这些建设成就，极大地加强和壮大了国营经济的领导力量，为顺利过渡到社会主义社会奠定了强大的物质基础。

十三　社会主义革命和建设为当代中国一切发展进步奠定了根本政治前提和制度基础

新民主主义革命的胜利，社会主义制度的建立，为当代中国的一切发展进步奠定了根本政治前提和制度基础。

（1）随着社会主义改造的基本完成，中国继建立社会主义基本政治制度之后，社会主义的基本经济制度也建立起来了。这是中国进入社会主义社会的最主要的标志。

（2）社会主义改造是在生产关系方面由私有制到公有制的一场伟大的变革，这就使社会生产力从旧的生产关系的束缚中解放出来，对生产力的发展直接起到了促进作用。

（3）社会主义制度的全面确立，为推进中国的工业化、现代化事业奠定了制度基础。

能力检测

一、单项选择题（在每小题列出的备选项中只有一项是最符合题目要求的，请将其选出）

1. 中国西藏和平解放的时间是（　　）。

   A. 1948 年 10 月　　B. 1949 年 10 月　　C. 1950 年 10 月　　D. 1951 年 10 月

2. 随着祖国大陆的解放，执政的中国共产党在各新解放地区迅即建立起作为过渡性临时政权的是（　　）。

   A. 军事管制委员会　　　　　　B. 政治管制委员会
   C. 军政民主政权　　　　　　　D. 人民专政委员会

3. 1950 年 6 月，中央人民政府颁布的土地法是（　　）。

   A.《中国土地法大纲》　　　　　B.《中华人民共和国土地法》
   C.《中国土地改革法》　　　　　D.《中华人民共和国土地改革法》

4. 新中国成立初期，社会主义国营经济建立的主要途径是（　　）。

   A. 征用外国资本　　　　　　　B. 赎买民族资本
   C. 没收官僚资本　　　　　　　D. 合并公营资本

5. 1950 年 6 月，中共七届三中全会确定的中心任务是（　　）。

   A. 迅速消灭国民党残余势力　　B. 完成新解放区土地改革
   C. 统一全国财政经济工作　　　D. 争取国家财政经济状况的基本好转

6. 1951 年年底到 1952 年春，中国共产党在党政机关工作人员中开展的运动是（　　）。

   A. 肃反运动　　　　　　　　　B. 整风、整党运动
   C. "三反"运动　　　　　　　　D. "五反"运动

7. 中国共产党在新中国成立前夕提出的外交方针是"另起炉灶""打扫干净屋子再请客"和（　　）。

   A. "一边倒"　　　　　　　　　B. "韬光养晦"
   C. "不要四面出击"　　　　　　D. "决不当头"

8. 抗美援朝时中国人民志愿军司令员兼政治委员是（　　）。

   A. 聂荣臻　　　B. 彭德怀　　　C. 叶剑英　　　D. 徐向前

9. 中国共产党在过渡时期总路线的主体是实现（　　）。

   A. 国家的社会主义工业化
   B. 国家对农业的社会主义改造
   C. 国家对手工业的社会主义改造
   D. 国家对资本主义工商业的社会主义改造

10. 中共中央正式提出党在过渡时期总路线是（　　）。

A. 1951 年　　　B. 1952 年　　　C. 1953 年　　　D. 1954 年

11. 在我国农业合作化过程中，具有半社会主义性质的经济组织形式是（　　）。

A. 变工队　　　　　　　　　B. 互助组
C. 初级农业生产合作社　　　D. 高级农业生产合作社

12. 我国农业社会主义改造中，具有完全社会主义性质的经济组织形式是（　　）。

A. 变工队　　　　　　　　　B. 互助组
C. 初级农业生产合作社　　　D. 高级农业生产合作社

13. 毛泽东全面总结农业合作化运动基本经验的报告是（　　）。

A. 《关于农业合作化问题》
B. 《关于农业生产互助合作的决议（草案）》
C. 《关于发展农业生产合作社的决议》
D. 《组织起来》

14. 手工业合作化的组织形式，是由手工业生产小组、手工业供销合作社到（　　）。

A. 手工业生产合作社　　　B. 手工业产品合作社
C. 手工业联营合作社　　　D. 手工业经销合作社

15. 我国对资本主义工商业进行社会主义改造的基本政策是（　　）。

A. 无偿没收　　B. 有偿作用　　C. 和平赎买　　D. 限制发展

16. 我国对资本主义工商业进行社会主义改造的高级形式是（　　）。

A. 加工订货　　B. 统购包销　　C. 经销代销　　D. 公私合营

17. 在对资本主义改造过程中，对个别企业公司合营的利润采取的办法是（　　）。

A. 四马分肥　　B. 定股定息　　C. 股金红利　　D. 统配统分

18. 新中国开始实施发展国民经济第一个五年计划的时间是（　　）。

A. 1950 年　　B. 1951 年　　C. 1952 年　　D. 1953 年

19. 新中国发展国民经济第一个五年计划的中心环节是（　　）。

A. 优先发展轻工业　　　　B. 优先发展重工业
C. 重点发展农村经济　　　D. 重点发展城市经济

20. 中国进入社会主义社会的主要标志是（　　）。

A. 中华人民共和国的成立　　　B. "一五"计划的制定
C. 第一届全国人民代表大会的召开　　　D. 社会主义三大改造的完成

二、简答题

1. 简述新中国成立初期中国共产党面临的主要问题和考验。

2. 简述"三反""五反"运动的内容。

3. 简述新中国 1949 年至 1952 年采取的向社会主义过渡的实际步骤。

4. 简述中国共产党在 1953 年提出的过渡时期总路线的内容及其特点。

5. 简述新民主主义社会的五种经济成分和特点。

三、论述题

1. 试述新中国成立初期争取财政经济状况根本好转的三个条件及国民经济迅速恢复的主要原因。

2. 试述中国共产党在 1953 年提出的过渡时期总路线反映了历史的必然。

3. 试述我国对个体农业进行社会主义改造的基本原则和方针。

4. 试述社会主义改造基本完成的意义。

第九章 社会主义建设在探索中曲折发展

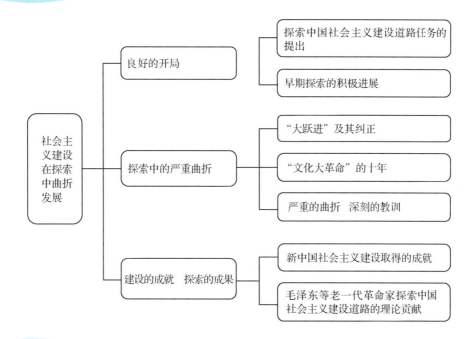

内容精要

第一节 良好的开局

一 探索中国社会主义建设道路任务的提出

（一）中国进入开始全面建设社会主义历史时期

1956年，社会主义基本制度的全面确立，标志着中国进入开始全面建设社会主义的历史阶段。

中国已经是一个社会主义国家,但又是一个经济文化落后、人口众多、幅员辽阔、发展极不平衡的国家。怎样建设社会主义,怎样巩固和发展社会主义,并没有现成的道路可循,必须在实践中进行艰苦的探索。

(二) 马克思主义同中国实际 "第二次结合"

1. 正确处理借鉴苏联经验与自己探索的关系

新中国成立初期,因为没有经验,在经济建设上和其他方面只能系统地向苏联学习。1956年2月召开的苏共二十大,进一步暴露了苏联在社会主义建设中存在的缺点和错误。中国共产党人决心从以苏为师到以苏为鉴,立足本国情况,走自己的路,开始探索适合中国情况的社会主义建设道路。

2. 毛泽东提出实现马克思主义同中国实际"第二次结合"的任务

1956年4月初,在中共中央书记处会议上,毛泽东提出:我认为最重要的教训是独立自主,调查研究,摸清本国国情,把马克思列宁主义的基本原理同我国革命和建设的具体实际结合起来,制定我们的路线、方针、政策。现在是社会主义革命和建设时期,我们要进行第二次结合,找出在中国进行社会主义革命和建设的正确道路。

毛泽东提出的关于实行马克思主义同中国实际的"第二次结合"的任务,为探索适合中国情况的社会主义建设道路,提供了基本的指导原则。

二 早期探索的积极进展

(一)《论十大关系》的发表

1.《论十大关系》的提出

为准备召开中国共产党第八次全国代表大会,毛泽东、刘少奇等领导人进行了大规模的调查研究工作。

在听取汇报的基础上,毛泽东逐渐形成《论十大关系》的基本思路,并先后在1956年4月中央政治局扩大会议和5月最高国务会议上做了《论十大关系》的报告。这个报告,总结经济建设的初步经验,借鉴苏联建设的经验教训,概括提出了十大关系。

2.《论十大关系》的基本方针

这十大关系,围绕一个基本方针,即"一定要努力把党内党外、国内国外的一切积极的因素,直接的、间接的积极因素,全部调动起来,把我国建设成为一个强大的社会主义国家。"

3.《论十大关系》的经济、政治、文化方针

第一,经济建设方针。着重发展重工业和国防工业的同时,大力发展同国计民生密切相关的农业、轻工业,并且充分发挥中央和地方、沿海和内地两方面的建设积极性。

第二,政治建设方针。与民主党派"长期共存,互相监督"的方针,在肃反中坚持

"一个不杀、大部不捉"的方针。

第三，文化建设的方针。"双百"方针，即艺术问题上的百花齐放，学术问题上的百家争鸣。

4. 《论十大关系》的意义

《论十大关系》是以毛泽东为主要代表的中国共产党人开始探索中国自己的社会主义建设道路的标志，为中共八大的召开做了理论准备。

（二）中共八大路线的制定

1. 中共八大召开

1956年9月，中国共产党第八次全国代表大会在北京举行。毛泽东致开幕词，刘少奇做政治报告，周恩来做关于发展国民经济第二个五年计划建议的报告，邓小平做关于修改党章的报告。

2. 中共八大的基本任务

总结七大经验，团结全党，团结国内外一切可能团结的力量，为了建设一个伟大的社会主义中国而奋斗。

3. 中共八大提出的国内主要矛盾和主要任务

第一，主要矛盾。人民对于建立先进的工业国的要求同落后的农业国的现实之间的矛盾；人民对于经济文化迅速发展的需要同当前经济文化不能满足人民需要的状况之间的矛盾。这一矛盾的实质是先进的社会制度同落后的社会生产力之间的矛盾。

第二，主要任务。集中力量发展社会生产力，实现国家工业化，把我国尽快地从落后的农业国发展为先进的工业国。

4. 中共八大提出的指导方针

第一，在经济建设上，坚持既反保守又反冒进，即在综合平衡中稳步前进的方针。

第二，在政治建设上，提出要扩大社会主义民主，加强国内各民族团结，继续巩固人民民主统一战线，健全社会主义法制。

第三，在执政党建设上，强调要提高全党的马克思列宁主义思想水平，健全党内民主集中制，坚持集体领导制度，反对个人崇拜，发展党内民主和人民民主，加强党和群众的联系。

5. 陈云提出"三个主体、三个补充"的思想

第一，国家经营和集体经营是主体，一定数量的个体经营为补充。

第二，计划生产是主体，一定范围的自由生产为补充。

第三，国家市场是主体，一定范围的自由市场为补充。

6. 中共八大的意义

中共八大为全面进行社会主义建设制定了正确的路线，提出了许多新的方针和思想，富于创造精神。大会集中全党智慧总结提出的探索中国建设社会主义道路的重要成果，对于社会主义建设事业和党的事业的发展有着长远的指导意义。

(三)《关于正确处理人民内部矛盾的问题》发表

1.《关于正确处理人民内部矛盾的问题》的发表背景

第一,国内背景。一是社会主义改造基本完成后,不少人对新的社会制度还不能马上适应,再加上党和政府的一些工作部门存在着主观主义、官僚主义作风,引起一些群众的不满。二是1956年下半年,一些地区出现了工人罢工、学生罢课、农民退社等情况。一些领导干部对此缺乏思想准备,或者束手无策,或者对一些闹事问题不做具体分析,简单化地将其作为敌我矛盾来处理。

第二,国际背景。国际上出现的波兰、匈牙利事件,也在国内引起一些人的思想波动。

2.《关于正确处理人民内部矛盾的问题》的发表

1957年2月,毛泽东在扩大的最高国务会议上发表《关于正确处理人民内部的矛盾》的讲话,提出要把正确处理人民内部矛盾作为国家政治生活的主题。这篇讲话经过整理和反复修改,于同年6月19日正式发表。

3.《关于正确处理人民内部矛盾的问题》的基本内容

第一,社会主义社会的基本矛盾。社会主义社会的基本矛盾仍然是生产关系和生产力之间的矛盾、上层建筑和经济基础之间的矛盾。这些矛盾,可以通过社会主义制度本身的自我调整和自我完善不断地得到解决。这实际上为进行改革,使社会主义制度得到完善和发展奠定了理论基石。

第二,正确处理两种不同性质的矛盾。社会主义社会存在着敌我之间和人民内部两类性质根本不同的矛盾,前者需要用强制的、专政的方法去解决,后者只能用民主的、说服教育的、"团结—批评—团结"的方法去解决,绝不能用解决敌我矛盾的方法去解决人民内部的矛盾。

第三,正确处理人民内部矛盾的指导思想。团结全国各族人民进行一场新的战争——向自然界开战,发展我们的经济,发展我们的文化,使全体人民比较顺利地走过目前的过渡时期,巩固我们的新制度,建设我们的新国家。

4.《关于正确处理人民内部矛盾的问题》的重要意义

它运用马克思主义的对立统一规律,创造性地阐述了社会主义社会矛盾学说,是对科学社会主义理论的重要发展,进一步丰富和发展了中共八大路线,对中国社会主义事业具有长远的指导意义。

(四)整风运动和反右派斗争

1957年4月27日,中共中央下发《关于整风运动的指示》,整风运动全面开展。

1. 整风运动的主题

这次整风运动的主题是正确处理人民内部矛盾。这次整风应当是一次既严肃认真又和风细雨的思想教育运动,是一次认真开展批评和自我批评的自我教育运动,通过发动群众向党员和党的各级组织提意见，帮助党来纠正官僚主义等问题。

2. 整风运动的形式

这场运动采取开门整风的形式。各级党组织纷纷召开座谈会和小组会，听取党内外群众的意见，迅速在全社会形成一个"鸣放"的高潮。党中央希望通过这种方式，加强党外人士对共产党员特别是党员领导干部的批评、监督，进一步密切党同群众的联系。

3. 整风运动过程中极少数资产阶级右派分子的进攻

在整风运动中人们提出的各种意见，绝大多数是诚恳的。但确有极少数资产阶级右派分子乘机向党和新生的社会主义制度发动进攻。

第一，把共产党在国家政治生活中的领导地位攻击为"党天下"，要求"轮流坐庄"。

第二，竭力抹杀社会主义改造和建设的成绩，根本否定社会主义制度的优越性。

第三，把人民民主专政制度说成是产生主观主义、官僚主义和宗派主义的根源。

第四，有的人甚至散布煽动性言论，鼓动一些不明真相的人上街闹事。

4. 反右派斗争

1957年6月8日，中共中央发出组织力量反击右派分子进攻的党内指示，《人民日报》同日发表题为《这是为什么?》的社论。一场全国规模的群众性反右派运动全面展开。

对极少数右派分子的进攻实行坚决反击，是完全正确的和必要的。在涉及重大政治原则的大是大非问题上如果不能旗帜鲜明，就会造成思想上和政治上的混乱。

5. 反右派斗争扩大化

反右派斗争被严重地扩大化了。到1958年夏季运动结束时，全国划定的右派分子达55万人，其中绝大多数属于错划，把一批知识分子、爱国人士和党内干部错划为右派分子，造成严重损失。

在运动中采取的大鸣、大放、大辩论、大字报的错误斗争方式，也是反右派斗争严重扩大化的一个重要因素。

6. 反右派斗争扩大化的影响

1957年9月至10月召开的中共八届三中全会开始改变中共八大关于我国社会主要矛盾的正确判断，认为当前国内的主要矛盾仍然是无产阶级和资产阶级、社会主义道路和资本主义道路的矛盾。这一理论上和指导思想上的失误造成了长时期的严重后果。

第二节 探索中的严重曲折

一 "大跃进"及其纠正

(一)"大跃进"

1. "大跃进"的历史背景

第一,"一五"计划提前完成。增强了中国共产党人领导经济建设的自信心。

第二,整风运动过程中,一些工厂、农村出现生产增速新气象,使很多人认为可以出现更高的建设速度。

第三,受到苏联成功发射人类第一颗人造地球卫星的鼓舞。

2. "大跃进"序幕揭开

1957年冬季,掀起了以兴修水利、养猪积肥、改良土壤为中心的冬季农业生产高潮,揭开了"大跃进"的序幕。

3. 中共八大二次会议

第一,总路线。1958年5月,中共八大二次会议通过了"鼓足干劲、力争上游、多快好省地建设社会主义"的社会主义建设总路线。这条总路线及其基本点,其正确的一面,是反映了广大人民群众迫切要求改变国家经济文化落后状况的普遍愿望;其缺点是忽视了客观的经济规律。

第二,通过第二个五年计划指标。中共八大二次会议通过第二个五年计划,比八大提出的建议指标提高了很多,更把总路线引向了极端。

第三,会议影响。中共八大二次会议后,"大跃进"运动在全国范围内全面开展。以高指标、瞎指挥、浮夸风和"共产风"为主要标志的"左"倾错误严重地泛滥开来,严重地破坏了国民经济各部分的综合平衡。

(二)人民公社化运动

1. 人民公社化运动的开展

在发动"大跃进"的同时,农村人民公社化运动也开展起来。

1958年,中央发出关于把小型的农业生产合作社适当地并大社的意见,人民公社在农村普遍建立起来。

1958年8月,中共中央政治局在北戴河举行扩大会议,做出《关于在农村建立人民公社问题的决议》,提出"应该积极地运用人民公社的形式,摸索出一条过渡到共产主义的具体途径"。9月初,《人民日报》公布了这一决议,在全国范围掀起了农村人民公社化运动的高潮,仅用一个多月时间就基本实现公社化。

2. 人民公社实行"政社合一"体制

第一,"政社合一"体制基本特点。被概括为"一大二公"。所谓"大",就是规模大,原来一二百户规模的农业生产合作社被合并成拥有四五千户甚至一两万户的人民公社;所谓"公",就是公有化程度高,原来经济条件各不相同的农业生产合作社被合并以后,主要财产归人民公社所有,收入在全社范围内统一核算和分配。

第二,"政社合一"体制的影响。它严重地脱离了农村的生产力水平,致使"一平二调"之风泛滥。"平",指在公社范围内实行贫富拉平,平均分配;"调",指县社两级无偿调拨生产队和社员个人的财物与劳动力,损害了广大社员和小集体的利益。

(三)纠正"左"倾错误的初步努力

1. 第一次郑州会议

1958年11月,毛泽东主持召开第一次郑州会议,指出当时大有立即宣布全民所有、废除商业、消灭商品生产之势,发展下去势必会重犯苏联剥夺农民的历史性错误。提出需要冷静下来,联系中国社会主义经济革命和经济建设,读一些马克思主义理论著作,保持清醒头脑,强调搞社会主义要有耐心。

2. 八届六中全会

1958年11、12月间,毛泽东在武昌先后主持召开中共中央政治局扩大会议和八届六中全会,通过《关于人民公社若干问题的决议》。

该决议批评了混淆集体所有制同全民所有制的界限、否定商品生产、取消按劳分配的错误思想,明确指出目前农村人民公社仍然属于集体所有制,人民公社的商品生产,以及国家和公社、公社和公社之间的商品交换需大力发展;人民公社坚持按劳分配为主的分配制度;社员个人所有的生活资料及存款,永远归社员所有,并可继续经营一些家庭小副业。

中共八届六中全会后,各地普遍开展整顿人民公社工作,急于向全民所有制、共产主义过渡的势头得到有效遏制,但公社内部的平均主义和过分集中倾向依然存在,政府同农民的紧张关系并未真正缓解。

3. 第二次郑州会议

1959年2月,毛泽东主持召开第二次郑州会议,针对人民公社存在的平均主义和过分集中的问题,提出队为基础、分级管理、三级核算、各计盈亏、按劳分配、承认差别的方针。

在纠正人民公社化运动过程中的问题的同时,政府对过高的生产指标也做了适当的压缩。

总体来说,从第一次郑州会议开始,经过八九个月纠"左"的努力,取得了初步的成效。但纠"左"是在继续坚持总路线、"大跃进"、人民公社这"三面红旗"的前提下进行,带有很大的局限性。

(四) 庐山会议与纠"左"进程的中断

1. 庐山会议召开

1959年7月2日至8月1日，中共中央在江西庐山召开政治局扩大会议。会议目的是想统一对形势的认识，在肯定成绩的前提下，总结经验教训，进一步纠正"左"的错误，动员全党完成1959年的"大跃进"任务。

2. "反右倾"斗争

7月14日，彭德怀给毛泽东写信，着重指出"大跃进"存在的严重问题和突出矛盾。毛泽东错误地对彭德怀的信提出尖锐批评。8月2日至16日，毛泽东在庐山主持召开中共八届八中全会，做出了《关于以彭德怀同志为首的反党集团的错误的决议》，随后在全党范围开展了"反右倾"斗争。

这场斗争，在政治上使党内从中央到基层的民主生活遭到严重损害；在经济建设上打断了纠"左"的进程，使错误延续了更长时间。

3. 三年严重困难时期

由于"大跃进"和"反右倾"斗争的错误，加上当时的自然灾害和苏联政府背信弃义地撕毁合同、撤走全部专家，中国国民经济在1959年到1961年发生严重困难。

(五) 国民经济的调整

1. 党和国家指导方针的重要转变

第一，1960年11月，中共中央发出《关于农村人民公社当前政策问题的紧急指示信》（即"十二条"），要求彻底清理"一平二调"，彻底纠正"共产风"，一心一意发展农业生产。

第二，1961年1月，中共八届九中全会决定对国民经济实行"调整、巩固、充实、提高"的八字方针，毛泽东在会上号召全党大兴调查研究之风。

2. 纠正"左"的错误

第一，1961年3月，毛泽东在广州主持起草了《农村人民公社工作条例（草案）》（即"农业六十条"），确定以生产队为基本核算单位，要求认真贯彻按劳分配的原则，废除供给制，停办公共食堂。"农业六十条"的贯彻执行，对于克服严重存在的平均主义，调动农民的生产积极性，推动恢复和发展农业生产，起到了十分重要的作用。

第二，中共中央陆续制定出有关工业、商业、教育、科学、文艺等方面的工作条例草案，总结历史经验，继续纠正"左"的错误，推动国民经济转入1962年至1965年的三年调整时期。

(六) "七千人大会"

1. "七千人大会"的召开

1962年1、2月间，中共中央在北京召开扩大的中共中央工作会议。这次会议打破惯例，直接请来来自中央、大区、省市自治区、地区、县五级的党政军领导干部七千余人与会，以便于中央与地方各级的直接沟通，被称为"七千人大会"。

2. "七千人大会"的内容

第一，与会者对刘少奇提交的书面报告进行讨论，并对前几年的工作展开批评和自我批评。

第二，毛泽东系统阐述民主集中制的极端重要性，并带头做了自我批评。

3. "七千人大会"的影响

第一，恢复和发扬了党内的民主精神和自我批评精神，统一了全党的认识，对全面贯彻调整国民经济的八字方针起了极其重要的作用。

第二，中央开始对"反右倾"运动中受到错误批判的人进行甄别平反，给被划为"右派分子"的大多数人摘掉了"右派分子"帽子。

第三，国民经济得到了比较顺利的恢复和发展。

（七）"四个现代化"奋斗目标

1964年年底到1965年年初，第三届全国人民代表大会第一次会议召开，周恩来总理在会上宣布：我国国民经济即将进入一个新的发展时期，提出"四个现代化"的宏伟目标，即把我国建设成为一个具有现代农业、现代工业、现代国防和现代科学技术的社会主义强国。

（八）"左"倾错误指导的继续发展

在国民经济调整工作顺利进行的同时，"左"倾错误在经济工作的指导思想上并未得到彻底纠正，而且在政治、思想、文化方面还有发展。

1. "以阶级斗争为纲"理论

1962年9月召开的中共八届十中全会上，毛泽东把社会主义社会中一定范围内存在的阶级斗争扩大化和绝对化，后来更发展成为"以阶级斗争为纲"的指导思想。

2. 社会主义教育运动

1963—1965年间，中共中央领导进行了城乡社会主义教育运动。这一运动对于解决干部作风和经济管理等方面的问题起了一定作用，但由于把不同性质的问题都认为是阶级斗争或者是阶级斗争在党内的反映来处理，使不少基层干部受到不应有的打击，1965年年初又错误地提出了运动的重点是整所谓"党内走资本主义道路的当权派"。

3. 意识形态领域的错误批判

在意识形态领域，也对一些文艺作品、学术观点和文艺界学术界的一些代表人物进行了错误的、过火的政治批判，在对待知识分子问题、教育科学文化问题上发生了愈来愈严重的"左"的偏差，并且在后来发展成为"文化大革命"的导火线。不过，这些错误当时还没有达到支配全局的程度。

二 "文化大革命"的十年

(一) "文化大革命"的发动

1. 毛泽东发动"文化大革命"的主观愿望

为抵御帝国主义"和平演变"的图谋,消除官僚主义和特权思想等现象,防止国内资本主义复辟,并为人民群众参与对国家事务的监督和管理寻找一条途径。

2. "文化大革命"的发动

第一,主要论点。毛泽东发动"文化大革命"的主要论点被概括成为所谓"无产阶级专政下继续革命的理论"。

第二,导火线。1965 年 11 月 10 日,姚文元的文章《评新编历史剧〈海瑞罢官〉》在上海《文汇报》上发表,成为毛泽东发动"文化大革命"的导火线。

第三,1966 年 5 月,中共中央召开政治局扩大会议。会议通过的《中国共产党中央委员会通知》(简称"五一六通知"),系统地阐发了发动"文化大革命"的主要论点。会议还决定设立"中央文化革命小组"。

第四,指导方针。1966 年 8 月 1 日至 12 日,毛泽东主持召开中共八届十一中全会,并在全会上印发《炮打司令部——我的一张大字报》,对"文化大革命"进行再发动。全会通过的《关于无产阶级文化大革命的决定》(简称"十六条"),成为"文化大革命"的指导方针。

(二) 全面内乱的形成

1. "一月革命"

1967 年 1 月,上海造反派头目王洪文等人在张春桥、姚文元的策划下,夺取了中共上海市委、市人民委员会的领导权,号称"一月革命"。毛泽东肯定了上海造反派的夺权斗争。

2. 全国掀起"打倒一切、全面内战"的狂潮

在夺权过程中,各地的造反派组织普遍形成两大对立面,加上江青、陈伯达、康生、张春桥等人趁机煽动,在全国掀起了"打倒一切、全面内战"的狂潮。

他们把批判的矛头,集中指向刘少奇、邓小平等老一辈无产阶级革命家。在运动中,党的各级领导干部普遍受到批判和斗争,党的各级组织普遍受到冲击并陷于瘫痪、半瘫痪状态,党长期依靠的许多积极分子和基本群众受到排斥。

3. "二月逆流"

1967 年 2 月前后,在有部分中共中央政治局委员、国务院和中共中央军委领导人参加的碰头会上,谭震林、陈毅、叶剑英、李富春、李先念、徐向前、聂荣臻等对中央文革小组的错误做法提出强烈的批评。然而,这次抗争却被诬称为"二月逆流"而遭到压制和打击。

4. 中国共产党第九次全国代表大会

1969年4月,中国共产党第九次全国代表大会在北京召开。这次大会使"文化大革命"的错误理论和实践合法化,加强了林彪、江青、康生等人在党中央的地位。中共九大在思想上、政治上和组织上的指导方针都是错误的。

(三) 粉碎林彪反革命集团

1. 林彪反革命集团策划武装政变

1970年8月中旬,毛泽东到南方巡视,尖锐地提出林彪问题。林彪等人获悉后大为恐慌,在密谋杀害毛泽东未遂后,于9月13日凌晨仓皇出逃,在蒙古人民共和国境内温都尔汗附近坠机身亡。

2. 粉碎林彪反革命集团策划武装政变

林彪反革命集团阴谋夺取最高权力、策动反革命武装政变事件的发生,是"文化大革命"推翻党的一系列基本原则的结果,客观上宣告了"文化大革命"的理论和实践的失败。

毛泽东在周恩来等协助下领导全党进行的粉碎林彪反革命集团的斗争,使党和国家避免了一场大分裂。

毛泽东承认自己用错了人、听信了谗言,并对错批"二月逆流"承担了责任,但不允许从根本上纠正"文化大革命"的错误。

(四) 挫败"四人帮""组阁"图谋

1. "四人帮"

1973年8月召开的中国共产党第十次全国代表大会,继续了中共九大的"左"倾错误方针。江青、张春桥、姚文元、王洪文在中央政治局内结成"四人帮"。

2. "四人帮""组阁"图谋失败

第一,"批林批孔"运动。江青等人在1974年年初开始的"批林批孔"运动中,把矛头指向周恩来,一时间派性斗争又起,极"左"思潮再度猖獗。"四人帮"企图利用筹备第四届全国人民代表大会之机,达到由他们"组阁"的目的。

第二,"四人帮""组阁"图谋失败。1974年7月17日,毛泽东在中共中央政治局会议上批评江青,告诫她"不要搞成四人小宗派"。随后,他建议周恩来继续担任国务院总理,由邓小平担任国务院第一副总理。江青等人的"组阁"图谋遭到挫败。

(五) 1975年整顿和"文化大革命"的结束

1. "批邓、反击右倾翻案风"运动

第一,1975年,邓小平着手对各方面的工作进行整顿,形势开始有了明显好转。这次整顿实际上是后来拨乱反正的预演。

第二,随着整顿的深入发展,逐渐涉及"文化大革命"的指导思想及其政策本身。毛泽东不能容忍邓小平系统地纠正"文化大革命"的错误,在1975年年底发动了所谓

"批邓、反击右倾翻案风"运动。"四人帮"趁机想把一大批老一辈革命家和老干部重新打倒，全国又陷入混乱。

2. "天安门事件"

1976年1月8日，周恩来逝世。清明节前后，爆发了以天安门事件为代表的悼念周总理、反对"四人帮"的运动。

这场运动实质上是拥护以邓小平为代表的中国共产党的正确领导，并为后来粉碎"四人帮"奠定了群众基础。

当时，中共中央政治局和毛泽东对天安门事件的性质做出错误判断，并且错误地撤销了邓小平的党内外一切职务。毛泽东提议由华国锋担任中共中央第一副主席、国务院总理。

3. 粉碎"四人帮"

1976年9月9日，毛泽东逝世。江青反革命集团加紧进行夺取党和国家最高领导权的阴谋活动。10月6日晚，中共中央政治局执行党和人民的意志，毅然粉碎了江青反革命集团，结束了"文化大革命"。

（六）对"文化大革命"的评价

1966年5月至1976年10月的"文化大革命"，是全局性的、长时间的"左"倾严重错误。它使中国共产党、国家和人民遭到新中国成立以来最严重的挫折与损失。

"文化大革命"是一场由领导者错误发动，被反革命集团利用，给党、国家和各族人民带来严重灾难的内乱。这种历史悲剧，绝不允许重演。

三 严重的曲折，深刻的教训

（一）正确认识错误的性质及其原因

1. 错误的性质

中国共产党在独立探索中国自己的社会主义建设道路过程中发生的严重曲折，原因是多方面的，但是归根结底，并不是由社会主义根本制度本身所造成的，而且依靠社会主义制度的自我完善和发展是完全可以纠正的。

2. "文化大革命"发生的社会历史原因

第一，对如何建设社会主义认识不清。对于如何在一个经济文化不发达的国家进行全面的社会主义建设，缺乏充分的思想准备和科学研究；对于什么是社会主义、怎样建设社会主义的问题，并没有搞清楚。

第二，对社会主义建设中出现的新问题方法不够。在观察和处理社会主义社会发展进程中出现新矛盾新问题时，容易照搬过去熟悉的阶级斗争经验，容易把已经不属于阶级斗争的问题仍然看作是阶级斗争，并且习惯于沿用过去大规模急风暴雨式群众性斗争的旧方法和旧经验，从而导致阶级斗争的严重扩大化。同时，将马克思主义经典著作中的某些设想和论点加以误解或教条化。

第三，党的民主集中制和集体领导制度遭到了严重破坏，致使党无法依靠制度的和集体的力量及时地发现并纠正错误。

（二）对错误进行科学分析

对这一时期中国共产党所犯的错误，需要做具体的、历史的分析。

1. 中国共产党在犯严重错误的时候，其性质和宗旨都没有改变

第一，在"大跃进"造成国民经济严重困难的时期，党和政府依然具有团结人民共渡难关的巨大凝聚力，依然具有认真总结教训、妥善解决问题、把事业推向前进的能力。广大党员、干部和群众在中国共产党的领导下，同心同德，艰苦奋斗，共渡难关。

第二，在"文化大革命"的特殊年代里，中国共产党并没有被摧毁而且还能维持统一，中国社会主义制度的根基仍然保存着，社会主义经济建设还在进行，国家仍然保持统一并且在国际上发挥着重要的影响。

2. 党内外干部群众抵制"左"倾错误的斗争没有停止过

中国共产党和广大人民群众在"文化大革命"中同"左"倾错误和林彪、江青反革命集团的斗争是艰难曲折的，并且一直没有停止过。正是由于他们的共同斗争，使"文化大革命"的破坏受到了一定程度的限制。

3. 毛泽东在全局上坚持"文化大革命"的错误，但也制止和纠正过一些具体错误

第一，毛泽东保护过一些党政军领导干部和党外著名人士，使一些负责干部重新回到重要的领导岗位。

第二，毛泽东领导了粉碎林彪反革命集团的斗争，对江青、张春桥等人也进行过重要的批评和揭露，不让他们夺取党和国家最高领导权的图谋得逞。

第三，在对外关系上，中国共产党和毛泽东始终警觉地维护国家的安全，并开创了外交工作的新局面。

总体来说，即使在中国共产党和毛泽东犯了严重错误的历史时期，社会主义建设的各项事业仍然取得了举世公认的重要成就。忽视错误、掩盖错误是不允许的，但我们取得的成就也必须充分肯定。

第三节　建设的成就　探索的成果

一　新中国社会主义建设取得的成就

（一）独立的、比较完整的工业体系和国民经济体系的基本建立

这一时期最大的建设成就，是基本建立了独立的、比较完整的工业体系和国民经济

体系，从根本上解决了工业化中"从无到有"的问题。

第一，从"一五"计划开始，国家建成了一批门类比较齐全的基础工业项目，为国民经济的进一步发展打下了坚实的基础。

第二，从国防和国家安全的考虑出发，这一时期开展了大规模的"三线"建设。这不仅极大地增强了国防力量，而且对改善工业布局和城市布局起了重要的促进作用。

独立的、比较完整的工业体系和国民经济体系的建立，使中国在赢得政治上的独立之后赢得了经济上的独立，为中国以后的发展奠定了牢固的物质技术基础。

（二）人民生活水平的提高与文化、医疗、科技事业的发展

1. 保障了人民的基本生活需要

中国共产党和人民政府始终把满足人民基本生活需要作为发展经济的根本目的。在全国人民节衣缩食支援国家工业化基础建设的情况下，尽管人民群众生活逐年改善的增幅不大，但初步满足了占世界 1/4 人口的基本生活需求，这在当时被世界公认是一个奇迹。

2. 文化、医疗、科技事业得到长足发展

第一，文化建设。开展了扫除文盲、大力推广普通话运动，并加大对教育的投资。文学艺术工作在古为今用、洋为中用、百花齐放、推陈出新文艺方针的指引下，仍然取得了重要的成就。

第二，医疗事业蓬勃发展。全国人口的死亡率从 1949 年的 20‰，下降到 1976 年的 7.25‰；人均预期寿命，1949 年为 35 岁，1975 年提高到 68.8 岁。

第三，科学技术的发展。新中国先后制定了两个科学技术长远发展规划，都提前实现。同时，在核技术、人造卫星和运载火箭等尖端科学技术领域，取得重要成就。1964 年 10 月 16 日，中国成功地爆炸了第一颗原子弹。1967 年 6 月，爆炸了第一颗氢弹。1970 年 1 月，第一枚中远程导弹发射成功。同年 4 月，第一颗人造地球卫星发射成功。

（三）国际地位的提高与国际环境的改善

1. 中国的外交政策

新中国在成立初期，一面奉行独立自主基础上的"一边倒"政策，积极争取苏联和其他社会主义国家对中国国内建设与外交工作的支持、援助；一面发展同西方国家的民间外交，实现民（间）促官（方），以经（济）促政（治）。

2. 和平共处五项原则

中国同印度、缅甸等国共同倡导的和平共处五项原则，成为处理国与国关系的公认的国际准则。

3. 中国恢复在联合国的合法席位

第一，20 世纪 50 年代，中国积极支持亚洲、非洲、拉丁美洲地区的民族解放运动，同广大发展中国家建立了友好关系。

第二，1971年10月，在广大发展中国家的积极争取下，中国恢复了在联合国的合法席位，从此，中国在联合国中发挥日益重要的作用，成为维护世界和平、反对霸权主义的一支中坚力量。

4. 中美建交

第一，20世纪60年代末，尼克松就任美国总统，开始检讨美国的对华政策。

第二，毛泽东、周恩来敏锐地觉察到美方的变化，抓住时机向美国发起了"乒乓外交"，实现"小球转动了大球"。

第三，1972年2月，美国总统尼克松访华，中美双方在上海发表联合公报，成为中美关系健康发展的政治基础。

二 毛泽东等老一辈革命家探索中国社会主义建设道路的理论贡献

1. 马克思主义与中国实际"第二次结合"的基本思想

在探索刚刚起步时，毛泽东就论述了必须实行马克思主义与中国实际"第二次结合"的基本思想，提出了社会主义社会矛盾的学说，阐明了调动一切积极因素建设社会主义的基本方针。

2. 社会主义的发展阶段

社会主义这个阶段，又可能分为两个阶段，第一个阶段是不发达的社会主义，第二个阶段是比较发达的社会主义。后一阶段可能比前一阶段需要更长的时间。

3. 社会主义现代化的战略目标和步骤

第一，战略目标。要把中国建设成为一个具有现代农业、现代工业、现代国防和现代科学技术的强国。

第二，采取"两步走"的发展战略。第一步，建立一个独立的比较完整的工业体系和国民经济体系；第二步，全面实现农业、工业、国防和科学技术的现代化，使中国的经济走在世界前列。

4. 社会主义经济建设

第一，要实行以农业为基础、以工业为主导的方针，以农、轻、重为序发展国民经济。

第二，在优先发展重工业的条件下，坚持"两条腿"走路的方针。

第三，发展社会主义商品生产，利用价值规律。

第四，正确解决好综合平衡的问题，处理好积累和消费、生产和生活的问题，处理好国家、集体和个人的关系，统筹兼顾，适当安排。

5. 社会主义民主政治建设

第一，建设目标。造成一个既有集中又有民主，既有纪律又有自由，既有统一意志、又有个人心情舒畅、生动活泼的政治局面。

第二，把正确处理人民内部矛盾作为国家政治生活的主题，坚持人民民主，尽可能团结一切可以团结的力量。

第三，处理好中国共产党同各民主党派的关系，坚持长期共存、互相监督的方针，巩固和扩大爱国统一战线。

第四，切实保障人民当家作主的各项权利，尤其是人民参与国家和社会事务管理的权利。

第五，社会主义法制要保护劳动人民利益，保护社会主义经济基础，保护社会生产力。

6. 社会主义文化建设

第一，坚持马克思主义的指导地位。

第二，实行"百花齐放、百家争鸣"的方针。

第三，对古今中外的优秀文化实行古为今用、洋为中用、百花齐放、推陈出新的方针。

7. 国防和军队建设

毛泽东提出必须加强国防、建设现代化正规化国防军和发展现代化国防技术的重要指导思想。

8. 共产党自身建设

第一，毛泽东最早觉察到帝国主义的"和平演变"战略的危险，号召共产党人提高警惕，同这种危险做斗争。

第二，警惕党在执政以后可能产生的种种消极现象，要求共产党员必须坚持共产主义的远大理想，务必继续地保持谦虚、谨慎、不骄、不躁的作风，继续地保持艰苦奋斗的作风。

以毛泽东为主要代表的中国共产党人所阐明的这些重要思想，积累了在中国这样一个社会生产力水平十分落后的东方大国进行社会主义建设的重要经验，把党对社会主义社会建设和发展规律的认识向前推进，为党继续进行探索并系统形成中国特色社会主义理论体系提供了重要的基础。

要点荟萃

一 《论十大关系》及其提出的建设社会主义的基本方针

（1）毛泽东在1956年4月中央政治局扩大会议和5月最高国务会议上做了《论十大关系》的报告。这个报告，总结经济建设的初步经验，借鉴苏联建设的经验教训，概括提出了十大关系。

（2）《论十大关系》提出的基本方针是：一定要努力把党内党外、国内国外的一切积极的因素，直接的、间接的积极因素，全部调动起来，把我国建设成为一个强大的社会主义国家。

(3)《论十大关系》的意义主要体现在两个方面：

第一，它是以毛泽东为主要代表的中国共产党人开始探索中国自己的社会主义建设道路的标志。

第二，它在新的历史条件下从经济方面和政治方面提出了新的指导方针，为中共八大的召开做了理论准备。

二 中共八大制定的路线及其意义

(1) 1956年9月，中国共产党第八次全国代表大会在北京举行。

(2) 中共八大指出，社会主义制度确立后中国国内的主要矛盾是：先进的社会制度同落后的社会生产力之间的矛盾。

(3) 中共八大指出当前党和全国人民的主要任务是：集中力量发展社会生产力，实现国家工业化，把我国尽快地从落后的农业国发展为先进的工业国。

(4) 中共八大在经济建设上，提出坚持既反保守又反冒进，即在综合平衡中稳步前进的方针。

(5) 陈云在中共八大会议发言中提出"三个主体、三个补充"思想。

(6) 中共八大的意义主要体现在两个方面：

第一，为全面进行社会主义建设制定了正确的路线，提出了许多新的方针和思想，富于创造精神。

第二，大会集中全党智慧总结提出的探索中国建设社会主义道路的重要成果，对于社会主义建设事业和党的事业的发展有着长远的指导意义。

三 《关于正确处理人民内部矛盾问题》的基本内容

(1) 毛泽东在文章中提出国家政治生活的主题是正确处理人民内部矛盾。

(2) 毛泽东在文章中提出社会主义社会的基本矛盾仍然是生产关系和生产力之间的矛盾、上层建筑和经济基础之间的矛盾。这些矛盾，可以通过社会主义制度本身的自我调整和自我完善不断地得到解决。

(3) 毛泽东在文章中提出要正确区分和处理敌我之间和人民内部两类矛盾。

第一，社会主义社会存在着敌我之间和人民内部两类性质根本不同的矛盾。

第二，敌我矛盾需要用强制的、专政的方法去解决，人民内部矛盾只能用民主的、说服教育的、"团结—批评—团结"的方法去解决，绝不能用解决敌我矛盾的方法去解决人民内部的矛盾。

(4) 作为一篇重要的马克思主义文献，《关于正确处理人民内部矛盾的问题》的意义主要体现在两个方面：

第一，运用马克思主义的对立统一规律，创造性地阐述了社会主义社会矛盾学说，是对科学社会主义理论的重要发展。

第二，进一步丰富和发展了中共八大路线，对中国社会主义事业具有长远的指导意义。

四 整风运动与反右派斗争

（1）1957年4月27日，中共中央下发《关于整风运动的指示》，整风运动全面开展。

（2）这次整风运动的主题是正确处理人民内部矛盾，形式是开门整风的。

（3）毛泽东提出开展整风的目的"是想造成一个既有集中又有民主，既有纪律又有自由，既有统一意志，又有个人心情舒畅、生动活泼，那样一种政治局面"。

（4）因在整风运动中，有极少数资产阶级右派分子乘机向党和新生的社会主义制度发动进攻。1957年6月8日，中共中央发出组织力量反击右派分子进攻的党内指示，《人民日报》发表《这是为什么?》的社论，一场全国规模的群众性反右派运动全面展开。

（5）反右派斗争被严重扩大化，一个重要影响是开始改变中共八大关于我国社会主要矛盾的正确判断。

五 探索中国社会主义建设道路的曲折历程

1. "大跃进"和人民公社化运动

（1）1957年冬季，掀起了以兴修水利、养猪积肥、改良土壤为中心的冬季农业生产高潮，揭开了"大跃进"的序幕。

（2）1958年5月，八大二次会议上通过的"鼓足干劲、力争上游、多快好省地建设社会主义"的社会主义建设总路线和第二个五年计划指标，使"大跃进"运动在全国范围内全面开展起来。

（3）"左"倾错误严重地泛滥的标志是高指标、瞎指挥、浮夸风和"共产风"，严重地破坏了国民经济各部分的综合平衡。

（4）在发动"大跃进"的同时，农村人民公社运动也开展起来。

（5）人民公社实行"政社合一"体制，其基本特点被概括为"一大二公"，所谓"大"，就是规模大；所谓"公"，就是公有化程度高。严重地脱离了农村的生产力水平，损害了广大的社员和小集体的利益。

2. 纠正"左"倾错误的初步努力

（1）1958年11月毛泽东主持召开第一次郑州会议，提出需要冷静下来，联系中国社会主义经济革命和经济建设，读一些马克思主义理论著作，保持清醒头脑，强调搞社会主义建设要有耐心。

（2）1958年召开八届六中全会，通过《关于人民公社若干问题的决议》，各地普遍开展整顿人民公社工作，急于向全民所有制、共产主义过渡的势头得到有效遏制，但公社内部的平均主义和过分集中倾向依然存在，政府同农民的紧张关系并未真正缓解。

（3）1959年第二次郑州会议针对人民公社存在的平均主义和过分集中的问题，从公社内部所有制分级问题入手，同时也对过高的生产指标进行适当的压缩。

（4）从第一次郑州会议开始，经过八九个月纠"左"的努力，取得了初步的成效。但纠"左"是在继续坚持总路线、"大跃进"、人民公社这"三面红旗"的前提下进行，带有很大的局限性。

3. 庐山会议与纠正"左"倾错误进程的中断

（1）1959年7月2日至8月1日，中共中央在江西庐山召开政治局扩大会议，以进一步纠"左"。

（2）在会议中，毛泽东错误地对彭德怀的信提出尖锐批评，在全党范围错误地开展了"反右倾"斗争，纠"左"进程中断。

4. 20世纪60年代前期国民经济的调整

（1）1961年1月，中共八届九中全会提出了对国民经济实行"调整、巩固、充实、提高"的八字方针。

（2）1961年3月，《农村人民公社工作条例（草案）》（即"农业六十条"），确定以生产队为基本核算单位，要求认真贯彻按劳分配的原则，废除供给制，停办公共食堂。这对于克服严重存在的平均主义，调动农民的生产积极性，推动恢复和发展农业生产，起到了十分重要的作用。

（3）中共中央陆续制定出有关工业、商业、教育、科学、文艺等方面的工作条例草案，总结历史经验，继续纠正"左"的错误，推动国民经济转入1962—1965年的三年调整时期。

5. "七千人大会"召开

（1）1962年1、2月间，中共中央在北京召开扩大的中共中央工作会议被称作七千人大会，是因为：直接请来来自中央、大区、省市自治区、地区、县五级的党政军领导干部七千余人与会，以便于中央与地方各级的直接沟通。

（2）这次大会的重要意义在于恢复和发扬了党内的民主精神和自我批评精神，统一了全党的认识，对全面贯彻调整国民经济的八字方针起了极其重要的作用。

6. "四个现代化"奋斗目标的首次正式提出

（1）"四个现代化"奋斗目标是周恩来首次在第三届全国人民代表大会第一次会议中正式提出。

（2）"四个现代化"奋斗目标的基本内容是：把我国逐步建设成为一个具有现代农业、现代工业、现代国防和现代科学技术的社会主义强国。

7. "左"倾错误指导的继续发展

在国民经济调整工作顺利进行的同时,"左"倾错误在经济工作的指导思想上并未得到彻底纠正,而且在政治、思想文化方面还有发展,逐步形成了"以阶级斗争为纲"的理论。

六 "文化大革命"的十年

（1）1966年5月至1976年10月的"文化大革命",是全局性的、长时间的"左"倾严重错误。

（2）毛泽东发动和领导"文化大革命"的主要论点是"无产阶级专政下继续革命的理论";导火线是1965年11月10日,姚文元的文章《评新编历史剧〈海瑞罢官〉》在上海《文汇报》上的发表;指导方针是《关于无产阶级文化大革命的决定》（简称"十六条"）。

（3）"二月逆流"指的是1967年2月前后,谭震林、陈毅、叶剑英、李富春、李先念、徐向前、聂荣臻等对中央文革小组的错误做法提出强烈的批评。但这次抗争被诬称为"二月逆流"而遭到压制和打击。

（4）林彪反革命集团阴谋夺取最高权力、策动反革命武装政变事件的发生,客观上宣告了"文化大革命"的理论和实践的失败。

（5）"四人帮"指的是中央政治局内的江青、张春桥、姚文元、王洪文结成四人帮派。

（6）1976年10月6日晚,中共中央政治局执行党和人民的意志,毅然粉碎了江青反革命集团,结束了"文化大革命"。

（7）"文化大革命"是一场由领导者错误发动,被反革命集团利用,给党、国家和各族人民带来严重灾难的内乱。它使中国共产党、国家和人民遭到新中国成立以来最严重的挫折和损失。

（8）"文化大革命"发生的社会历史原因主要有三个方面：

第一,对如何建设社会主义认识不清。

第二,对社会主义建设中出现的新问题方法不够。

第三,党的民主集中制和集体领导制度遭到了严重破坏,致使党无法依靠制度的和集体的力量及时地发现并纠正错误。

七 科学分析中国共产党在探索中所犯的错误

对这一时期中国共产党所犯的错误,需要做具体的、历史的分析,主要从以下三个方面进行科学分析：

（1）中国共产党在犯严重错误的时候,其性质和宗旨都没有改变。

（2）党内外广大干部群众在"文化大革命"中对"左"倾错误的抵制和抗争，对林彪、江青反革命集团的斗争，一直没有停止过。

（3）毛泽东在全局上坚持"文化大革命"的错误，但也制止和纠正过一些具体错误。

八　新中国社会主义建设的成就

1. 独立的、比较完整的工业体系和国民经济体系的基本建立
2. 人民生活水平的提高与文化、医疗、科技事业的发展
（1）1964 年 10 月 16 日，中国成功地爆炸了第一颗原子弹。
（2）1967 年 6 月，爆炸了第一颗氢弹。
（3）1970 年 4 月，第一颗人造地球卫星发射成功。
3. 国际地位的提高与国际环境的改善
（1）1971 年 10 月，中国恢复了在联合国的合法席位。
（2）20 世纪 60 年代末，中国抓住时机向美国发起了"乒乓外交"，实现"小球转动了大球"。
（3）1972 年 2 月，美国总统尼克松访华，中美双方在上海发表联合公报。同年 9 月，中日两国发表建交联合声明。

九　毛泽东等老一辈革命家探索中国社会主义建设道路的理论贡献及其意义

1. 理论贡献

以毛泽东为主要代表的中国共产党人在创建新中国和探索适合中国情况的社会主义建设道路过程中，论述了必须实行马克思主义与中国实际"第二次结合"的基本思想，提出了社会主义社会矛盾的学说，阐明了建设社会主义的经济、政治、文化的基本方针。

（1）毛泽东指出社会主义发展阶段，可能为两个阶段：第一个阶段是不发达的社会主义，第二个阶段是比较发达的社会主义。后一阶段可能比前一阶段需要更长的时间。

（2）毛泽东强调社会主义现代化建设的战略目标是：要把中国建设成为一个具有现代农业、现代工业、现代国防和现代科学技术的强国。

（3）毛泽东提出要实现社会主义现代化战略目标，应当采取"两步走"的发展战略：

第一步，建立一个独立的比较完整的工业体系和国民经济体系。

第二步，全面实现农业、工业、国防和科学技术的现代化，使中国的经济走在世界前列。

（4）在加强党的自身建设方面，提出"两个务必"思想：即务必继续地保持谦虚、谨慎、不骄、不躁的作风，继续地保持艰苦奋斗的作风。

2. 意义

（1）以毛泽东为主要代表的中国共产党人所阐明的这些重要思想，把党对社会主义社会建设和发展规律的认识向前推进，为党继续进行探索并在中共十一届三中全会系统形成中国特色社会主义理论体系提供了重要的基础。

（2）对社会主义建设的曲折探索，为在中国这样一个社会生产力水平十分落后的东方大国进行社会主义建设提供了正反两方面的历史经验，为改革开放的顺利推进积累了思想成果、物质成果、制度成果，也充分说明找到一条正确的道路是多么不容易。

能力检测

一、单项选择题（在每小题列出的备选项中只有一项是最符合题目要求的，请将其选出）

1. 毛泽东《论十大关系》报告所围绕的基本方针是（　　）。

　A．独立自主，艰苦创业

　B．调动一切积极因素，为社会主义事业服务

　C．走中国特色社会主义道路

　D．自力更生为主，争取外援为辅

2. 1956年召开的中共八大指出，党和全国人民当前的主要任务是（　　）。

　A．争取国家财政经济状况的基本好转

　B．正确处理人民内部矛盾

　C．把我国从落后的农业国变成先进的工业国

　D．实现社会主义四个现代化

3. 1956年，在中共八大上提出"三个主体，三个补充"思想的是（　　）。

　A．周恩来　　　B．刘少奇　　　C．邓小平　　　D．陈云

4. 在中共八大上，陈云提出的重要思想是（　　）。

　A．双重监督　　　　　　　　　B．健全法制

　C．"三个主体，三个补充"　　　D．"两条腿"走路

5. 毛泽东在1957年2月扩大的最高国务会议上指出，我国政治生活的主题是（　　）。

　A．正确处理敌我矛盾　　　　　B．正确处理人民内部矛盾

　C．正确处理民主与专政的关系　D．正确处理共产党和民主党派的关系

6. 在探索中国社会主义建设道路过程中，提出社会主义社会基本矛盾学说的是（　　）。

　A．刘少奇　　　B．毛泽东　　　C．陈云　　　D．周恩来

7. 1957年，中共中央正式发出《关于整风运动的指示》，整风运动全面展开，这次

整风运动的主题是（　　）。

A．正确处理敌我矛盾

B．正确处理人民内部矛盾

C．正确处理无产阶级和资产阶级的矛盾

D．正确处理共产党和民主党派的关系

8．1959 年，原来目的是进一步纠正"左"的错误，但因对工作和当时形势估计存在分歧，使纠"左"进程中断，而转向开展"反右倾"斗争的会议是（　　）。

A．庐山会议　　　　　　　　　B．第一次郑州会议

C．"七千人大会"　　　　　　　D．武昌会议

9．1961 年 1 月，中共中央决定对国民经济实行"调整、巩固、充实、提高"方针的会议是（　　）。

A．中共八届五中全会　　　　　B．中共八届六中全会

C．中共八届九中全会　　　　　D．中共八届十中全会

10．1962 年年初，中共中央为统一思想，总结经验教训和明确工作方向而召开的会议是（　　）。

A．南宁会议　　B．武昌会议　　C．庐山会议　　D．"七千人大会"

11．新中国第一次正式提出实现四个现代化奋斗目标的会议是（　　）。

A．第一届全国人民代表大会　　B．第二届全国人民代表大会

C．第三届全国人民代表大会　　D．第四届全国人民代表大会

12．毛泽东用来发动和领导"文化大革命"的主要论点是（　　）。

A．"阶级斗争扩大化"的理论

B．"无产阶级专政下继续革命的理论"

C．社会主义革命的理论

D．社会主义革命和建设的理论

13．1967 年，老一辈无产阶级革命家与中央文革小组的错误做法进行的抗争被诬称为（　　）。

A．"一月风暴"　B．"二月逆流"　C．"右倾翻案"　D．"反攻倒算"

14．1973 年 8 月召开的中国共产党第十次全国代表大会，在中央政治局内结成"四人帮"的除了江青、张春桥、姚文元外，还有（　　）。

A．王洪文　　　B．林彪　　　　C．陈伯达　　　D．康生

15．1964 年，中国在科学技术领域取得的重要成就是（　　）。

A．第一颗原子弹试验成功　　　B．第一颗氢弹试验成功

C．第一台万吨水压机试制成功　D．第一颗人造卫星发射成功

16．1967 年，中国在科学技术领域取得的重要成就是（　　）。

A．第一颗原子弹试验成功　　　B．第一颗氢弹试验成功

C. 第一台万吨水压机试制成功　　　D. 第一颗人造卫星发射成功

17. 新中国第一颗人造地球卫星的成功发射是在（　　）。

 A. 1964 年 10 月　　　　　　　B. 1966 年 10 月

 C. 1967 年 4 月　　　　　　　　D. 1970 年 4 月

18. 新中国恢复在联合国合法席位的时间是（　　）。

 A. 1949 年　　　B. 1956 年　　　C. 1971 年　　　D. 1978 年

19. 1971 年 10 月，新中国在外交上取得的重大成果是（　　）。

 A. 恢复了在世界卫生组织的合法席位

 B. 实现了中日关系正常化

 C. 恢复了在联合国的合法席位

 D. 实现了中法关系正常化

20. 美国总统尼克松访华，中美两国发表上海联合公报是（　　）。

 A. 1970 年　　　B. 1971 年　　　C. 1972 年　　　D. 1973 年

二、简答题

1. 简述毛泽东发表《论十大关系》一文的意义。
2. 简述 1957 年整风运动的主题与形式。
3. 简述中共八大关于国内主要矛盾和主要任务的科学分析。
4. 简述毛泽东关于社会主义社会基本矛盾的分析。
5. 简述毛泽东提出的关于社会主义的发展阶段的思想。
6. 简述毛泽东提出的社会主义现代化建设的战略目标和步骤。
7. 简述"乒乓外交"与中美关系正常化。

三、论述题

1. 试述"七千人大会"的召开及意义。
2. 试述毛泽东关于正确区分社会主义社会两类不同性质矛盾学说的主要内容及其意义。
3. 试述新中国的社会主义建设取得了哪些成就。
4. 试述如何看待以毛泽东为代表的中国共产党人在探索中国社会主义建设道路中所犯的错误。
5. 试述毛泽东等老一辈革命家探索中国社会主义民主政治建设道路的理论贡献。

第十章 中国特色社会主义的开创与接续发展

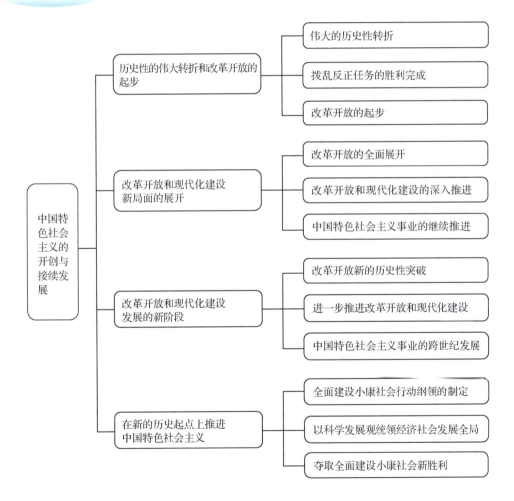

内容精要

第一节 历史性的伟大转折和改革开放的起步

一 伟大的历史性转折

(一) 冲破"两个凡是"的思想禁锢

1. 华国锋坚持"两个凡是"

当时主持中共中央工作的华国锋在粉碎"四人帮"的斗争中起了决定性的作用,并在开展揭批"四人帮"运动等方面发挥了积极作用。

但他坚持"两个凡是"的错误方针,即凡是毛主席做出的决策,我们都坚决维护;凡是毛主席的指示,我们都始终不渝地遵循。这使得彻底纠正"文化大革命"错误的要求和愿望遇到严重阻碍,党和国家的工作出现了在徘徊中前进的局面。

2. 冲破"两个凡是"的思想禁锢

第一,邓小平恢复职务。1977年7月召开的中共十届三中全会通过《关于恢复邓小平同志职务的决议》,恢复邓小平在1976年被撤销的一切职务。

第二,完整地、准确地理解毛泽东思想的科学体系。邓小平在中共十届三中全会上重申要完整地、准确地理解毛泽东思想的科学体系,强调恢复实事求是思想的重要性。

第三,真理标准问题的大讨论。1978年5月11日,《光明日报》发表题为《实践是检验真理的唯一标准》的文章,在全国开始了关于真理标准问题的大讨论。这是继延安整风运动之后又一场马克思主义思想解放运动,成为拨乱反正和改革开放的思想先导,为党重新确立实事求是的思想路线,纠正长期以来的"左"倾错误,实现历史性的转折做了思想理论准备。

(二) 中共十一届三中全会的召开

1. 中共十一届三中全会召开

1978年12月18日至22日,中共十一届三中全会在北京召开。《解放思想,实事求是,团结一致向前看》是此次全会的主题报告。

2. 中共十一届三中全会的内容

第一,工作重点的转移。彻底否定了"两个凡是"的错误方针,高度评价了关于真理标准问题的讨论,并且果断停止使用"以阶级斗争为纲"的口号,做出了把工作重点转移到社会主义现代化建设上来和实行改革开放的战略决策。

第二,恢复民主集中制的优良传统。审查解决了历史上遗留的一批重大问题和一些重要领导人的功过是非问题。

第三，分析了当前的主要矛盾和主要任务。严格区别和正确处理两类不同性质的矛盾，实现四个现代化，要大幅度提高生产力，改变同生产力发展不相适应的生产关系和上层建筑，改变一切不适应的管理方式、活动方式和思想方式，因而是一场深刻的革命。

第四，做出了一系列重大决定。一是全国工作重点转移到社会主义现代化建设；二是加强民主，明确党的思想路线；三是为了保障人民民主，必须加强社会主义法制，使民主制度化、法律化。

3. 中共十一届三中全会的意义

中共十一届三中全会是新中国成立以来党的历史上具有深远意义的伟大转折。

第一，全会结束了粉碎"四人帮"后党和国家工作在徘徊中前进的局面，开始了在思想、政治、组织等领域的全面拨乱反正。

第二，形成了以邓小平为核心的党的中央领导集体，揭开了改革开放的序幕。

第三，以这次全会为标志，中国进入了改革开放和社会主义现代化建设的历史新时期。

二 拨乱反正任务的胜利完成

（一）平反冤假错案

1. 坚持实事求是、有错必纠原则

中共十一届三中全会后，党和国家按照实事求是、有错必纠的原则加快了平反冤假错案的步伐。

第一，1978年11月25日，中共中央政治局做出为"天安门事件""反击右倾翻案风"等重大错案平反的决定。

第二，1980年2月，中共十一届五中全会决定为刘少奇彻底平反并恢复名誉。

到1982年年底，全国大规模的平反冤假错案工作基本结束，290多万名干部的冤假错案得到了平反和纠正。

2. 采取措施调整各种社会关系

摘掉地主、富农分子的帽子，为国民党投诚起义人员落实政策，将小商、小贩、小手工业者等劳动者同原工商业者区别开来，支持各民主党派恢复活动，认真落实民族政策和宗教政策，重申侨务政策，等等。这就为有效地调动社会各阶层人员的积极性、实现改革开放和开创现代化建设的新局面，奠定了必不可少的社会基础和群众基础。

（二）阐明必须坚持四项基本原则

1. 四项基本原则的提出背景

极少数人利用中国共产党进行拨乱反正的时机，打着"解放思想"的幌子，对新中国成立以来党的错误加以夸大和渲染，企图从根本上否定毛泽东思想、中国共产党的领

导、人民民主专政和社会主义道路。

2. 四项基本原则

1979年3月30日，邓小平在理论工作务虚会上发表的讲话中指出：坚持社会主义道路，坚持人民民主专政，坚持共产党的领导，坚持马克思列宁主义、毛泽东思想这四项基本原则，是实现四个现代化的根本前提。如果动摇了这四项基本原则中的任何一项，那就动摇了整个社会主义事业、整个现代化建设事业。

这对排除来自"左"的和右的方面的干扰与影响，保证改革开放和现代化建设事业的顺利进行，提供了可靠的政治基础，指明了正确的方向。

（三）郑重做出第二个历史决议

1. 第二个历史决议的制定背景

全面拨乱反正，必然要求对新中国成立以来中国共产党的重大历史问题做出结论，以便统一全党和全国人民的思想，团结一致向前看。从1979年11月起，在邓小平主持下，中共中央着手起草《关于建国以来党的若干历史问题的决议》（简称"第二个历史决议"，"第一个历史决议"是指1945年党的六届七中全会通过的《关于若干历史问题的决议》）。1981年6月，中共十一届六中全会通过了这个决议。

2. 第二个历史决议的基本内容

第一，评价了毛泽东和毛泽东思想的历史地位。指出：毛泽东同志是伟大的马克思主义者，是伟大的无产阶级革命家、战略家和理论家。他的功绩是第一位的，错误是第二位的。他为中国共产党和中国人民解放军的创立与发展，为中国各族人民解放事业的胜利，为中华人民共和国的缔造和中国社会主义事业的发展，建立了永远不可磨灭的功勋。

第二，概括毛泽东思想的科学体系和活的灵魂。活的灵魂是实事求是、群众路线、独立自主。毛泽东思想是马克思列宁主义在中国的运用与发展，是被实践证明了的关于中国革命和建设的正确的理论原则与经验总结，是中国共产党集体智慧的结晶。

第三，强调毛泽东思想是我们党的宝贵的精神财富，它将长期指导我们的行动。

第四，从根本上否定了"文化大革命"的理论和实践，对新中国成立以来的重大历史事件做出了基本结论。

第五，肯定了中共十一届三中全会以来逐步确立的适合中国情况的建设社会主义现代化强国的道路，进一步指明了中国社会主义事业和党的工作继续前进的方向。

3. 第二个历史决议的意义

第一，决议的通过，标志着党和国家在指导思想上拨乱反正的胜利完成。

第二，表明中国共产党是在政治上、理论上成熟的坚强的马克思主义政党，体现出中国共产党在反省错误、纠正错误的过程中总结新经验、探索新道路的能力。

三 改革开放的起步

（一）国民经济的调整

1. 提出"调整、改革、整顿、提高"方针

针对1977年至1978年出现的国民经济比例失调的情况，1979年4月召开的中共中央工作会议，提出对国民经济实行"调整、改革、整顿、提高"的方针。

会议强调，经济建设必须从国情出发，符合经济规律和自然规律；必须量力而行，循序渐进，经过论证，讲求实效，使发展生产同改善生活紧密结合；必须在独立自主、自力更生的基础上，积极开展对外经济合作和技术交流。

2. 国民经济主要比例关系渐趋合理

经过两年的努力，经济形势较快好转，国民经济的主要比例关系渐趋合理，长期存在的积累率过高和农业、轻工业严重滞后的情况有了根本改变。

（二）农村等改革的突破性进展

1. 农村家庭联产承包责任制的探索和推广

第一，农业和农村经济的发展面临两大问题。一是"政社合一"的人民公社体制亟待改革；二是还有两亿多农民的温饱问题尚未解决。这些都涉及农村生产关系的调整问题。

第二，探索试行多种形式的农业生产责任制。从1978年开始，安徽、四川的基层干部和农民群众，在省委支持下，开始探索试行包产到组、包产到户、包干到户等多种形式的农业生产责任制，取得了很好的效果。

第三，在中共中央的支持和推动下，以包产到户、包干到户为主要形式的家庭联产承包责任制，在全国各地逐渐推广开来。

第四，家庭联产承包责任制实行以后，农民对集体所有的土地具有充分的经营自主权，农民生产的产品"保证国家的，留足集体的，剩下都是自己的"。它在土地集体所有制的基础上，将农民家庭承包经营的积极性和集体经济的优越性结合起来，受到农民的普遍欢迎。

2. 人民公社体制解体，建立乡政府基层政权

"统分结合"的农村家庭联产承包责任制的普遍实行，促进了"政社合一"的人民公社体制的解体。1983年10月，中共中央、国务院发出通知，实行政社分开，建立乡（镇）政府作为基层政权，同时成立村民委员会作为村民自治组织。

3. 探索城市经济体制改革

逐步扩大国有企业经营自主权，把部分中央和省属企业下放给城市管理，开始实行政企分开，进行城市经济体制综合改革试点等。

4. 对外开放迈出较大步伐

1980年5月，中共中央决定在深圳、珠海、汕头、厦门设立经济特区，采取多种形

式吸引和利用外资，学习国外的先进技术和经营管理方法。此后，经济特区加快发展。

(三) 对外政策的调整

1. 中日、中美关系取得重要进展

第一，1978年8月12日，中日两国签署了《中华人民共和国和日本国和平友好条约》。同年10月，邓小平访问日本。中日睦邻友好关系发展到一个新起点。

第二，1979年1月1日，中美两国正式建立外交关系。同年1月，邓小平访问美国，实现了中华人民共和国领导人对美国的首次国事访问。

2. 邓小平对国际局势的判断

1980年1月，邓小平在《目前的形势和任务》的讲话中做出一个重要判断：

第一，要寻求一个和平的环境来实现四个现代化。

第二，明确提出维护世界和平、实现祖国统一、加紧现代化建设是中国人民长期奋斗的三件大事。

3. 祖国统一大业稳步推进

1979年1月1日，全国人大常委会发表《告台湾同胞书》，建议结束军事对峙状态。1981年9月，叶剑英进一步阐明关于台湾回归祖国、实现和平统一的九项方针政策。

第二节　改革开放和现代化建设新局面的展开

一　改革开放的全面展开

(一) 社会主义现代化建设宏伟纲领的制定

1. 中国共产党第十二次全国代表大会

1982年9月，中国共产党第十二次全国代表大会在北京召开。

第一，提出建设有中国特色的社会主义。邓小平在开幕词中提出，"把马克思主义的普遍真理同我国的具体实际结合起来，走自己的道路，建设有中国特色的社会主义"。这是总结党的长期历史经验得出的基本结论，成为新时期指引全党和全国人民前进的基本口号。

第二，提出"高度文明"和"高度民主"的奋斗目标。

第三，明确党在新的历史时期的总任务是：团结全国各族人民，自力更生，艰苦奋斗，逐步实现工业、农业、国防和科学技术现代化，把我国建设成为高度文明、高度民主的社会主义国家。

2.《中华人民共和国宪法》

1982年11月至12月召开的五届全国人大五次会议，审议关于宪法修改草案的报告，

通过《中华人民共和国宪法》。

（二）改革重点从农村转向城市

1. "公有制基础上的有计划的商品经济"的提出

1984年10月，中共十二届三中全会通过《关于经济体制改革的决定》。该决定突破把计划经济同商品经济对立起来的观点，指出我国社会主义经济是在公有制基础上的有计划的商品经济。

该决定的做出和实施，使经济体制改革以城市为重点全面展开，在一些方面取得重要进展。

2. 生产资料所有制结构突破单一公有制结构

所有制结构突破单一公有制结构，形成以公有制为主体、多种经济成分开始发展的局面。

3. 国有企业的改革

国有企业的经营自主权逐步扩大，所有权和经营权适当分离；改革高度集中的计划管理体制，经济杠杆在国家宏观调控中的作用明显增强。

（三）多层次对外开放格局的形成

第一，1983年，中共中央决定对海南岛实行经济特区的某些政策，加速海南岛开发。1988年4月建立海南省，将全海南岛辟为经济特区。

第二，1984年5月，中共中央决定进一步开放14个沿海港口城市。

第三，1985年2月，中共中央决定把长江三角洲、珠江三角洲、闽南厦（门）漳（州）泉（州）三角地区开辟为沿海经济开放区。

逐步形成了"经济特区—沿海开放城市—沿海经济开放区—内地"这样一个多层次、有重点、点面结合的对外开放格局。

（四）整党和社会主义精神文明建设

1. 全面整党

1983年10月召开的中共十二届二中全会做出关于整党的决定，开始全面整党。这次整党历时三年半，到1987年5月基本结束。这次整党的任务是：

第一，统一思想，纠正一切违反四项基本原则、违反十一届三中全会以来党的路线的"左"的和右的错误倾向。

第二，整顿作风，纠正各种利用职权谋取私利的行为。

第三，加强纪律，坚持民主集中制的组织原则，改变党组织的软弱涣散状况。

第四，纯洁组织，把坚持反对党、危害党的分子清理出去。

2. 社会主义精神文明建设

1986年9月，中共十二届六中全会通过了《关于社会主义精神文明建设指导方针的决议》，明确社会主义精神文明建设的根本任务是，适应社会主义现代化建设的需要，培养有理想、有道德、有文化、有纪律的社会主义公民，提高整个中华民族的思想道德素质和科学文化素质。

（五）政治体制改革基本思路的提出

1. 政治体制改革基本任务的提出

1980年8月，邓小平发表《党和国家领导制度的改革》的讲话，分析了党和国家领导体制中存在的问题与弊端，提出了政治体制改革的基本任务。

2. 政治体制改革的基本思路

第一，政治体制改革是社会主义制度的自我完善，必须以四项基本原则为指导，遵循统一领导、循序渐进的原则，在中国共产党的领导下有步骤、有秩序地推进。

第二，必须坚持从本国国情出发，总结本国实践经验，同时借鉴人类政治文明的有益成果，绝不应照搬西方政治制度的模式，绝不能搞资产阶级自由化。

二 改革开放和现代化建设的深入推进

1987年10月，中国共产党第十三次全国代表大会在北京举行。大会比较系统地阐述了关于社会主义初级阶段的理论，完整地概括了中国共产党在社会主义初级阶段"一个中心、两个基本点"的基本路线，制定了"三步走"的发展战略。

（一）社会主义初级阶段理论和党的基本路线的提出

1. 社会主义初级阶段理论

我国正处在社会主义的初级阶段。这个论断，包括两层含义。第一，我国社会已经是社会主义社会。我们必须坚持而不能离开社会主义。第二，我国的社会主义社会还处在初级阶段。我们必须从这个实际出发，而不能超越这个阶段。

2. 社会主义初级阶段基本路线

1987年党的十三大提出，2007年党的十七大和2017年党的十九大补充完善的基本路线是：领导和团结全国各族人民，以经济建设为中心，坚持四项基本原则，坚持改革开放，自力更生，艰苦创业，为把我国建设成为富强、民主、文明、和谐、美丽的社会主义现代化强国而奋斗。

（二）"三步走"发展战略的制定和实施

中共十三大正式制定了社会主义现代化建设"三步走"的战略部署：

第一步，实现国民生产总值比1980年翻一番，解决人民的温饱问题。这个任务已经基本实现。

第二步，到20世纪末，使国民生产总值再增长一倍，人民生活达到小康水平。

第三步，到21世纪中叶，人均国民生产总值达到中等发达国家水平，人民生活比较富裕，基本实现现代化。

"三步走"发展战略及相关政策的制定，进一步解决了中国现代化建设的目标、步骤等关系全局的重大问题，对中国未来几十年的发展具有深远的影响。

三　中国特色社会主义事业的继续推进

（一）1989年政治风波的发生与平息

1. 1989年政治风波的发生

1989年春夏之交的这场政治风波，是国际的大气候和中国自己的小气候所决定了的，是极少数敌对势力利用我们党在工作中的失误，利用人民群众对腐败现象的不满，掀起的一场有计划、有组织、有预谋的政治风波。

2. 1989年政治风波的平息

1989年春夏之交的这场政治风波，从5月13日起，到6月4日被平息。

6月9日，邓小平接见首都戒严部队军以上干部，并发表讲话。

第一，讲话指出，极少数敌对势力反对共产党、反对社会主义的目的"是要建立一个完全西方附庸化的资产阶级共和国"。

第二，讲话强调，要坚定不移地执行党的十一届三中全会以来制定的一系列路线、方针、政策，要认真总结经验，对的要继续坚持，失误的要纠正，不足的要加点劲。

这篇讲话在关键时刻坚定了全国人民对于贯彻落实中共十一届三中全会以来制定的"一个中心、两个基本点"的基本路线、进一步推进改革开放和现代化建设的信心与决心。

（二）向新的中共中央领导集体的顺利过渡

1989年6月，中共十三届四中全会决定撤销赵紫阳的中共中央总书记等职务，选举江泽民为中共中央总书记。

1989年11月召开的中共十三届五中全会接受了邓小平辞去中共中央军事委员会主席职务的请求，决定由江泽民任中共中央军事委员会主席。

（三）继续开展国民经济的治理整顿工作

中共十三届四中全会后，中共中央把一度被延误的国民经济治理整顿工作重新提上日程。

第一，1989年11月，中共十三届五中全会通过《关于进一步治理整顿和深化改革的决定》，明确了治理整顿的主要目标和必须抓好的重要环节，到1990年年底就取得明显的成效。

第二，在治理整顿的同时，改革开放也进一步推进。1990年4月，根据邓小平的建议，启动了上海浦东新区开发、开放的战略举措。

第三，在治理整顿和深化改革的推动下，到1990年年底，"七五"计划胜利完成。

第四，邓小平提出了"两个飞跃"的思想。他强调：中国社会主义农业的改革和发展会有两个飞跃，第一个飞跃是废除人民公社，实行家庭联产承包为主的责任制，第二个飞跃就是发展集体经济。农村经济最终还是要实现集体化和集约化。仅靠双手劳动，仅是一家一户的耕作，不向集体化集约化经济发展，农业现代化的实现是不可能的。

（四）对外工作在打破对华"制裁"中全方位推进

1. 中国局势判断

从 1989 年 9 月到 1990 年，邓小平多次接见美国政要和学者，指出：第一，中国目前的局势是稳定的；第二，中国人吓不倒。在判断中国局势的时候，这两点必须看清楚。

2. 外交方针

邓小平又根据苏联解体、东欧剧变后国际格局的重大变化，提出"冷静观察、稳住阵脚、沉着应付、韬光养晦、善于守拙、决不当头、有所作为"的方针。

这使党和国家在打破美国等西方国家"制裁"、应对苏东剧变（东欧巨变）后的国际局势的过程中始终处于主动的地位。

3. 全方位对外开放方针

继 1985 年和 1988 年外商在华投资的两次高潮之后，在 1991 年出现了第三次外商在华投资高潮。到 1992 年，中国已同 200 多个国家和地区发展贸易、科技、文化交流与合作，赢得了更加有利的国际环境和周边环境。

（五）全面推进中国共产党的自身建设

1990 年 3 月召开的中共十三届六中全会，通过了《关于加强党同人民群众联系的决定》。

该决定强调能否始终保持和发展党同人民群众的血肉联系，直接关系到党和国家的盛衰兴亡；提出在党内普遍深入进行马克思主义群众观点和群众路线的再教育，克服党内存在的各种腐败现象。

第三节　改革开放和现代化建设发展的新阶段

一　改革开放新的历史性突破

（一）邓小平南方谈话

1992 年，邓小平先后视察武昌、深圳、珠海、上海等地，发表重要谈话。

1. 革命是解放生产力，改革也是解放生产力

第一，不坚持社会主义，不改革开放，不发展经济，不改善人民生活，只能是死路一条。

第二，基本路线要管一百年，动摇不得。

第三，"三个有利于"判断标准，即是否有利于发展社会主义社会的生产力，是否

有利于增强社会主义国家的综合国力,是否有利于提高人民的生活水平。

2. 计划和市场的关系

计划多一点还是市场多一点,不是社会主义与资本主义的本质区别。计划经济不等于社会主义,资本主义也有计划;市场经济不等于资本主义,社会主义也有市场。计划和市场都是经济手段。

3. 社会主义的本质

社会主义的本质,是解放生产力,发展生产力,消灭剥削,消除两极分化,最终达到共同富裕。

右可以葬送社会主义,"左"也可以葬送社会主义。中国要警惕右,但主要是防止"左"。

4. 发展才是硬道理

发展才是硬道理,关键是发展经济。科学技术是第一生产力。高科技领域,中国也要在世界占有一席之地。

5. 坚持两手抓,两手都要硬

中国的事情能不能办好,从一定意义上说,关键在人。中国要出问题,还是出在共产党内部。要坚持两手抓,一手抓改革开放,一手抓打击各种犯罪活动。这两只手都要硬。在整个改革开放过程中都要反对腐败。

6. 社会主义建设是一个长期曲折的过程

邓小平强调,我们搞社会主义才几十年,还处在初级阶段。巩固和发展社会主义制度,还需要一个很长的历史阶段,需要我们几代人、十几代人,甚至几十代人坚持不懈地努力奋斗,绝不能掉以轻心。社会主义经历一个长过程发展后必然代替资本主义。这是社会历史发展不可逆转的总趋势,但道路是曲折的。

7. 邓小平南方谈话的意义

邓小平的南方谈话,在重大历史关头科学地总结了十一届三中全会以来党的基本实践和基本经验,明确回答了长期困扰和束缚人们思想的许多重大认识问题,对整个社会主义现代化建设事业产生了重大而深远的影响。

(二)确立社会主义市场经济体制的改革目标

1992年10月,中国共产党第十四次全国代表大会在北京召开。

第一,大会确立了邓小平建设有中国特色社会主义理论在全党的指导地位,概括了建设有中国特色社会主义理论的主要内容。

第二,大会明确提出,我国经济体制改革的目标是建立社会主义市场经济体制。社会主义市场经济,是同社会主义基本制度结合在一起的,就是要使市场在社会主义国家宏观调控下对资源配置起基础性作用。

第三,以邓小平南方谈话和中共十四大为标志,改革开放和现代化建设事业进入从计划经济体制向社会主义市场经济体制转变的新阶段,由此打开了中国经济、政治、文化发展的崭新局面。

二 进一步推进改革开放和现代化建设

（一）经济体制改革的深入推进

1. 《关于建立社会主义市场经济体制若干问题的决定》

1993年11月召开的中共十四届三中全会，通过了《关于建立社会主义市场经济体制若干问题的决定》，将中共十四大提出的社会主义市场经济体制改革的目标和基本原则具体化，进一步勾画了社会主义市场经济体制的基本框架，明确了国有企业改革的基本方向，成为20世纪90年代进行经济体制改革的行动纲领。

2. 经济体制改革

第一，从1994年起，按照建立现代企业制度的总体思路推进国有企业改革。

第二，中共中央大力加强宏观调控，解决在经济高速发展过程中逐渐暴露出的经济过热问题。

3. 对外开放迈出重大步伐

到1997年，逐步形成了从沿海到沿江、从沿边到内陆，多层次、多渠道、多种形式的全方位对外开放的新格局。

（二）正确处理改革、发展、稳定的关系

第一，1994年年初，中共中央提出"抓住机遇、深化改革、扩大开放、促进发展、保持稳定"的基本方针。

第二，1994年5月，江泽民强调稳定是前提，改革是动力，发展是目标，三者相互促进。

第三，1995年9月，江泽民阐述了要正确处理好社会主义现代化建设中的十二个重大关系。指出改革、发展、稳定的关系是总揽全局的，要把改革的力度、发展的速度和社会可承受的程度协调统一起来，做到在政治和社会稳定中推进改革与发展，在改革与发展的推进中实现政治和社会的长期稳定。

（三）精神文明建设与民主法治建设不断加强

1. 精神文明建设

1996年10月，中共十四届六中全会做出了《关于加强社会主义精神文明建设若干重要问题的决议》，对新形势下的精神文明建设做出了具体部署和规划，强调要以科学的理论武装人，以正确的舆论引导人，以高尚的精神塑造人，以优秀的作品鼓舞人，培养有理想、有道德、有文化、有纪律的社会主义公民。

2. 民主法治建设

1993—1997年，全国人大及其常委会制定和出台了近百个法律及有关法律的决定，其中多数是社会主义市场经济方面的立法，为整个社会经济活动的正常运行提供了重要

的法律保障。

三 中国特色社会主义的跨世纪发展

（一）高举邓小平理论伟大旗帜，提出跨世纪发展战略

1. 中共十五大的主题

1997年9月，中国共产党第十五次全国代表大会在北京召开。大会的主题是：高举邓小平理论伟大旗帜，把建设有中国特色社会主义事业全面推向21世纪。

2. 中共十五大的内容

第一，提出了党在社会主义初级阶段的基本纲领，这是党的基本路线在经济、政治、文化等方面的展开。

第二，提出了一系列新论断。公有制为主体、多种所有制经济共同发展，是中国社会主义初级阶段的一项基本经济制度。公有制的实现形式可以而且应当多样化。依法治国，是党领导人民治理国家的基本方略。

3. 中共十五大的意义

中共十五大在世纪之交的关键时刻，继承邓小平遗志，承前启后、继往开来，明确回答了中国的改革开放和现代化建设继续向前发展的一系列重大理论问题与实践问题，从思想上、政治上、组织上为中国特色社会主义事业的跨世纪发展提供了根本保证。

（二）改革开放和现代化建设在经受风险考验中前进

1. 面临的风险考验

第一，1997年爆发的亚洲金融危机，对中国经济产生了严重冲击。

第二，1998年，长江、嫩江和松花江等流域发生了历史上罕见的洪涝灾害。

第三，1999年，又接连发生以美国为首的北约袭击中国驻南斯拉夫使馆，李登辉抛出"两国论"，"法轮功"邪教组织策划非法聚众闹事等事件。

2. 在风险考验中前进

第一，1998年10月召开的中共十五届三中全会，通过了《中共中央关于农业和农村工作若干重大问题的决定》，进一步推动解决"三农"（农业、农村、农民）问题。

第二，1999年9月召开的中共十五届四中全会，通过了《中共中央关于国有企业改革和发展若干重大问题的决定》，推动国有企业改革。

第三，出台了推进城镇住房制度改革、医疗保险制度改革和财政税收改革的措施。

第四，根据邓小平关于现代化建设的战略思想，中央做出了实施西部大开发战略的部署。

第五，2001年12月11日，经过长达15年的艰苦谈判，中国正式加入世界贸易组织，标志着中国的对外开放进入一个新阶段。

(三）祖国统一大业的推进

1. "一国两制"构想

20世纪70年代末80年代初，邓小平提出了"一个国家、两种制度"的构想，就是在一个中国的前提下，国家的主体坚持社会主义制度；香港、澳门、台湾是中华人民共和国不可分离的部分，它们作为特别行政区保持原有的资本主义制度长期不变。在国际上代表中国的，只能是中华人民共和国。

2. 香港、澳门回归

1997年7月1日，中华人民共和国香港特别行政区正式成立。1999年12月20日，中华人民共和国澳门特别行政区正式成立。香港、澳门的回归，使"一国两制"从科学构想变为现实，标志着祖国统一大业又向前迈出了重要的一步。

3. "九二共识"

中国政府还加强大陆同台湾地区的经济技术合作与交流，促进双方人员往来。1992年10月，大陆海峡两岸关系协会与台湾海峡交流基金会举行商谈，达成体现一个中国原则的"九二共识"。

（四）实施党的建设新的伟大工程

1. 两大历史性课题

中共十四大以后，以江泽民为核心的中央领导集体在继续抓好经济建设的同时，十分重视加强党的建设，坚持党要管党、从严治党的方针，切实解决提高党的领导水平和执政水平、提高拒腐防变和抵御风险能力这两大历史性课题。

1994年9月，中共十四届四中全会通过《关于加强党的建设几个重大问题的决定》，从推进新的伟大工程的高度，对党的建设面临的一些重大问题做出了具体部署。

2. "三讲"主题教育

1998年11月21日，根据中共十五大的部署，中央决定在县级以上党政领导班子、领导干部中深入开展以"讲学习、讲政治、讲正气"为主要内容的党性党风教育。这次"三讲"教育历时近两年，使各级领导干部普遍受到了一次深刻的马克思主义教育，党的思想、政治、组织、作风建设明显加强。

（五）"三个代表"重要思想

2001年7月1日，江泽民在庆祝中国共产党成立80周年大会上发表讲话，系统阐述"三个代表"重要思想的科学内涵和基本内容。

1. "三个代表"重要思想的基本内容

我们党要继续站在时代前列，带领人民胜利前进，归结起来，就是必须始终代表中国先进生产力的发展要求，代表中国先进文化的前进方向，代表中国最广大人民的根本利益。

2. "三个代表"重要思想提出的意义

引起国内外强烈反响，全党和全国上下兴起学习贯彻"三个代表"重要思想的高潮,有力推动了改革开放和现代化建设的跨世纪发展,为中共十六大的召开奠定了思想基础。

第四节　在新的历史起点上推进中国特色社会主义

一　全面建设小康社会行动纲领的制定

(一) 党的十六大的召开

1. 召开时间

2002年11月,中国共产党第十六次全国代表大会在北京召开。

2. 会议内容

第一,高度评价"三个代表"重要思想的历史地位和重要作用,把"三个代表"重要思想确立为中国共产党必须长期坚持的指导思想,并写入党章,实现了党的指导思想的又一次与时俱进。

第二,确立了全面建设小康社会的奋斗目标。提出要在21世纪头20年,紧紧抓住这一重要战略机遇期,集中力量,全面建设惠及十几亿人口的更高水平的小康社会。

(二) 中央领导集体的平稳交替

中共十六届一中全会选举产生了新的中央政治局,选举胡锦涛为中共中央总书记,决定江泽民为中共中央军事委员会主席。

2003年3月,十届全国人大一次会议选举胡锦涛为国家主席,江泽民为国家中央军事委员会主席,吴邦国为全国人大常委会委员长,决定温家宝为国务院总理。

2004年9月,中共十六届四中全会通过《关于同意江泽民同志辞去中共中央军事委员会主席职务的决定》,决定胡锦涛为中共中央军事委员会主席。党和国家的中央领导集体再一次实现了平稳交接。

二　以科学发展观统领经济社会发展全局

(一) 树立和落实科学发展观

1. 科学发展观的提出过程

2003年10月,中共十六届三中全会提出了坚持以人为本、全面协调可持续的科学发展观。

2005年10月,中共十六届五中全会指出科学发展观是推动经济社会发展、加快推进社会主义现代化建设必须长期坚持的指导思想。

2007年10月，胡锦涛在党的十七大报告中，全面论述科学发展观的科学内涵和精神实质。

2. 科学发展观的科学内涵和精神实质

科学发展观，第一要义是发展，核心是以人为本，基本要求是全面协调可持续，根本方法是统筹兼顾。

3. 科学发展观的科学意义

第一，是以胡锦涛为代表的中国共产党人在实践基础上的理论创新，围绕坚持和发展中国特色社会主义提出的新思想、新观点和新论断。

第二，它深刻认识和回答了新形势下实现什么样的发展、怎样发展等重大问题，把我们对中国特色社会主义规律的认识提高到新的水平，开辟了当代马克思主义发展新境界。

（二）提出构建社会主义和谐社会的战略任务

2006年10月，中共十六届六中全会审议通过了《中共中央关于构建社会主义和谐社会若干重大问题的决定》。

第一，社会和谐是中国特色社会主义的本质属性。社会和谐是国家富强、民族振兴、人民幸福的重要保证，其主要特征是民主法治、公平正义、诚信友爱、充满活力、安定有序、人与自然和谐相处。

第二，提出社会主义核心价值体系基本内容。马克思主义指导思想，中国特色社会主义共同理想，以爱国主义为核心的民族精神和（以）改革创新为核心的时代精神，社会主义荣辱观。

第三，将"和谐"列入现代化建设的奋斗目标，号召全国各族人民"为把我国建设成为富强民主文明和谐的社会主义现代化国家而奋斗"。

构建社会主义和谐社会战略思想的提出，使中国特色社会主义事业的总体布局由经济建设、政治建设、文化建设"三位一体"发展为经济建设、政治建设、文化建设、社会建设"四位一体"，丰富和发展了马克思主义关于社会主义社会建设的理论。

（三）推动经济又好又快发展和促进社会全面进步

1. 推进社会主义新农村建设

2005年10月召开的中共十六届五中全会，提出了建设社会主义新农村的战略任务，提出了"生产发展、生活宽裕、乡风文明、村容整洁、管理民主"的要求。

2006年1月1日起，正式废除农业税。

2. 大力建设创新型国家

2005年10月，胡锦涛在中共十六届五中全会上，明确提出建设创新型国家的任务。

2005年，"十五"计划确定的主要发展目标提前实现，2006年3月，十届全国人大四次会议批准了《中华人民共和国国民经济和社会发展第十一个五年规划纲要》。

（四）走和平发展的道路

第一，坚持走和平发展的道路，就是中国既通过争取和平的国际环境发展自己，又通过自己的发展来促进世界和平，永远做维护世界和平、促进共同发展的坚定力量。

第二，主要依靠自身力量和改革创新来实现发展，同时坚持对外开放的基本国策，在平等互利的基础上同世界各国开展交流合作，努力实现互利共赢。

第三，中国还同国际社会其他成员携手努力，为实现各国和谐相处、全球经济和谐发展、不同文明的和谐进步发挥积极作用，共同致力于建设一个持久和平、共同繁荣的和谐世界。

（五）加强党的执政能力建设和先进性建设

1. 党的执政能力建设

2004年9月，中共十六届四中全会通过的《中共中央关于加强党的执政能力建设的决定》，指出当前和今后一个时期加强党的执政能力建设的主要任务是，按照推动社会主义物质文明、政治文明、精神文明协调发展的要求，不断提高驾驭社会主义市场经济的能力、发展社会主义民主政治的能力、建设社会主义先进文化的能力、构建社会主义和谐社会的能力、应对国际局势和处理国际事务的能力。

2. 党的先进性建设

从2005年年初开始，用一年半左右的时间，在全党开展以实践"三个代表"重要思想为主要内容的保持共产党员先进性教育活动。

三 夺取全面建设小康社会新胜利

（一）中共十七大的召开

第一，大会的主题。高举中国特色社会主义伟大旗帜，以邓小平理论和"三个代表"重要思想为指导，深入贯彻落实科学发展观，继续解放思想，坚持改革开放，推动科学发展，促进社会和谐，为夺取全面建设小康社会新胜利而奋斗。

第二，大会强调要深入贯彻落实科学发展观，要求始终坚持"一个中心、两个基本点"的基本路线。坚持把以经济建设为中心同四项基本原则、改革开放这两个基本点统一于发展中国特色社会主义的伟大实践。

第三，提出夺取全面建设小康社会奋斗目标的新要求。

第四，大会通过了关于《中国共产党章程（修正案）》的决议。大会一致同意将科学发展观写入党章。

（二）全面推进伟大工程和伟大事业

1. 深入学习实践科学发展观活动

从2008年9月开始，中共中央决定，用一年半左右的时间，在全党开展深入学习实践科学发展观活动,要求着力转变不适应、不符合科学发展要求的思想观念,着力解决影响和制约科学发展的突出问题,着力构建有利于科学发展的体制机制,提高领导科学发展、促进社会和谐的能力,使党的工作和党的建设更加符合科学发展观的要求。

2. 新形势下加强和改进党的建设的部署

2009年9月,中共十七届四中全会通过《关于加强和改进新形势下党的建设若干重大问题的决定》,总结中国共产党在执政条件下加强自身建设的基本经验,提出加强和改进党的建设的总体要求、目标任务、重要举措,对新形势下加强和改进党的建设做出部署。

（三）应对国际金融危机

1. 应对国际金融危机

2008年下半年,爆发了国际金融危机。中共中央和国务院及时果断地调整宏观调控着力点,出台进一步扩大内需、促进经济平稳较快增长的十项措施,全面实施一揽子计划,积累了有效应对外部经济风险冲击、保持经济平稳较快发展的重要经验,彰显了中国特色社会主义的优越性。

2. 制定第十二个五年规划

2010年10月,中共十七届五中全会通过《中共中央关于制定国民经济和社会发展第十二个五年规划的建议》,明确"十二五"时期要以科学发展为主题,以加快转变经济发展方式为主线,为全面建成小康社会打下具有决定性意义的基础。

（四）确立建设社会主义文化强国的战略目标

2011年10月,中共十七届六中全会通过《中共中央关于深化文化体制改革 推动社会主义文化大发展大繁荣若干重大问题的决定》,阐述了中国特色社会主义文化发展的道路,确立了建设社会主义文化强国的战略目标,提出了新形势下推进文化改革发展的指导思想、重要方针、目标任务、政策举措。以这次全会为标志,我国文化改革发展进入一个新阶段。

要点荟萃

一 关于真理标准问题大讨论

1. 1978年5月11日,《光明日报》发表题为《实践是检验真理的唯一标准》的文章,在全国开始了关于真理标准问题的大讨论。

2. 这一讨论的意义主要体现在两个方面:

第一,冲破了"两个凡是"的思想束缚,是继延安整风之后又一场马克思主义思想解放运动,成为拨乱反正和改革开放的思想先导。

第二,为党重新确立实事求是的思想路线,纠正长期以来的"左"倾错误,实现历史性的转折做了思想理论准备。

二 中共十一届三中全会的历史贡献

1. 中共十一届三中全会召开的时间是 1978 年 12 月 18 日至 22 日。
2. 中共十一届三中全会的主题报告是《解放思想,实事求是,团结一致向前看》。
3. 中共十一届三中全会的历史贡献主要体现在以下三个方面:

第一,全会结束了粉碎"四人帮"后党和国家工作在徘徊中前进的局面,开始了在思想、政治、组织等领域的全面拨乱反正。

第二,形成了以邓小平为核心的党的中央领导集体,做出了把工作重点转移到社会主义现代化建设上来和实行改革开放的战略决策,揭开了改革开放的序幕。

第三,是新中国成立以来党的历史上具有深远意义的伟大转折,以这次全会为标志,中国进入了改革开放和社会主义现代化建设的历史新时期。

三 平反冤假错案

1. 中共十一届三中全会后,党和国家按照实事求是、有错必纠的原则加快了平反冤假错案的步伐。
2. 1978 年 11 月 25 日,中共中央政治局做出为"天安门事件""反击右倾翻案风"等重大错案平反的决定。
3. 1980 年 2 月,中共十一届五中全会决定为刘少奇彻底平反并恢复名誉。
4. 到 1982 年年底,全国大规模的平反冤假错案工作基本结束,290 多万名干部的冤假错案得到了平反和纠正。

四 阐明必须坚持四项基本原则

1. 坚持四项基本原则的主要内容是:

坚持社会主义道路,坚持人民民主专政,坚持共产党的领导,坚持马克思列宁主义、毛泽东思想。

2. 坚持四项基本原则的意义是:

实现四个现代化的根本前提。如果动摇了这四项基本原则中的任何一项,那就动摇了整个社会主义事业、整个现代化建设事业。

五 第二个历史决议关于毛泽东和毛泽东思想历史地位的科学评价

1. 1981 年 6 月,中共十一届六中全会通过的决议名称是《关于建国以来党的若干历史问题的决议》(简称"第二个历史决议")。

2. 第二个历史决议科学评价了毛泽东，指出：

毛泽东同志是伟大的马克思主义者，是伟大的无产阶级革命家、战略家和理论家。他的功绩是第一位的，错误是第二位的。他为中国共产党和中国人民解放军的创立和发展，为中国各族人民解放事业的胜利，为中华人民共和国的缔造和中国社会主义事业的发展，建立了永远不可磨灭的功勋。

3. 第二个历史决议概括了毛泽东思想，指出：

毛泽东思想是马克思列宁主义在中国的运用与发展，是被实践证明了的关于中国革命的正确的理论原则和经验总结，是中国共产党集体智慧的结晶。

4. 第二个历史决议科学评价了毛泽东思想的历史地位，指出毛泽东思想是我们党的宝贵的精神财富，将长期指导我们的行动。

5. 第二个历史决议概括了毛泽东思想活的灵魂是实事求是、群众路线、独立自主。

六 改革开放的起步

1. 1979年4月召开的中共中央工作会议，提出对国民经济实行调整的方针是"调整、改革、整顿、提高"。

2. "统分结合"的农村家庭联产承包责任制的主要内容是：

第一，农民对集体所有的土地具有充分的经营自主权，农民生产的产品"保证国家的，留足集体的，剩下都是自己的"。

第二，它在土地集体所有制的基础上，将农民家庭承包经营的积极性和集体经济的优越性结合起来，受到农民的普遍欢迎。

第三，"统分结合"的农村家庭联产承包责任制的普遍实行，促进了"政社合一"的人民公社体制的解体。

3. 1980年5月，中共中央决定设立的四个经济特区是深圳、珠海、汕头、厦门。设立经济特区的主要目的是采取多种形式吸引和利用外资，学习国外的先进技术和经营管理方法。

4. 1979年元旦，全国人大常委会发表的关于祖国统一大业的重要文献是《告台湾同胞书》。

七 中共十二大

1. 中共十二大召开的时间是1982年9月1日至11日。

2. 中共十二大首次提出"把马克思主义的普遍真理同我国的具体实际结合起来，走自己的道路，建设有中国特色的社会主义"。

3. 中共十二大报告明确党在新的历史时期的总任务是：团结全国各族人民，自力更生，艰苦奋斗，逐步实现工业、农业、国防和科学技术现代化，把我国建设成为高度文明、高度民主的社会主义国家。

八 改革重点从农村转向城市

1. 1984 年 10 月，中共十二届三中全会通过了《关于经济体制改革的决定》。

2. 该决定突破把计划经济同商品经济对立起来的观点，指出我国社会主义经济是在公有制基础上的有计划的商品经济。

3. 该决定的做出和实施，使经济体制改革以城市为重点全面展开。

九 多层次对外开放格局的形成

1. 1988 年 4 月，七届全国人大一次会议通过的决定是设立海南省和建立海南经济特区。

2. 通过逐步开放 14 个沿海港口城市和沿海经济开放区，逐步形成了"经济特区—沿海开放城市—沿海经济开放区—内地"这样一个多层次、有重点、点面结合的对外开放格局。

十 社会主义精神文明建设

1. 1986 年 9 月，中共十二届六中全会通过了《关于社会主义精神文明建设指导方针的决议》。

2. 该决议明确社会主义精神文明建设的根本任务：培养有理想、有道德、有文化、有纪律的社会主义公民，提高整个中华民族的思想道德素质和科学文化素质。

十一 政治体制改革基本思路的提出

1. 1980 年 8 月，邓小平中共中央政治局扩大会议上发表的讲话是《党和国家领导制度的改革》。

2. 讲话分析了党和国家领导体制中存在的问题和弊端，提出了政治体制改革的基本任务。

3. 邓小平指出政治体制改革的基本思路是：

第一，政治体制改革是社会主义制度的自我完善，必须以四项基本原则为指导，遵循统一领导、循序渐进的原则，在中国共产党的领导下有步骤、有秩序地推进。

第二，必须坚持从本国国情出发，总结本国实践经验，同时借鉴人类政治文明的有益成果，绝不应照搬西方政治制度的模式，绝不能搞资产阶级自由化。

十二 中共十三大

1. 中国共产党第十三次全国代表大会的召开时间是 1987 年 10 月 25 日—11 月 1 日。

2. 大会比较系统地阐述了关于社会主义初级阶段的理论，完整地概括了中国共产党在社会主义初级阶段"一个中心、两个基本点"的基本路线，制定了"三步走"的发展战略。

3. 社会主义初级阶段理论包含两层含义：

第一，我国社会已经是社会主义社会。我们必须坚持而不能离开社会主义。第二，我国的社会主义社会还处在初级阶段。我们必须从这个实际出发，而不能超越这个阶段。

4. 中国共产党在社会主义初级阶段的基本路线概括为"一个中心，两个基本点"，主要内容是：领导和团结全国各族人民，以经济建设为中心，坚持四项基本原则，坚持改革开放，自力更生，艰苦创业，为把我国建设成为富强、民主、文明、和谐、美丽的社会主义现代化强国而奋斗。

5. 中共十三大正式制定了社会主义现代化建设"三步走"的战略部署：

第一步，实现国民生产总值比1980年翻一番，解决人民的温饱问题。这个任务已经基本实现。

第二步，到20世纪末，使国民生产总值再增长一倍，人民生活达到小康水平。

第三步，到21世纪中叶，人均国民生产总值达到中等发达国家水平，人民生活比较富裕，基本实现现代化。

十三 邓小平关于中国农业改革和发展"两个飞跃"的思想

1990年3月，邓小平指出中国社会主义农业的改革和发展会有两个飞跃，第一个飞跃是废除人民公社，实行家庭联产承包为主的责任制，第二个飞跃就是发展集体经济。

农业最终要以公有制为主体，农村经济最终还是要实现集体化和集约化，这是实现农业现代化的前提。

十四 邓小平南方谈话的主要内容及其意义

1. 南方谈话主要包含六个方面的内容：

第一，革命是解放生产力，改革也是解放生产力。判断的标准应该主要看是否有利于发展社会主义社会的生产力，是否有利于增强社会主义国家的综合国力，是否有利于提高人民的生活水平。

第二，计划多一点还是市场多一点，不是社会主义与资本主义的本质区别，计划和市场都是经济手段。

第三，社会主义的本质，是解放生产力，发展生产力，消灭剥削，消除两极分化，最终达到共同富裕。

第四，发展才是硬道理，关键是发展经济，其中科学技术是第一生产力。

第五，中国的事情能不能办好，从一定意义上说，关键在人。因此要坚持两手抓。

一手抓改革开放,一手抓打击各种犯罪活动。这两只手都要硬。

第六,社会主义经历一个长过程发展后必然代替资本主义。这是社会历史发展不可逆转的总趋势,但道路是曲折的。我们搞社会主义才几十年,还处在初级阶段。巩固和发展社会主义制度,还需要一个很长的历史阶段,需要我们几代人、十几代人,甚至几十代人坚持不懈地努力奋斗。

2. 邓小平南方谈话的意义主要是在重大历史关头科学地总结了十一届三中全会以来党的基本实践和基本经验,明确回答了长期困扰和束缚人们思想的许多重大认识问题,对整个社会主义现代化建设事业产生了重大而深远的影响。

十五 经济体制改革的发展

1. 1992 中共十四大提出了建立社会主义市场经济体制的目标。

2. 以邓小平南方谈话和中共十四大为标志,改革开放和现代化建设事业进入从计划经济体制向社会主义市场经济体制转变的新阶段。

3. 1993 年 11 月召开的中共十四届三中全会,通过了《关于建立社会主义市场经济体制若干问题的决定》,将中共十四大提出的社会主义市场经济体制改革的目标和基本原则具体化,成为 20 世纪 90 年代进行经济体制改革的行动纲领。

十六 中共十五大

1. 1997 年 2 月 19 日,邓小平逝世,面对中国能否继续沿着邓小平开辟的建设中国特色社会主义道路走下去的举世关注,同年 9 月,中共十五大召开。

2. 此次大会的主题是高举邓小平理论伟大旗帜,把建设有中国特色社会主义事业全面推向 21 世纪。

3. 此次大会提出了党在社会主义初级阶段的基本纲领,这是党的基本路线在经济、政治、文化等方面的展开。

4. 此次大会明确中国社会主义初级阶段的一项基本经济制度是公有制为主体、多种所有制经济共同发展。公有制的实现形式可以而且应当多样化。依法治国,是党领导人民治理国家的基本方略。

5. 此次大会的意义是:在世纪之交的关键时刻,继承邓小平遗志、承前启后、继往开来,明确回答了中国的改革开放和现代化建设继续向前发展的一系列重大理论问题和实践问题,从思想上、政治上、组织上为中国特色社会主义事业的跨世纪发展提供了根本保证。

十七 20 世纪 90 年代后期改革开放和现代化建设经受的风险考验

1. 中共十五大后,改革开放和现代化建设事业面对来自经济、政治和自然界等方面的一系列严峻考验,比如,1997年爆发的亚洲金融危机。1998年,长江、嫩江和松花江等流域发生了历史上罕见的洪涝灾害。1999年,又接连发生以美国为首的北约袭击中国驻南斯拉夫使馆,李登辉抛出"两国论","法轮功"邪教组织策划非法聚众闹事等事件。

2. 面对这些风险和考验,中共中央、国务院冷静分析,采取一系列措施,取得了一个又一个胜利,保证改革开放和现代化建设沿着正确的方向前进。其中最为显著的是2001年12月11日,中国正式加入世界贸易组织,这标志着中国对外开放进入一个新阶段。

十八 祖国统一大业的推进

1. 1997年7月1日,中国对香港恢复行使主权,中华人民共和国香港特别行政区正式成立。

2. 1999年12月20日,中华人民共和国澳门特别行政区正式成立。

3. 香港、澳门的回归,使"一国两制"从科学构想变为现实,标志着祖国统一大业又向前迈出了重要的一步。

4. 1992年10月,大陆海峡两岸关系协会与台湾海峡交流基金会举行商谈,达成体现一个中国原则的"九二共识"。

十九 "三个代表"重要思想

1. "三个代表"重要思想基本内容是:必须始终代表中国先进生产力的发展要求,代表中国先进文化的前进方向,代表中国最广大人民的根本利益。

2. "三个代表"重要思想的意义是:引起国内外强烈反响,全党和全国上下兴起学习贯彻"三个代表"重要思想的高潮,有力推动了改革开放和现代化建设的跨世纪发展,为中共十六大的召开奠定了思想基础。

二十 中共十六大

1. 2002年11月8日至14日,中国共产党第十六次全国代表大会在北京召开。

2. 中共十六大把"三个代表"重要思想确立为中国共产党必须长期坚持的指导思想,并写入党章,实现了党的指导思想的又一次与时俱进。

3. 中共十六大明确了全面建设小康社会的奋斗目标。

二十一 科学发展观的提出及意义

1. 科学发展观的提出分为三个过程:
第一,2003年10月,中共十六届三中全会正式提出坚持以人为本、全面协调可持续的科学发展观。

第二，2005年10月，中共十六届五中全会指出科学发展观上推动经济社会发展、加快推进社会主义现代化建设必须长期坚持的指导思想。

第三，2007年10月，胡锦涛在党的十七大报告中，全面论述科学发展观的科学内涵和精神实质。

2. 科学发展观的科学内涵是：第一要义是发展，核心是以人为本，基本要求是全面协调可持续，根本方法是统筹兼顾。

3. 科学发展观的意义是：对新形势下实现什么样的发展、怎样发展等重大问题做出了新的科学回答，把我们对中国特色社会主义规律的认识提高到新的水平，开辟了当代马克思主义发展新境界。

二十二 构建社会主义和谐社会

1. 提出构建社会主义和谐社会的战略任务的会议是中共十六届四中全会。

2. 2006年10月，中共十六届六中全会审议通过了《中共中央关于构建社会主义和谐社会若干重大问题的决定》。

3. 社会和谐是中国特色社会主义的本质属性。社会和谐是国家富强、民族振兴、人民幸福的重要保证。

4. 社会和谐的主要特征是民主法治、公平正义、诚信友爱、充满活力、安定有序、人与自然和谐相处。

5. 构建社会主义和谐社会战略思想的提出，使中国特色社会主义主义事业的总体布局由社会主义经济建设、政治建设、文化建设三位一体发展为社会主义经济建设、政治建设、文化建设、社会建设四位一体。

二十三 建设社会主义新农村

1. 提出建设社会主义新农村的战略任务的会议是中共十六届五中全会。

2. 社会主义新农村的建设要求是"生产发展、生活宽裕、乡风文明、村容整洁、管理民主"。

3. 2006年1月1日起，全国范围内正式废除农业税。

二十四 坚持走和平发展的道路

1. 2005年11月，胡锦涛在英国伦敦金融城发表演讲，系统阐述走和平发展道路的基本内涵和重大意义。

2. 走和平发展道路的基本内涵和意义主要体现在三个方面：

第一，坚持走和平发展的道路，就是中国既通过争取和平的国际环境发展自己，又通过自己的发展来促进世界和平,永远做维护世界和平、促进共同发展的坚定力量。

第二,主要依靠自身力量和改革创新来实现发展,同时坚持对外开放的基本国策,在平等互利的基础上同世界各国开展交流合作,努力实现互利共赢。

第三,中国还同国际社会其他成员携手努力,为实现各国和谐相处、全球经济和谐发展、不同文明的和谐进步发挥积极作用,共同致力于建设一个持久和平、共同繁荣的和谐世界。

二十五 加强党的执政能力建设

1. 2004年9月,中共十六届四中全会通过《中共中央关于加强党的执政能力建设的决定》。

2. 加强党的执政能力建设主要是要提高五种能力,即不断提高驾驭社会主义市场经济的能力、发展社会主义民主政治的能力、建设社会主义先进文化的能力、构建社会主义和谐社会的能力、应对国际局势和处理国际事务的能力。

能力检测

一、单项选择题(在每小题列出的备选项中只有一项是最符合题目要求的,请将其选出)

1. 继延安整风运动之后,又一场马克思主义思想解放运动是(   )。
   A. 中共十一届三中全会   B. 中共十二大
   C. 关于真理标准问题的大讨论   D. 中共十四大

2. 1978年5月11日,开启全国关于真理标准问题大讨论的文章是(   )。
   A. 《实践是检验真理的唯一标准》
   B. 《解放思想,实事求是,团结一致向前看》
   C. 《党和国家领导制度的改革》
   D. 《坚持四项基本原则》

3. 1978年12月,中国共产党召开的具有历史转折意义的重要会议是(   )。
   A. 中共十一届三中全会   B. 中共十一届六中全会
   C. 中共十二届三中全会   D. 中共十二届六中全会

4. 揭开我国社会主义改革开放序幕的会议是(   )。
   A. 中共十一届三中全会   B. 中共十一届六中全会
   C. 中共十二届四中全会   D. 中共十二届六中全会

5. 中共十一届三中全会后,党和国家进行平反冤假错案的原则是(   )。
   A. 解放思想　实事求是   B. 实事求是　有错必纠
   C. 拨乱反正　有错必纠   D. 摘帽平反　拨乱反正

6. 1980年2月，中共十一届五中全会决定（　　）。
   A. 为刘少奇彻底平反　　　　　　B. 为彭德怀彻底平反
   C. 为贺龙彻底平反　　　　　　　D. 为"天安门事件"彻底平反

7. 邓小平在1979年3月的中央理论工作务虚会上明确提出，必须坚持（　　）。
   A. "一个中国"的原则　　　　　　B. "两手抓、两手都要硬"的方针
   C. 四项基本原则　　　　　　　　D. "三个有利于"的标准

8. 1981年6月，中共十一届六中全会通过的决议是（　　）。
   A.《关于建国以来党的若干历史问题的决议》
   B.《关于恢复邓小平职务的决议》
   C.《关于党的若干历史问题的决议》
   D.《关于经济体制改革的决定》

9. 毛泽东思想活的灵魂是实事求是、群众路线和（　　）。
   A. 独立自主　　　B. 武装斗争　　　C. 党的建设　　　D. 解放思想

10. 1979年4月召开的中共中央工作会议，提出对国民经济进行调整的方针是（　　）。
    A. 调整、巩固、充实、提高　　　B. 调整、改革、整顿、提高
    C. 调整、改革、充实、提高　　　D. 调整、巩固、整顿、提高

11. 1979年元旦，全国人大常委会发表的重要文献是（　　）。
    A.《关于台湾回归祖国实现和平统一的方针政策》
    B.《告台湾同胞书》
    C.《为促进祖国统一大业的完成而继续奋斗》
    D.《反国家分裂法》

12. 进一步阐明关于台湾回归祖国，实现和平统一的九项方针政策的中国领导人是（　　）。
    A. 毛泽东　　　B. 邓小平　　　C. 叶剑英　　　D. 江泽民

13. 邓小平提出"建设有中国特色的社会主义"是在（　　）。
    A. 中共十一大　　　　　　　　　B. 中共十四大
    C. 中共十二大　　　　　　　　　D. 中共十三大

14. 1984年，中共十二届三中全会通过的重要文件是（　　）。
    A.《关于加快农业发展若干问题的决定》
    B.《关于经济体制改革的决定》
    C.《关于科技体制改革的决定》
    D.《关于教育体制改革的决定》

15. 中共十二届三中全会通过《关于经济体制改革的决定》，标志着经济体制改革（　　）。

A. 以农村为重点展开 B. 以城市为重点全面展开
C. 以国有企业的改革为重点展开 D. 以管理体制的改革为重点展开

16. 《关于经济体制改革的决定》，指出我国社会主义经济是（　　）。
A. 计划经济 B. 市场经济
C. 社会主义市场经济 D. 在公有制基础上的有计划的商品经济

17. 1988年，中共中央和国务院决定建立的经济特区是（　　）。
A. 珠海经济特区 B. 汕头经济特区
C. 厦门经济特区 D. 海南经济特区

18. 中国共产党比较系统地阐述关于社会主义初级阶段的理论是（　　）。
A. 中共十三大 B. 中共十四大
C. 中共十五大 D. 中共十六大

19. 中共十三大完整概括了中国共产党在社会主义初级阶段的基本路线是（　　）。
A. "一个中心，两个基本点" B. 多快好省，力争上游
C. 艰苦奋斗建设社会主义 D. "一化三改"

20. 1990年，邓小平提出的关于中国农业改革与发展的思想是（　　）。
A. "三个主体，三个补充" B. "三步走"
C. "两个飞跃" D. "两个大局"

21. 中国共产党明确提出我国建立社会主义市场经济体制目标的会议是（　　）。
A. 中共十三大 B. 中共十四大
C. 中共十五大 D. 中共十六大

22. 2001年，中国对外开放进入一个新阶段的标志是（　　）。
A. 开放十四个沿海港口城市 B. 设立海南经济特区
C. 开发和开放上海浦东新区 D. 加入世界贸易组织

23. 中国正式加入世界贸易组织的时间是（　　）。
A. 1999年12月 B. 2000年12月
C. 2001年12月 D. 2002年12月

24. 1999年12月20日，中国在推进祖国统一大业方面迈出的重要一步是（　　）。
A. 海峡两岸达成"九二共识" B. 海峡双边举行"汪辜会谈"
C. 恢复对香港行使主权 D. 恢复对澳门行使特权

25. 2004年，中共十六届四中全会提出的战略任务是（　　）。
A. 建立社会主义市场经济体制 B. 构建社会主义和谐社会
C. 建设社会主义新农村 D. 全面建设小康社会

26. 2005年，中共十六届五中全会提出的战略任务是（　　）。
A. 建立社会主义市场经济体制 B. 构建社会主义和谐社会
C. 建设社会主义新农村 D. 全面建设小康社会

二、简答题

1. 简述 1978 年关于真理标准问题大讨论的历史意义。
2. 简述邓小平提出的四项基本原则及坚持这些原则的重要性。
3. 简述社会主义精神文明建设的根本任务。
4. 简述社会主义初级阶段理论的含义。
5. 简述中共十三大制定的社会主义现代化建设"三步走"战略部署。
6. 简述"三个代表"重要思想的内容与意义。
7. 简述走和平发展道路的基本内涵和重要意义。
8. 简述建设社会主义新农村的基本要求。

三、论述题

1. 试述中共十一届三中全会是新中国成立以来党的历史上具有深远意义的伟大转折。
2. 试述邓小平南方谈话的主要内容及其意义。
3. 试述科学发展观的内容和意义。
4. 试述《关于建国以来党的若干历史问题的决议》主要内容及意义。

第十一章

中国特色社会主义进入新时代

知识框架

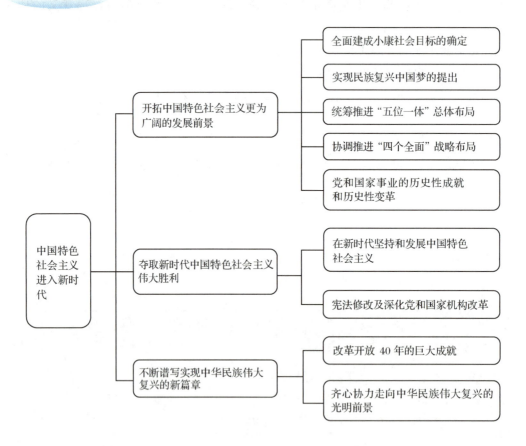

内容精要

第一节 开拓中国特色社会主义更为广阔的发展前景

一 全面建成小康社会目标的确定

（一）中共十八大召开

2012年11月，中国共产党第十八次全国代表大会在北京举行。

（二）中共十八大的主要内容

1. 科学发展观是党必须长期坚持的指导思想

大会系统总结了十六大以来十年的奋斗历程及其成就，指出科学发展观同马克思列宁主义、毛泽东思想、邓小平理论、"三个代表"重要思想一道，是党必须长期坚持的指导思想。

2. 总依据、总布局、总任务

大会阐明中国特色社会主义的总依据是社会主义初级阶段，总布局是经济、政治、文化、社会、生态文明建设五位一体，总任务是实现社会主义现代化和中华民族伟大复兴。

3. 全面建成小康社会的目标

大会强调确保到2020年实现全面建成小康社会的目标，即经济持续健康发展，人民民主不断扩大，文化软实力显著增强，人民生活水平全面提高，资源节约型、环境友好型社会建设取得重大进展。

（三）中共十八大的主要意义

中共十八大精神归结到一点，就是坚持和发展中国特色社会主义。中共十八大的召开，标志着中国已经进入全面建成小康社会的决定性阶段，开启了中国特色社会主义新时代。

二 实现民族复兴中国梦的提出

（一）中国梦的提出

中共十八大结束不久，习近平在参观"复兴之路"展览时明确提出，实现中华民族伟大复兴就是中华民族近代以来最伟大的梦想，实现全面建成小康社会目标是实现中华民族伟大复兴中国梦的关键一步。

（二）中国梦的内涵

2013年3月17日，习近平在十二届全国人大第一次会议上进一步强调，实现中华民族伟大复兴的中国梦，就是要实现国家富强、民族振兴、人民幸福。

（三）实现中国梦的途径

第一，实现中国梦必须走中国道路，即中国特色社会主义道路。

第二，实现中国梦，必须弘扬中国精神。

第三，实现中国梦，必须凝聚中国力量。

三 统筹推进"五位一体总体布局"

（一）主动适应和引领经济发展新常态

1. 经济发展新常态

中国经济发展的一个重大变化是进入新常态，即从高速增长转为中高速增长；经济结构不断优化升级；从要素驱动、投资驱动转向创新驱动。

2. 推动供给侧结构性改革

推进供给侧结构性改革，是适应和引领经济发展新常态的重大创新。

2015年12月，中央经济工作会议强调，实行宏观政策要稳、产业政策要准、微观政策要活、改革政策要实、社会政策要托底的总体思路，着力加强结构性改革，在适度扩大总需求的同时，去产能、去库存、去杠杆、降成本、补短板（简称"三去一降一补"），推动我国社会生产力水平整体改善。

（二）发展社会主义民主政治

第一，坚持发挥中国共产党总揽全局、协调各方的领导核心作用，提高党科学执政、民主执政、依法执政水平，保证党领导人民有效治理国家。

第二，毫不动摇坚持人民代表大会制度，与时俱进完善人民代表大会制度，推动人大工作迈出新步伐、迈上新台阶。

第三，坚持和完善中国共产党领导的多党合作与政治协商制度。一是推进社会主义协商民主广泛多层制度化发展，把协商民主嵌入我国社会主义民主政治全过程。二是正确处理一致性和多样性关系，做好新形势下统一战线工作。

第四，坚持和完善民族区域自治制度，强调坚持统一和自治相结合、民族因素和区域因素相结合。

第五，坚持和完善基层群众自治制度，发展基层民主，保障人民依法直接行使民主权利。

第六，保持和增强党的群团工作和群团组织的政治性先进性群众性，开创党的群团工作新局面。

（三）发展中国特色社会主义文化

1. 坚持和巩固党对意识形态工作的领导

中共中央明确提出巩固马克思主义在意识形态领域的指导地位、巩固全党全国人民团结奋斗的共同思想基础的根本任务。

2. 培育和践行社会主义核心价值观

2013年12月，中共中央办公厅印发《关于培育和践行社会主义核心价值观的意见》。大力加强理想信念教育，弘扬中华优秀传统文化、革命文化、社会主义先进文化。

3. 牢记历史，弘扬以爱国主义为核心的民族精神

第一，将9月3日设立为中国人民抗日战争胜利纪念日，将12月13日设立为南京大屠杀死难者国家公祭日，将9月30日设立为烈士纪念日，并规定每年9月30日国家举行纪念烈士活动。

第二，通过《中华人民共和国国歌法》，维护国歌尊严，增强公民的国家观念。

4. 推进文化体制改革，建设公共文化服务网络

第一，强调把社会效益放在首位，实现社会效益和经济效益相统一。

第二，坚持"重心下移、共建共享"，实现基本公共文化服务标准化、均等化，建设覆盖城乡的国家、省、市、县、乡、村（社区）六级公共文化服务网络。

（四）在发展中保障和改善民生

第一，把增进人民福祉、促进人的全面发展作为一切工作的出发点和落脚点。

第二，不断促进教育发展成果更多、更公平惠及全体人民。

第三，促进社会公平正义，让广大人民群众共享改革发展成果。

第四，多渠道创造就业机会。

第五，坚持全覆盖、保基本、多层次、可持续发展，加强城乡社会保障体系建设。

第六，加快推进健康中国建设。把人民健康放在优先发展的战略地位，努力全方位、全周期保障人民健康。

第七，加强和创新社会治理，完善中国特色社会主义社会治理体系。

（五）建设美丽中国

第一，贯彻新发展理念，坚持节约资源和保护环境的基本国策，坚持节约优先、保护优先、自然恢复为主的方针，强调"绿水青山就是金山银山"，推动形成绿色发展方式和生活方式。

第二，坚持山水林田湖是一个生命共同体，按照系统工程的思路，全方位、全地域、全过程开展生态环境保护建设。

第三，完善生态文明制度体系，用最严格的制度、最严密的法治保护生态环境。

第四，强化公民环境意识。

第五，积极参与国际合作。

四 协调推进"四个全面"战略布局

中共十八大以来,中共中央从坚持和发展中国特色社会主义全局出发,提出并形成了全面建成小康社会、全面深化改革、全面依法治国、全面从严治党的战略布局。

(一) 推进全面深化改革

2013年11月,中共十八届三中全会审议通过《中共中央关于全面深化改革若干重大问题的决定》,勾画了到2020年全面深化改革的时间表、路线图。

全面深化改革的总目标,是"完善和发展中国特色社会主义制度,推进国家治理体系和治理能力现代化"。

(二) 推进全面依法治国

2014年10月,中共十八届四中全会审议通过了《中共中央关于全面推进依法治国若干重大问题的决定》。

第一,全面推进依法治国,总目标是建设中国特色社会主义法治体系,建设社会主义法治国家。

第二,党的领导是中国特色社会主义最本质的特征,是社会主义法治的根本保证。坚持党的领导,是中国特色社会主义法治道路的核心要义。

第三,必须完善以宪法为核心的中国特色社会主义法律体系、加强宪法实施。建议将每年12月4日定为国家宪法日,建立宪法宣誓制度。

(三) 推进全面建成小康社会

2015年10月,中共十八届五中全会审议通过了《中共中央关于制定国民经济和社会发展第十三个五年规划的建议》。全会提出了全面建成小康社会新的目标要求。

全面建成小康社会,最艰巨、最繁重的任务在农村,特别是在贫困地区。2015年11月,中共中央提出坚持精准扶贫、精准脱贫,坚决打赢脱贫攻坚战,确保到2020年所有贫困地区和贫困人口同全国人民一道迈入全面小康社会。

(四) 推进全面从严治党

2016年10月,中共十八届六中全会举行。全会审议通过《关于新形势下党内政治生活的若干准则》和《中国共产党党内监督条例》。

第一,全会明确习近平为党中央的核心、全党的核心。

第二,全会号召全党同志牢固树立"四个意识"即政治意识、大局意识、核心意识、看齐意识,坚定不移维护党中央权威和党中央集中统一领导,确保党团结带领人民不断开创中国特色社会主义事业新局面。

五 党和国家事业的历史性成就和历史性变革

（一）取得历史性成就和历史性变革的时代背景

第一，国际上，世界复苏乏力、局部冲突和动荡频发，全球性问题加剧。

第二，我国经济发展进入新常态等一系列深刻变化。

（二）历史性成就和历史性变革的具体体现

1. 历史性成就

主要是经济建设取得重大成就；全面深化改革取得重大突破；民主法治建设成效显著；强军兴军开创新局面；港澳台工作取得新进展；全方位外交布局深入展开；全面从严治党成效卓著。

2. 历史性变革

中共十八大以来五年的成就是全方位的、开创性的，变革是深层次的、根本性的。

中共中央统筹推进改革发展稳定、内政外交国防、治党治国治军，提出了一系列新理念新思想新战略，出台了一系列重大方针政策，推出了一系列重大举措，推进了一系列重大工作，解决了许多长期想解决而没有解决的难题，办成了许多过去想办而没有办成的大事，推动党和国家事业发生历史性变革。

这些历史性变革，在党的历史上、在新中国史上、在中华民族发展史上都具有极其重要的意义，必将对中国特色社会主义事业的发展产生全局性和根本性的影响。

（三）取得历史性成就和历史性变革的原因

第一，是全党全国各族人民同心同德、团结奋斗的结果。

第二，是各级党组织和广大党员、干部敬业履职、勇于担当的结果。

第三，最根本、最重要的在于有习近平新时代中国特色社会主义思想的科学指引，有以习近平同志为核心的党中央坚强领导。

（四）取得历史性成就和历史性变革的启示

第一，必须始终坚持用党的理论创新成果武装头脑、指导实践。

第二，必须始终维护习近平为党中央和全党的核心。

第三，必须始终坚持和加强党的全面领导。这是党和国家的根本所在、命脉所在，是全国各族人民的利益所在、幸福所在。

第二节 夺取新时代中国特色社会主义伟大胜利

一 在新时代坚持和发展中国特色社会主义

（一）中共十九大召开

2017年10月，中国共产党第十九次全国代表大会在北京举行。这是在全面建成小康社会决胜阶段、中国特色社会主义进入新时代的关键时期召开的一次十分重要的大会。

（二）中共十九大的主要内容

1. 大会主题

不忘初心，牢记使命，高举中国特色社会主义伟大旗帜，决胜全面建成小康社会，夺取新时代中国特色社会主义伟大胜利，为实现中华民族伟大复兴的中国梦不懈奋斗。

2. 大会主要内容

第一，把习近平新时代中国特色社会主义思想确立为党的行动指南，实现了党的指导思想的又一次与时俱进。

第二，坚持和发展中国特色社会主义，是习近平新时代中国特色社会主义思想的核心要义。

第三，"八个明确"和"十四个坚持"有机融合，是习近平新时代中国特色社会主义思想的核心内容。

第四，中国特色社会主义进入新时代，是我国发展新的历史方位。

第五，中国特色社会主义进入新时代，我国社会主要矛盾已经转化为人民日益增长的美好生活需要和不平衡不充分的发展之间的矛盾。我国社会主要矛盾的变化是关系全局的历史性变化，对党和国家工作提出了许多新要求。

第六，我国社会主要矛盾的变化，没有改变我们对我国社会主义所处历史阶段的判断，我国仍处于并将长期处于社会主义初级阶段的基本国情没有变，我国是世界最大发展中国家的国际地位没有变。全党要牢牢把握社会主义初级阶段这个基本国情，牢牢立足社会主义初级阶段这个最大实际，牢牢坚持党的基本路线这个党和国家的生命线、人民的幸福线。

第七，确定了决胜全面建成小康社会、开启全面建设社会主义现代化国家新征程的目标：第一个阶段，从2020年到2035年，在全面建成小康社会的基础上，再奋斗15年，基本实现社会主义现代化。第二个阶段，从2035年到21世纪中叶，在基本实现现代化的基础上，再奋斗15年，把我国建成富强民主文明和谐美丽的社会主义现代化强国。

第八，对新时代推进中国特色社会主义伟大事业和党的建设伟大工程做出全面部署，强调实现伟大梦想，必须进行伟大斗争、建设伟大工程、推进伟大事业，其中起决定性作用的是党的建设新的伟大工程。

二 宪法修改及深化党和国家机构改革

（一）为新时代坚持和发展中国特色社会主义提供有力的宪法保障

1. 宪法修改的意义

第一，宪法是国家的根本法，是治国安邦的总章程，是党和人民意志的集中体现。

第二，宪法修改是国家政治生活中的一件大事，是党中央从新时代坚持和发展中国特色社会主义全局与战略高度做出的重大决策，也是推进全面依法治国、推进国家治理体系和治理能力现代化的重大举措。

2.《中华人民共和国宪法修正案》

2018年3月，十三届全国人大一次会议审议通过了《中华人民共和国宪法修正案》。

第一，确定科学发展观、习近平新时代中国特色社会主义思想同马克思列宁主义、毛泽东思想、邓小平理论、"三个代表"重要思想在国家政治和社会生活中的指导地位。

第二，调整充实中国特色社会主义事业总体布局和第二个百年奋斗目标的内容。

第三，完善依法治国和宪法实施举措，明确健全社会主义法治，实行宪法宣誓制度。

第四，充实完善我国革命和建设发展历程的内容。

第五，充实完善爱国统一战线和社会主义民族关系的内容。

第六，充实和平外交政策方面的内容。

第七，明确中国共产党领导是中国特色社会主义最本质的特征。

第八，增加倡导社会主义核心价值观的内容。

第九，修改宪法中国家主席任职方面的有关规定。

第十，增加设区的市制定地方性法规的规定。

第十一，增加有关监察委员会的各项规定。

（二）深化党和国家机构改革，完善坚持党的全面领导制度

1. 深化党和国家机构改革的意义

第一，深化党和国家机构改革是推进国家治理体系和治理能力现代化的一场深刻变革。

第二，党和国家机构职能体系是中国特色社会主义制度的重要组成部分，是我们党治国理政的重要保障。

2. 深化党和国家机构改革的目标

2018年2月，中共十九届三中全会审议通过《中共中央关于深化党和国家机构改革的决定》和《深化党和国家机构改革方案》。

深化党和国家机构改革的目标是，构建系统完备、科学规范、运行高效的党和国家机构职能体系，形成总揽全局、协调各方的党的领导体系，职责明确、依法行政的政府治理体系，中国特色、世界一流的武装力量体系，联系广泛、服务群众的群团工作体系，推动人大、政府、政协、监察机关、审判机关、检察机关、人民团体、企事业单位、社会组织等在党的统一领导下协调行动、增强合力，全面提高国家治理能力和治理水平。

3. 深化党和国家机构改革的首要任务

第一，完善坚持党的全面领导的制度，加强党对各领域各方面工作领导，确保党的领导全覆盖，确保党的领导更加坚强有力。

第二，建立健全党对重大工作的领导体制机制，强化党的组织在同级组织中的领导地位，更好发挥党的职能部门作用，统筹设置党政机构，推进党的纪律检查体制和国家监察体制改革。

第三节　不断谱写实现中华民族伟大复兴的新篇章

一　改革开放 40 年的巨大成就

（一）极大解放和发展了中国社会生产力

1. 国民经济保持持续快速健康发展

第一，中国已经成为世界第二大经济体、第一大工业国、第一大货物国、第一大外汇储备国。

第二，中国连续多年对世界经济增长贡献率超过 30%，成为世界经济增长的主要稳定器和动力源。

第三，国家发展经济和抵御各种风险的物质技术基础大大增强。

2. 现代化事业稳步推进

第一，国家先后启动东部地区率先发展战略、西部大开发战略、东北等老工业基地振兴战略、中部地区崛起战略，以及"一带一路"建设倡议、京津冀协同发展、长江经济带发展战略，激发了各大经济区域的发展活力。

第二，通过积极推进城镇化，城镇化率逐步提高，城乡结构发生历史性变化。

第三，积极推动可持续发展战略、科教兴国战略、人才强国战略特别是创新驱动战略，并取得丰硕成果。

（二）社会主义市场经济体制不断完善

第一，社会主义市场经济体制日益完善，更具活力、更加开放的经济体系正在形成，市场在资源配置中的作用显著增强，新的宏观调控体系框架初具规模。

第二，推进全面深化改革，坚决破除各方面体制机制障碍，重要领域和关键环节改革取得突破性进展，主要领域改革主体框架基本确立。

第三，改革开放取得新突破，形成全方位、多层次、宽领域的对外开放格局。

（三）社会主义民主法治建设迈出重大步伐

第一，党的领导、人民当家作主、依法治国有机统一的制度建设全面加强。

第二，中国特色社会主义法治体系日益完善。

（四）社会主义文化建设成效显著

第一，党的理论创新全面推进，中国特色社会主义和中国梦深入人心。

第二，加强党对意识形态工作的领导，马克思主义在意识形态领域的指导地位更加鲜明。

第三，社会主义核心价值观和中华优秀传统文化广泛弘扬，群众性精神文明创建活动扎实开展。

（五）人民生活不断改善

第一，中国人民生活从短缺走向充裕、从贫困走向小康，总体上实现了由温饱到小康的历史性跨越。

第二，社会建设全面发展，促进社会公平正义，不断增强人民获得感、幸福感、安全感。

第三，社会治理体系更加完善，社会大局保持稳定，国家安全全面加强。

（六）生态文明建设成效显著

党和国家大力推进生态文明建设，全党全国贯彻绿色发展理念的自觉性和主动性显著增强，忽视生态环境保护的状况明显改变。

（七）强军兴军开创新局面

第一，坚定不移走中国特色精兵之路，通过先后四次大规模的裁军，进一步调整优化规模结构，构建中国特色现代军事力量体系。

第二，全面推进以军事信息系统和信息化主战武器系统建设为主体，以信息化基础设施建设为支撑和保障的军队信息化建设。

第三，着眼于实现中国梦强军梦，制定新形势下军事战略方针，全力推进国防和军队现代化。

（八）坚持"一国两制"，推进祖国统一

第一，香港、澳门相继回归祖国，并保持繁荣稳定。

第二，坚持一个中国原则和"九二共识"，推动两岸关系和平发展，加强两岸经济交流合作，实现两岸领导人历史性会晤。

第三，2005年3月，十届全国人大三次会议高票通过《反分裂国家法》，将中国人

民维护国家领土主权完整的坚强决心通过立法形式表达出来。

（九）深入展开全方位外交

全面推进中国特色大国外交，形成全方位、多层次、立体化的外交布局。

第一，2001年6月正式成立的上海合作组织是第一个以中国城市命名的国际组织，进一步加强了中国与周边国家的关系。

第二，中国积极开展公共外交，积极参与应对国际金融危机、气候变化等全球性问题的国际合作。

第三，全方位外交布局深入展开，实施共建"一带一路"倡议，发起创办亚洲基础设施投资银行，设立丝路基金，举办多项国际会议。

第四，倡导构建人类命运共同体，促进全球治理体系变革。

（十）全面推进党的建设新的伟大工程

第一，以改革的精神加强和改进党的建设，不断提高党的领导水平和执政水平，提高拒腐防变和抵御风险的能力。

第二，以加强党的长期执政能力建设和先进性建设为重点，全面推进党的政治建设、思想建设、组织建设、作风建设、纪律建设、制度建设，深入开展反腐败斗争。

二 齐心协力走向中华民族伟大复兴的光明前景

（一）实现中华民族伟大复兴成为近代以来中华民族最伟大的梦想

第一，1840年鸦片战争后，中华民族陷入内忧外患的悲惨境地。

第二，无数仁人志士进行了各式各样的尝试，终究未能改变旧中国的社会性质和中国人民的悲惨命运。

（二）中国共产党肩负起实现中华民族伟大复兴的历史使命

1. 中国共产党的成立

1921年，中国共产党诞生，把实现共产主义作为党的最高理想和最终目标，义无反顾肩负起实现中华民族伟大复兴的历史使命。

2. 建立中华人民共和国

中国共产党团结带领人民找到了一条农村包围城市、武装夺取政权的正确革命道路，进行28年浴血奋战，完成新民主主义革命，于1949年建立了中华人民共和国，实现中国从几千年封建专制政治向人民民主的伟大飞跃。

3. 确立社会主义基本制度

新中国成立后，中国共产党团结带领人民完成社会主义革命，确立社会主义基本制度，推进社会主义建设，完成了中华民族有史以来最为广泛而深刻的社会变革，为当代中国一切发展进步奠定了根本政治前提和制度基础，实现了中华民族由近代不断衰落到根本扭转命运、持续走向繁荣富强的伟大飞跃。

4. 开辟了中国特色社会主义道路

第一，中共十一届三中全会以来，中国共产党团结带领人民进行改革开放新的伟大革命，破除阻碍国家和民族发展的一切思想和体制障碍，开辟了中国特色社会主义道路，使中国大踏步赶上时代。

第二，中国特色社会主义是改革开放以来全部理论和实践的主题。

第三，坚定"四个自信"。中国特色社会主义道路是实践途径，中国特色社会主义理论体系是行动指南，中国特色社会主义制度是根本保障，中国特色社会主义文化是精神力量，要坚定道路自信、理论自信、制度自信和文化自信，推进中国特色社会主义事业发展。

5. 中国特色社会主义进入新时代

中国特色社会主义进入新时代，是我国发展新的历史方位。

第一，意味着近代以来久经磨难的中华民族迎来了从站起来、富起来，到强起来的伟大飞跃，迎来了实现中华民族伟大复兴的光明前景。

第二，意味着科学社会主义在 21 世纪的中国焕发出强大生机活力，在世界上高高举起了中国特色社会主义伟大旗帜。

第三，意味着中国特色社会主义道路、理论、制度、文化不断发展，拓展了发展中国家走向现代化的途径，给世界上那些既希望加快发展又希望保持自身独立性的国家和民族提供了全新选择，为解决人类问题贡献了中国智慧和中国方案。

要点荟萃

一 中共十八大

1. 中共十八大召开的时间是 2012 年 11 月 8—14 日。
2. 中共十八大精神归结到一点，就是坚持和发展中国特色社会主义。
3. 中共十八大的历史地位是开启了中国特色社会主义新时代。

二 实现中华民族伟大复兴的中国梦

1. 中华民族近代以来最伟大的梦想是实现中华民族伟大复兴。
2. 实现中华民族伟大复兴中国梦的关键一步是实现全面建成小康社会的目标。
3. 实现中华民族伟大复兴中国梦就是要实现国家富强、民族振兴、人民幸福。

三 统筹推进"五位一体"总体布局

1. 统筹推荐"五位一体"总体布局的基本内容是：

第一，主动适应和引领经济发展新常态。

第二，发展社会主义民主政治。

第三，发展中国特色社会主义文化。

第四，在发展中保障和改善民生。

第五，建设美丽中国。

2．中国经济发展进入新常态的重要表现：

第一，从高速增长转为中高速增长。

第二，经济结构不断优化升级。

第三，从要素驱动、投资驱动转向创新驱动。

3．"三去一降一补"指的是去产能、去库存、去杠杆、降成本、补短板。

4．"塞罕坝精神"的内容是"牢记使命、艰苦创业、绿色发展"。

四 协调推进"四个全面"战略布局

1．协调推进"四个全面"战略布局的基本内容是：

推进全面深化改革；推进全面依法治国；推进全面建成小康社会；推进全面从严治党。

2．2013年11月，做出《中共中央关于全面深化改革若干重大问题的决定》的会议是中共十八届三中全会。

3．全面深化改革的总目标是："完善和发展中国特色社会主义制度，推进国家治理体系和治理能力现代化。"

4．全面推进依法治国总目标是：建设中国特色社会主义法治体系，建设社会主义法治国家。

五 党和国家事业的历史性成就和历史性变革

1．历史性成就是全方位、开创性的，主要表现在十个方面：

经济建设取得重大成就；全面深化改革取得重大突破；民主法治建设成效显著；思想文化建设取得重大成就；全面深化改革取得重大突破；生态文明建设成效显著；强军兴军开创新局面；港澳台工作取得新进展；全方位外交布局深入展开；全面从严治党成效卓著。

2．历史性变革是深层次的、根本性的，主要体现在以下几个方面：

中共中央统筹推进改革发展稳定、内政外交国防、治党治国治军，提出了一系列新理念新思想新战略，出台了一系列重大方针政策，推出了一系列重大举措，推进了一系列重大工作，解决了许多长期想解决而没有解决的难题，办成了许多过去想办而没有办成的大事。

3. 五年来取得的成就和变革，留给我们的深刻启示是：

第一，必须始终坚持用党的理论创新成果武装头脑、指导实践。

第二，必须始终维护党中央和全党的核心。

第三，必须始终坚持和加强党的全面领导。

六 中共十九大

1. 中共十九大召开的时间是 2017 年 10 月 18 日—24 日。

2. 习近平新时代中国特色社会主义思想的核心要义是坚持和发展中国特色社会主义。

3. 习近平新时代中国特色社会主义思想的核心内容是"八个明确"和"十四个坚持"有机融合与有机统一。

4. 中国特色社会主义进入新时代，我国社会主要矛盾已经转化为人民日益增长的美好生活需要和不平衡不充分的发展之间的矛盾。我国社会主要矛盾变化了，但是我国仍处于并将长期处于社会主义初级阶段的基本国情没有变，我国是世界上最大发展中国家的国际地位没有变。

5. 决胜全面建成小康社会、开启全面建设社会主义现代化国家新征程的目标是：

第一个阶段，从 2020 年到 2035 年，基本实现社会主义现代化。

第二个阶段，从 2035 年到 21 世纪中叶，把我国建成富强民主文明和谐美丽的社会主义现代化强国。

6. 决胜全面建成小康社会的三大攻坚战是：

第一，坚决打好防范化解重大风险攻坚战。

第二，坚决打好精准脱贫攻坚战。

第三，坚决打好污染防治攻坚战。

7. 伟大事业和伟大工程指的是中国特色社会主义伟大事业和党的建设伟大工程。实现伟大梦想，必须进行伟大斗争、建设伟大工程、推进伟大事业。

8. "红船精神"的内容是开天辟地、敢为人先的首创精神，坚定理想、百折不挠的奋斗精神，立党为公、忠诚为民的奉献精神。

七 为新时代坚持和发展中国特色社会主义提供有力宪法保障

第一，宪法是国家的根本法，是治国安邦的总章程，是党和人民意志的集中体现。

第二，宪法修改是国家政治生活中的一件大事，是党中央从新时代坚持和发展中国特色社会主义全局与战略高度做出的重大决策，也是推进全面依法治国、推进国家治理体系和治理能力现代化的重大举措。

第三，把党的十九确定的重大理论观点和重大方针特别是习近平新时代中国特色社会主义思想载入国家根本法，体现党和国家事业发展的新成就、新经验、新要求，在总体保持我国宪法连续性、稳定性、权威性的基础上推动宪法与时俱进、完善发展，为新时代坚持和发展中国特色社会主义提供有力宪法保障。

八 深化党和国家机构改革的目标和首要任务

1. 深化党和国家机构改革的目标是：

构建系统完备、科学规范、运行高效的党和国家机构职能体系，形成总揽全局、协调各方的党的领导体系，职责明确、依法行政的政府治理体系，中国特色、世界一流的武装力量体系，联系广泛、服务群众的群团工作体系，推动人大、政府、政协、监察机关、审判机关、检察机关、人民团体、企事业单位、社会组织等在党的统一领导下协调行动、增强合力，全面提高国家治理能力和治理水平。

2. 深化党和国家机构改革的首要任务是：

第一，完善坚持党的全面领导的制度，加强党对各领域各方面工作领导，确保党的领导全覆盖，确保党的领导更加坚强有力。

第二，建立健全党对重大工作的领导体制机制，强化党的组织在同级组织中的领导地位，更好发挥党的职能部门作用，统筹设置党政机构，推进党的纪律检查体制和国家监察体制改革。

九 改革开放40年

1. 决定当代中国命运的关键抉择是改革开放。

2. 改革开放40年的巨大成就主要体现在十个方面：

第一，极大解放和发展了中国社会生产力，国民经济保持持续快速健康发展，现代化建设事业稳步推进，综合国力和国际竞争力显著提高。

第二，社会主义市场经济体制不断完善，各项改革事业取得重大进展，对外开放取得新突破。

第三，社会主义民主法治建设迈出重大步伐，取得重要进展。

第四，社会主义文化建设成效显著。

第五，人民生活不断改善。

第六，生态文明建设成效显著。

第七，强军兴军开创新局面。

第八，坚持"一国两制"，推进祖国统一。

第九，深入展开全方位外交。

第十，全面推进党的建设新的伟大工程。

3. 社会主义市场经济体制不断完善主要体现在：

更具活力、更加开放的经济体系正在形成，市场在资源配置中的作用显著增强，新的宏观调控体系框架初具规模。

4. 对外开放格局的特点是：全方位、多层次、宽领域。

5. 党和国家大力推进生态文明建设，取得一些成就：

第一，全党全国贯彻绿色发展理念的自觉性和主动性显著增强，忽视生态环境保护的状况明显改善。

第二，制定实施大气、水、土壤污染防治三个"十条"并取得扎实成效。

第三，生态文明制度体系加快形成，生态环境治理明显加强，环境状况得到改善。

第四，引导应对气候变化国际合作，成为全球生态文明建设的重要参与者、贡献者、引领者。

6. 坚定不移走中国特色精兵之路：

第一，通过先后四次大规模的裁军，进一步调整优化规模结构，构建中国特色现代军事力量体系。

第二，全面推进以军事信息系统和信息化主战武器系统建设为主体，以信息化基础设施建设为支撑和保障的军队信息化建设。

7. 坚持"一国两制"，推进祖国统一，2005年3月，十届全国人大三次会议高票通过的法律是《反分裂国家法》。

8. 第一个以中国城市命名的国际组织是上海合作组织。

9. 中国特色大国外交的基本内容主要有：

第一，全面推进中国特色大国外交，形成全方位、多层次、立体化的外交布局。

第二，成立上海合作组织，进一步加强中国与周边国家的关系。

第三，积极开展公共外交，积极参与应对国际金融危机、气候变化等全球性问题的国际合作。

第四，全方位外交布局深入展开，实施共建"一带一路"倡议，发起创办亚洲基础设施投资银行，设立丝路基金，举办国际会议。

第五，倡导构建人类命运共同体，促进全球治理体系变革。

10. 全面推进党的建设新的伟大工程。

新时代党的建设总要求是：坚持和加强党的全面领导，坚持党要管党、全面从严治党，以加强党的长期执政能力建设、先进性和纯洁性建设为主线，以党的政治建设为统领，以坚定理想信念宗旨为根基，以调动全党积极性、主动性、创造性为着力点，全面推进党的政治建设、思想建设、组织建设、作风建设、纪律建设，把制度建设贯穿其中，深入推进反腐败斗争，不断提高党的建设质量，把党建设成为始终走在时代前列、人民衷心拥护、勇于自我革命、经得起各种风浪考验、朝气蓬勃的马克思主义执政党。

十　中国共产党与中华民族伟大复兴

第一，1921年，中国共产党成立，把实现共产主义作为党的最高理想和最终目标，义无反顾肩负起实现中华民族伟大复兴的历史使命。

第二，中国共产党团结带领人民通过农村包围城市、武装夺取政权的正确革命道路，完成新民主主义革命，于1949年建立了中华人民共和国，实现了中国从几千年封建专制政治向人民民主的伟大飞跃。

第三，新中国成立后，中国共产党团结带领人民完成社会主义革命，确立社会主义基本制度，推进社会主义建设，完成了中华民族有史以来最为广泛而深刻的社会变革，为当代中国一切发展进步奠定了根本政治前提和制度基础，实现了中华民族由近代不断衰落到根本扭转命运、持续走向繁荣富强的伟大飞跃。

第四，中共十一届三中以来，中国共产党团结带领人民进行改革开放新的伟大革命，开辟了中国特色社会主义道路，使中国大踏步赶上时代。中国特色社会主义是改革开放以来全部理论和实践的主题，必须坚定中国特色社会主义道路自信、理论自信、制度自信、文化自信。

第五，经过长期努力，中国特色社会主义进入新时代，这是我国发展新的历史方位。

能力检测

一、单项选择题（在每小题列出的备选项中只有一项是最符合题目要求的，请将其选出）

1. 2012年11月8日至14日，中国共产党第十八次全国代表大会阐明中国特色社会主义的总依据是（　　）。

    A. 深化改革开放　　　　　　　　B. 社会主义初级阶段
    C. 中国特色社会主义进入新时代　　D. "五位一体"总体布局

2. 中共十八大提出，我国到2020年的奋斗目标是（　　）。

    A. 实现四个现代化　　　　　　　　B. 基本实现现代化
    C. 全面建设小康社会　　　　　　　D. 全面建成小康社会

3. 中共十八大精神归结到一点，就是（　　）。

    A. 坚持和发展中国特色社会主义　　B. 统筹推进"五位一体"总体布局
    C. 开启了中国特色社会主义新时代　D. 实现全面建成小康社会的目标

4. 开启了中国特色社会主义新时代的是（　　）。

    A. 中共十六大　　　　　　　　　　B. 中共十七大
    C. 中共十八大　　　　　　　　　　D. 中共十九大

5. 中华民族近代以来最伟大的梦想是（　　）。

A. 实现中华民族伟大复兴　　　　　B. 全面建成小康社会
C. 实现社会主义现代化　　　　　　D. 坚持和发展中国特色社会主义

6. 适应和引领经济发展新常态的重大创新是（　　）。
A. 全面深化改革　　　　　　　　　B. 推进改革创新
C. 坚持稳中求进　　　　　　　　　D. 推进供给侧结构性改革

7. 2014年2月，十二届全国人大常委会第七次会议确定的中国人民抗日战争胜利纪念日是（　　）。
A. 8月15日　　B. 9月2日　　C. 9月3日　　D. 9月30日

8. 中国国家宪法日是（　　）。
A. 11月6日　　B. 12月4日　　C. 7月21日　　D. 8月15日

9. 2014年2月，十二届全国人大常委会第七次会议确定南京大屠杀死难者国家公祭日是（　　）。
A. 8月15日　　B. 12月13日　　C. 9月3日　　D. 9月30日

10. 2014年8月，十二届全国人大常委会第十次会议确定烈士纪念日是（　　）。
A. 8月15日　　B. 12月13日　　C. 9月3日　　D. 9月30日

11. 塞罕坝精神指的是（　　）。
A. 自力更生、艰苦奋斗、可持续发展
B. 艰苦创业、牢记使命、绿色发展
C. 自立自强、勇敢无畏、造福人民
D. 自强不息、崇尚自然、敬畏生命

12. 中共十八以后，党中央提出并形成了"四个全面"的战略布局，即全面建成小康社会、全面深化改革、全面依法治国和（　　）。
A. 全面提高生产力　　　　　　　　B. 全面以德治国
C. 全面从严治党　　　　　　　　　D. 全面改善民生

13. 2013年11月召开的、做出《关于全面深化改革若干重大问题的决定》的会议是（　　）。
A. 中共十八届一中全会　　　　　　B. 中共十八届二中全会
C. 中共十八届三中全会　　　　　　D. 中共十八届四中全会

14. 中国特色社会主义法治道路的核心要义是（　　）。
A. 坚持党的领导　　　　　　　　　B. 推进依法治国
C. 建设法治国家　　　　　　　　　D. 坚持依宪治国

15. 2015年11月，中共中央召开扶贫开发工作会议，提出要坚决打赢脱贫攻坚战，就必须坚持（　　）。
A. 精准扶贫、精准脱贫　　　　　　B. 努力扶贫、努力脱贫
C. 积极扶贫、积极脱贫　　　　　　D. 全面扶贫、全面脱贫

16. 中共十八届六中全会号召全党同志牢固树立政治意识、大局意识、核心意识和（　　）。

   A. 经济意识　　　B. 法治意识　　　C. 看齐意识　　　D. 道德意识

17. 中共十九大通过的党章修正案确立为党的行动指南的是（　　）。

   A. 习近平新时代中国特色社会主义思想

   B. 科学发展观

   C. 和谐社会

   D. 中国特色社会主义理论

18. 中共十九大强调，习近平新时代中国特色社会主义思想的核心要义是（　　）。

   A. 坚持和发展中国特色社会主义　　　B. 坚持和发展马克思主义

   C. 坚持人民民主专政　　　　　　　　D. 坚持中国共产党领导

19. 中共十九大确定的我国基本实现社会主义现代化的时间是（　　）。

   A. 2020 年　　　B. 2025 年　　　C. 2035 年　　　D. 2050 年

20. 党的十九大报告提出了伟大斗争、伟大工程、伟大事业、伟大梦想，紧密联系、相互贯通、相互作用，其中起决定性作用的是（　　）。

   A. 党的建设新的伟大工程　　　　　　B. 新的历史特点的伟大斗争

   C. 中国特色社会主义伟大事业　　　　D. 中华民族复兴的伟大梦想

21. 决定当代中国命运的关键抉择，实现中华民族伟大复兴的关键一招的是（　　）。

   A. 从严治党　　　B. 依法治国　　　C. 科技创新　　　D. 改革开放

22. 2010 年以来，中国已经是（　　）。

   A. 世界第一大经济体　　　　　　　　B. 世界第二大经济体

   C. 世界第三大经济体　　　　　　　　D. 世界第四大经济体

23. 中国成为世界经济增长主要稳定器和动力源，连续多年对世界经济增长贡献率超过（　　）。

   A. 30%　　　B. 20%　　　C. 15%　　　D. 40%

24. 2005 年，第十届全国人民代表大会第三次会议通过的法律是（　　）。

   A.《香港特别行政区基本法》　　　　B.《国家安全法》

   C.《反分裂国家法》　　　　　　　　D.《澳门特别行政区基本法》

25. 第一个以中国城市命名的国际组织是（　　）。

   A. 上海合作组织　　　　　　　　　　B. 世界贸易组织

   C. 亚太经合组织　　　　　　　　　　D. 深圳合作组织

二、简答题

1. 简述红船精神的内涵。

2. 简述实现中华民族伟大复兴中国梦的内涵。

3. 简述中共十九大确定的决胜全面建成小康社会、开启全面建设社会主义现代化国家新征程的目标。

4. 简述中国特色大国外交。
5. 简述决胜全面建成小康社会要打好的三大攻坚战。

三、论述题

1. 试述中共十八大后党和国家事业的历史性成就与历史性变革给我们的启示。
2. 试述中国共产党如何肩负起实现中华民族伟大复兴的历史使命。
3. 试述我国改革开放 40 年取得的成就。

模拟试题（一）

选择题部分

一、单项选择题（本大题共 25 小题，每小题 2 分，共 50 分。在每小题列出的备选项中只有一项是最符合题目要求的，请将其选出）

1. 1840 年鸦片战争前，中国封建社会的主要矛盾是（   ）。
   A. 地主阶级和资产阶级的矛盾　　B. 农民阶级和地主阶级的矛盾
   C. 封建主义和资本主义的矛盾　　D. 社会主义和资本主义的矛盾

2. 将中国领土台湾割让给日本的不平等条约是（   ）。
   A.《南京条约》　　　　　　　　B.《黄埔条约》
   C.《马关条约》　　　　　　　　D.《北京条约》

3. 资本-帝国主义列强对中国的侵略，首先和最主要的是（   ）。
   A. 政治侵略　　　　　　　　　B. 军事侵略
   C. 经济侵略　　　　　　　　　D. 文化侵略

4. 1853 年，太平天国由盛至衰的转折点是（   ）。
   A. 长沙战役　　　　　　　　　B. 北伐受挫
   C. 天京事变　　　　　　　　　D. 安庆失守

5. 19 世纪 60—90 年代，洋务派兴办洋务事业的指导思想是（   ）。
   A. 师夷长技以制夷　　　　　　B. 中学为体，西学为用
   C. 物竞天择，适者生存　　　　D. 维新变法，救亡图存

6. 戊戌维新时期，维新派在上海创办的影响较大的报纸是（   ）。
   A.《国闻报》　　　　　　　　　B.《时务报》
   C.《强学报》　　　　　　　　　D.《万国公报》

7. 1894 年，孙中山在檀香山建立的中国第一个资产阶级革命组织是（   ）。
   A. 兴中会　　　　　　　　　　B. 华兴会

C. 光复会 D. 岳王会

8. 1915 年在上海创办《青年杂志》的是（　　）。

A. 李大钊 B. 鲁迅

C. 陈独秀 D. 蔡和森

9. 第一次国共合作的基础是（　　）。

A. 三民主义 B. 新三民主义

C. 新民主主义 D. 社会主义

10. 1935 年 1 月，中国共产党召开的具有历史转折意义的会议是（　　）。

A. 八七会议 B. 古田会议

C. 遵义会议 D. 洛川会议

11. 1938 年 3 月，国民党军队在抗日战争正面战场取得胜利的战役是（　　）。

A. 平型关战役 B. 桂南战役

C. 台儿庄战役 D. 枣宜战役

12. 1937 年，在淞沪会战中率领"八百壮士"孤军据守四行仓库的爱国将领是（　　）。

A. 佟麟阁 B. 赵登禹

C. 谢晋元 D. 戴安澜

13. 中国共产党开展的延安整风运动最主要的任务是（　　）。

A. 反对主观主义 B. 反对宗派主义

C. 反对官僚主义 D. 反对党八股

14. 1946 年 6 月，国民党当局制造的镇压上海人民团体联合会请愿团的惨案是（　　）。

A. 二七惨案 B. 较场口惨案

C. 下关惨案 D. 确山惨案

15. 1946 年，中共中央决定将减租减息政策改为实现"耕者有其田"政策的文件是（　　）。

A.《井冈山土地法》 B.《兴国土地法》

C.《关于清算、减租及土地问题的指示》 D.《中国土地法大纲》

16. 我国西藏实现和平解放的时间是（　　）。

A. 1949 年 10 月 B. 1950 年 10 月

C. 1951 年 10 月 D. 1952 年 10 月

17. 中国人民志愿军司令员兼政治委员是（　　）。

A. 聂荣臻 B. 彭德怀

C. 叶剑英 D. 徐向前

18. 毛泽东在《论十大关系》中提出的中国社会主义建设的基本方针是（　　）。

A. 不要四面出击

B. 调整、巩固、充实、提高

C. 调动一切积极因素为社会主义事业服务

D. 积极引导、稳步前进

19. 在中共八大上，陈云提出的重要思想是（　　）。

A. 双重监督　　　　　　　　　　B. 健全法制

C. "三个主体，三个补充"　　　　D. "两条腿"走路

20. 1964年，新中国取得的重大科技成就是（　　）。

A. 第一颗原子弹试验成功　　　　B. 第一颗氢弹试验成功

C. 第一台万吨水压机试制成功　　D. 第一颗人造卫星发射成功

21. 揭开我国社会主义改革开放序幕的会议是（　　）。

A. 中共十一届三中全会　　　　　B. 中共十一届六中全会

C. 中共十二届四中全会　　　　　D. 中共十二届六中全会

22. 1988年，中共中央和国务院决定建立的经济特区是（　　）。

A. 珠海经济特区　　　　　　　　B. 汕头经济特区

C. 海南经济特区　　　　　　　　D. 厦门经济特区

23. 中国共产党明确提出我国建立社会主义市场经济体制目标的会议是（　　）。

A. 中共十三大　　　　　　　　　B. 中共十四大

C. 中共十五大　　　　　　　　　D. 中共十六大

24. 2005年，第十届全国人民代表大会第三次会议通过的法律是（　　）。

A.《香港特别行政区基本法》　　B.《国家安全法》

C.《反分裂国家法》　　　　　　D.《澳门特别行政区基本法》

25. 中共十八大提出，我国到2020年的奋斗目标是（　　）。

A. 全面建成小康社会　　　　　　B. 基本实现现代化

C. 全面建设小康社会　　　　　　D. 实现"四个现代化"

非选择题部分

二、简答题（本大题共5小题，每小题6分，共30分）

26. 简述洋务运动的历史作用。

27. 简述五四运动爆发的历史条件。

28. 简述遵义会议集中解决的主要问题及其意义。

29. 简述中国共产党在过渡时期总路线的内容及其特点。

30. 简述中国统筹推进"五位一体"的总体布局。

三、论述题（本大题共 3 小题，考生任选其中 2 题作答，每小题 10 分，共 20 分。如果考生回答的题目超过 2 题，只按考生回答题目的前 2 题计分）

31. 试述 19 世纪末帝国主义列强瓜分中国的图谋未能实现的主要原因。

32. 试述 1942 年延安整风运动及其意义。

33. 试述中国特色社会主义进入新时代我国社会的主要矛盾。

模拟试题（二）

选择题部分

一、**单项选择题**（本大题共 25 小题，每小题 2 分，共 50 分。在每小题列出的备选项中只有一项是最符合题目要求的，请将其选出）

1. 中国半殖民地半封建社会最主要的矛盾是（　　）。
   A. 地主阶级和农民阶级的矛盾　　　　B. 资产阶级和工人阶级的矛盾
   C. 帝国主义与中华民族的矛盾　　　　D. 封建主义与人民大众的矛盾

2. 1858 年，英国和法国等迫使清政府签订的不平等条约是（　　）。
   A.《南京条约》　　　　　　　　　　B.《黄埔条约》
   C.《天津条约》　　　　　　　　　　D.《北京条约》

3. 在 19 世纪末西方列强瓜分中国的狂潮之中，提出"门户开放"政策的国家是（　　）。
   A. 美国　　　　B. 日本　　　　C. 俄国　　　　D. 德国

4. 旧民主主义革命时期，中国反侵略斗争失败的最根本原因是（　　）。
   A. 社会制度腐败　　　　　　　　　　B. 经济技术落后
   C. 思想文化保守　　　　　　　　　　D. 军事装备落后

5. 1853 年，太平天国颁布的纲领性文件是（　　）。
   A. 原道觉世训　　　　　　　　　　　B. 十款天条
   C. 天朝田亩制度　　　　　　　　　　D. 资政新篇

6. 洋务派创办的第一个规模较大的近代军事工业是（　　）。
   A. 江南制造总局　　　　　　　　　　B. 金陵机器局
   C. 马尾船政局　　　　　　　　　　　D. 天津机器局

7. 在中国近代史上，资产阶级思想与封建主义思想的第一次正面交锋是（　　）。
   A. 洋务派与顽固派的论战　　　　　　B. 洋务派与维新派的论战

C. 革命派与改良派的论战　　　　D. 维新派与守旧派的论战

8. 中国历史上第一部具有资产阶级共和国宪法性质的法典是（　　）。

A. 《中华民国临时约法》　　　　B. 《钦定宪法大纲》

C. 《中华民国约法》　　　　　　D. 《中华民国宪法》

9. 1918 年 5 月，鲁迅发表的第一篇白话文小说是（　　）。

A. 《阿Q正传》　　　　　　　　B. 《狂人日记》

C. 《药》　　　　　　　　　　　D. 《祝福》

10. 1921 年 8 月，中国共产党在上海成立领导工人运动的专门机关是（　　）。

A. 上海机器工会　　　　　　　　B. 中国劳动组合书记部

C. 中华全国总工会　　　　　　　D. 上海纺织工会

11. 中国共产党独立领导革命战争、创建人民军队的开端是（　　）。

A. 南昌起义　　　　　　　　　　B. 秋收起义

C. 广州起义　　　　　　　　　　D. 百色起义

12. 1927 年国民党南京政权建立后，官僚资本的垄断活动首先和主要是从（　　）。

A. 金融业方面开始　　　　　　　B. 商业方面开始

C. 轻工业方面开始　　　　　　　D. 重工业方面开始

13. 1935 年，日本帝国主义为扩大对华侵略而发动的事变是（　　）。

A. 九一八事变　　　　　　　　　B. 一·二八事变

C. 华北事变　　　　　　　　　　D. 卢沟桥事变

14. 1940 年，在枣宜会战中以身殉国的国民党爱国将领是（　　）。

A. 佟麟阁　　　B. 赵登禹　　　C. 谢晋元　　　D. 张自忠

15. 1947 年 6 月，晋冀鲁豫野战军千里跃进大别山，揭开了人民解放战争（　　）。

A. 战略防御的序幕　　　　　　　B. 战略转移的序幕

C. 战略进攻的序幕　　　　　　　D. 战略决战的序幕

16. 台湾省人民为反抗国民党当局暴政而举行"二二八"起义的时间是（　　）。

A. 1945 年　　　B. 1946 年　　　C. 1947 年　　　D. 1948 年

17. 新中国成立初期，社会主义国营经济建立的主要途径是（　　）。

A. 合并公营资本　　　　　　　　B. 征用外国资本

C. 赎买民族资本　　　　　　　　D. 没收官僚资本

18. 在我国农业合作化过程中，具有半社会主义性质的经济组织形式是（　　）。

A. 变工队　　　　　　　　　　　B. 互助组

C. 初级农业生产合作社　　　　　D. 高级农业生产合作社

19. 1962 年年初，中共中央为统一思想、总结经验教训和明确工作方向而召开的会议是（　　）。

A. 南宁会议　　　　　　　　　　B. 武昌会议

C. 庐山会议 D. "七千人大会"

20. 新中国第一次提出实现"四个现代化"奋斗目标的会议是（   ）。
   A. 第一届全国人民代表大会 B. 第二届全国人民代表大会
   C. 第三届全国人民代表大会 D. 第四届全国人民代表大会

21. 1967年，老一辈革命家与中央文革小组错误做法进行的抗争被诬称为（   ）。
   A. "一月风暴" B. "二月逆流"
   C. "右倾翻案" D. "反攻倒算"

22. 2001年，中国对外开放进入一个新阶段的标志是（   ）。
   A. 开放十四个沿海港口城市 B. 设立海南经济特区
   C. 开发和开放上海浦东新区 D. 加入世界贸易组织

23. 2010年以来，中国已经成为（   ）。
   A. 世界第一大经济体 B. 世界第二大经济体
   C. 世界第三大经济体 D. 世界第四大经济体

24. 2014年2月，十二届全国人大常委会第七次会议确定的中国人民抗日战争胜利纪念日是（   ）。
   A. 8月15日 B. 9月2日 C. 9月3日 D. 9月30日

25. 中国共产党明确提出中国特色社会主义进入新时代的会议是（   ）。
   A. 中共十六大 B. 中共十七大
   C. 中共十八大 D. 中共十九大

非选择题部分

二、简答题（本大题共5小题，每小题6分，共30分）

26. 简述近代以来中华民族面对的两大历史任务及其关系。

27. 简述辛亥革命的历史地位。

28. 简述中国共产党的中流砥柱作用是中国人民抗日战争胜利的关键。

29. 简述中共八大如何分析我国社会主义改造完成后国内的主要矛盾和主要任务。

30. 简述决胜全面建成小康社会、开启全面建设社会主义现代化国家新征程的目标。

三、论述题（本大题共3小题，考生任选其中2题作答，每小题10分，共20分。如果考生回答的题目超过2题，只按考生回答题目的前2题计分）

31. 试述戊戌维新运动的意义及其失败的原因和教训。

32. 试述中国共产党成立的历史意义。

33. 试述中共中央于1981年发表的《关于建国以来党的若干历史问题的决议》的主要内容及意义。

模拟试题（三）

选择题部分

一、**单项选择题**（本大题共 25 小题，每小题 2 分，共 50 分。在每小题列出的备选项中只有一项是最符合题目要求的，请将其选出）

1. 中国近代史的开端是（   ）。
   A. 1840 年鸦片战争   B. 1900 年八国联军侵华战争
   C. 1911 年辛亥革命   D. 1919 年五四运动
2. 割让香港岛给英国的条约是（   ）。
   A.《天津条约》   B.《南京条约》
   C.《五口通商章程》   D.《北京条约》
3. 中法战争期间，击退法舰保卫台湾的将领是（   ）。
   A. 林永升   B. 关天培   C. 刘铭传   D. 丁汝昌
4. 使太平天国由盛转衰分水岭的天京事变发生在（   ）。
   A. 1853 年   B. 1856 年   C. 1864 年   D. 1858 年
5. 洋务派创办的官督商办的民用企业的性质是（   ）。
   A. 半封建性质   B. 半殖民地性质
   C. 资本主义性质   D. 封建主义性质
6. 戊戌维新运动发生在（   ）。
   A. 鸦片战争后   B. 第二次鸦片战争后
   C. 甲午中日战争后   D. 八国联军侵华战争后
7. 清末"预备立宪"的根本目的在于（   ）。
   A. 推进政体变革   B. 发展资本主义
   C. 延续反动统治   D. 缓和阶级矛盾
8. 同盟会的机关刊物是（   ）。

237

A.《民报》　　　　B.《新民丛报》　　C.《苏报》　　　　D.《国民报》

9. 1911年，标志辛亥革命达到高潮的起义是（　　）。

　A. 广州起义　　　　　　　　　　B. 惠州起义

　C. 萍浏醴起义　　　　　　　　　D. 武昌起义

10. 新文化运动的主要内容是（　　）。

　A. "自强""求富"　　　　　　　　B. 变法图强

　C. 三民主义　　　　　　　　　　D. 提倡民主和科学

11. 五四运动的直接导火索是（　　）。

　A. 巴黎和会上中国外交的失败　　B. 俄国十月革命的胜利

　C. 辛亥革命的失败　　　　　　　D. 北洋政府的黑暗统治

12. 1919年五四运动至1949年新中国成立以前，中国是（　　）。

　A. 封建社会　　　　　　　　　　B. 半殖民地半封建社会

　C. 资本主义社会　　　　　　　　D. 社会主义社会

13. 在中国大地率先举起马克思主义旗帜的是（　　）。

　A. 陈独秀　　　B. 毛泽东　　　C. 周恩来　　　D. 李大钊

14. 第一次国共合作建立后，全国范围大革命风暴兴起的标志是（　　）。

　A. 护国战争　　　　　　　　　　B. 护法运动

　C. 北伐战争　　　　　　　　　　D. 五卅运动

15. 中共确定建立抗日民族统一战线的方针的会议是（　　）。

　A. 八七会议　　　　　　　　　　B. 遵义会议

　C. 瓦窑堡会议　　　　　　　　　D. 洛川会议

16. 中国人民抗日战争胜利纪念日是（　　）。

　A. 8月14日　　B. 8月15日　　C. 9月2日　　D. 9月3日

17. 1946年5月4日，中共中央发布指示，决定将减租减息的政策改为没收地主土地分配给农民，揭开了解放区土地改革的序幕，该指示是（　　）。

　A.《中国土地法大纲》　　　　　　B.《土地改革法》

　C.《战时土地政策纲领》　　　　　D.《关于清算减租及土地问题的指示》

18. 1949年1月22日，民主党派和无党派人士表示愿意接受中国共产党的领导，拥护建立人民民主的新中国，联合发表（　　）。

　A.《中国民主同盟总部解散公告》　B.《三中全会紧急声明》

　C.《对时局的意见》　　　　　　　D.《中国人民政治协商会议共同纲领》

19. 1949年9月21日，宣告中国人民政治协商会议正式成立的中国人民政治协商会议第一届全体会议举行的地点是（　　）。

　A. 南京　　　　B. 北平　　　　C. 重庆　　　　D. 上海

20. 新中国发展国民经济第一个五年计划的中心环节是（　　）。

A. 进行土地改革　　　　　　　　B. 优先发展轻工业
C. 优先发展重工业　　　　　　　D. 重点发展农村经济

21. 我国对资本主义工商业进行社会主义改造实行的政策是（　　）。
A. 互助合作　　　　　　　　　　B. 赎买
C. 经销代购　　　　　　　　　　D. 没收

22. 1972年2月，和我国发表上海联合公报，开辟两国关系新前景的国家是（　　）。
A. 美国　　　　B. 印度　　　　C. 日本　　　　D. 缅甸

23. 重新确立了马克思主义思想路线，揭开中国改革开放的序幕的会议是（　　）。
A. 十一届三中全会　　　　　　　B. 十一届六中全会
C. 十二大　　　　　　　　　　　D. 十三届四中

24. 中国正式加入世界贸易组织的时间是（　　）。
A. 1999年12月　　　　　　　　　B. 2000年12月
C. 2001年12月　　　　　　　　　D. 2002年12月

25. 习近平新时代中国特色社会主义思想的核心要义是（　　）。
A. 实现社会主义现代化和中华民族伟大复兴
B. 建成富强民主文明和谐美丽的社会主义现代化强国
C. 坚持和发展中国特色社会主义
D. 坚持以人民为中心

非选择题部分

二、**简答题**（本大题共5小题，每小题6分，共30分）

26. 简述鸦片战争后中国社会发生的两个根本性变化。

27. 简述辛亥革命的历史意义。

28. 简述毛泽东领导的湘赣边界秋收起义的特点。

29. 简述新民主主义革命时期中国存在的三种政治力量及其各自的建国方案。

30. 简述中共八大的历史意义。

三、**论述题**（本大题共3小题，考生任选其中2题作答，每小题10分，共20分）

31. 试述中国共产党的成立是"中华民族发展史上开天辟地的大事变"。

32. 试述抗日民主根据地的建设。

33. 试述协调推进"四个全面"战略布局。

模拟试题（四）

选择题部分

一、单项选择题（本大题共25小题，每小题2分，共50分。在每小题列出的备选项中只有一项是最符合题目要求的，请将其选出）

1. 中国近代史上第一个不平等条约是（　　）。
   A. 《南京条约》　　　　　　　　B. 《虎门条约》
   C. 《望厦条约》　　　　　　　　D. 《黄埔条约》

2. 1885年3月，在中法战争中率部取得镇南关大捷的老将是（　　）。
   A. 冯子材　　　B. 陈化成　　　C. 关天培　　　D. 邓世昌

3. 在近代中国提出"师夷长技以制夷"思想的是（　　）。
   A. 林则徐　　　B. 魏源　　　C. 王韬　　　D. 孙中山

4. 太平天国后期颁布的具有资本主义色彩的社会发展方案是（　　）。
   A. 《天朝田亩制度》　　　　　　B. 《太平条规》
   C. 《太平刑律》　　　　　　　　D. 《资政新篇》

5. 洋务运动失败的指导思想是（　　）。
   A. 中学为体　西学为用　　　　　B. 物竞天择　适者生存
   C. 自强求富　　　　　　　　　　D. 托古改制

6. 近代中国第一个领导资产阶级革命的全国性政党是（　　）。
   A. 兴中会　　　B. 光复会　　　C. 同盟会　　　D. 华兴会

7. 以下不属于1905年至1907年革命派和改良派论战内容的是（　　）。
   A. 要不要以革命手段推翻清王朝　B. 要不要推翻帝制，实行共和
   C. 要不要社会革命　　　　　　　D. 要不要废科举和兴西学

8. 新文化运动的主要阵地是（　　）。
   A. 《新青年》杂志　　　　　　　B. 《时务报》

C. 《每周评论》杂志 D. 京师同文馆

9. 新文化运动兴起的标志是（ ）。
A. 严复翻译《天演论》 B. 陈独秀创办《青年》杂志
C. 《青年》改名为《新青年》 D. 李大钊发表《庶民的胜利》

10. 中国资产阶级领导的旧民主主义革命终结的标志是（ ）。
A. "二十一条"签订 B. 清帝退位
C. 护法战争失败 D. 五四运动爆发

11. 1919年五四运动至1949年中华人民共和国成立前，中国反帝反封建的领导力量是（ ）。
A. 农民阶级 B. 工人阶级
C. 小资产阶级 D. 民族资产阶级

12. 1920年8月，《共产党宣言》中文全译本公开出版，其翻译者是（ ）。
A. 李汉俊 B. 陈独秀 C. 陈望道 D. 李大钊

13. 中共就国共合作方针和办法做出正式决定的大会是（ ）。
A. 中共一大 B. 中共二大
C. 西湖会议 D. 中共三大

14. 国共两党结束了十年内战，国内和平基本实现的标志是（ ）。
A. 十九路军发动反蒋抗日事变 B. 西安事变的和平解决
C. 中共中央放弃"反蒋抗日"口号 D. 北平学生发起一二九运动

15. 1938年3月，中国军队取得抗战重大胜利，歼灭日军一万余人的战役是（ ）。
A. 武汉保卫战 B. 忻口会战
C. 上海保卫战 D. 台儿庄大捷

16. 1939年1月，国民党五届五中全会确定的反共方针内容不包括（ ）。
A. 溶共 B. 防共 C. 限共 D. 剿共

17. 抗日战争胜利后，为避免内战、争取和平，中国共产党同国民党政府进行和平谈判，史称（ ）。
A. 重庆谈判 B. 整军谈判 C. 北平和谈 D. 庐山谈判

18. 解放战争时期配合人民解放战争的第二条战线是指（ ）。
A. 解放区广大农村掀起土地制度改革运动
B. 国民党爱国将领起义
C. 国民党统治区广大爱国学生群众为先锋的人民民主运动
D. 亚洲、非洲和拉丁美洲各国的民族独立解放运动

19. 民主革命胜利后，我国国内的主要矛盾是（ ）。
A. 农民阶级和地主阶级的矛盾

B. 工人阶级和资产阶级的矛盾

C. 民族资产阶级和官僚资产阶级的矛盾

D. 人民大众与封建主义的矛盾

20. 1951年年底到1952年春,中国共产党在党政机关工作人员中间开展的运动是（   ）。

  A. 肃反运动　　　　　　　　　　B. 整风、整党运动

  C. "三反"运动　　　　　　　　　D. "五反"运动

21. 毛泽东对党在过渡时期总路线和总任务的内容做出完整表述是（   ）。

  A. 1949年　　　B. 1953年　　　C. 1956年　　　D. 1966年

22. 20世纪以来,中国经历的第三次历史性巨变是（   ）。

  A. 辛亥革命,推翻统治中国几千年的君主专制制度

  B. 五四运动,揭开新民主主义革命的序幕

  C. 中华人民共和国的成立和社会主义制度的建立

  D. 改革开放,为实现社会主义现代化而奋斗

23. 1988年,中共中央和国务院决定建立的经济特区是（   ）。

  A. 海南经济特区　　　　　　　　B. 汕头经济特区

  C. 厦门经济特区　　　　　　　　D. 珠海经济特区

24. 香港、澳门回归体现的方针构想是（   ）。

  A. 和平统一　　　　　　　　　　B. 一国两制

  C. 改革开放　　　　　　　　　　D. 和谐世界

25. 中共十八大提出,我国到2020年的奋斗目标是（   ）。

  A. 实现四个现代化　　　　　　　B. 基本实现现代化

  C. 全面建设小康社会　　　　　　D. 全面建成小康社会

非选择题部分

二、**简答题**（本大题共5小题,每小题6分,共30分）

26. 简述中国半殖民地半封建社会的基本特征。

27. 简述洋务运动失败的原因。

28. 简述新文化运动的历史意义。

29. 简述"工农武装割据"思想。

30. 简述深化党和国家机构改革的目标。

三、论述题（本大题共3小题，考生任选其中2题作答，每小题10分，共20分。如果考生回答的题目超过2题，只按考生回答题目的前2题计分）

31. 试述中国工农红军长征胜利的伟大意义。
32. 试述中国人民抗日战争在世界反法西斯战争中的地位。
33. 试述社会主义改造基本完成的意义。

模拟试题（五）

选择题部分

一、单项选择题（本大题共 25 小题，每小题 2 分，共 50 分。在每小题列出的备选项中只有一项是最符合题目要求的，请将其选出）

1. 1840 年鸦片战争后，中国逐步演变为（   ）。
   A. 半封建社会   B. 半殖民地半资本主义社会
   C. 半殖民地社会   D. 半殖民地半封建社会

2. 在近代中国，实现国家富强和人民富裕的前提是（   ）。
   A. 振兴实业   B. 政体变革
   C. 争得民族独立和人民解放 D. 改革教育制度

3. 1901 年，要求清政府向各国赔款 4.5 亿两（白银）的条约是（   ）。
   A.《北京条约》   B.《辛丑条约》
   C.《黄埔条约》   D.《望厦条约》

4. "经过那次血战之后，外国人才知道，中国还有民族思想，这种民族是不可消灭的。"此处孙中山所赞美的"血战"是指（   ）。
   A. 虎门销烟   B. 镇江保卫战
   C. 镇南关战役   D. 义和团运动

5. 1895 年，严复在《救亡决论》一文中响亮喊出的口号是（   ）。
   A."振兴中华"   B."物竞天择"   C."适者生存"   D."救亡"

6.《天朝田亩制度》立的方案是（   ）。
   A."准富者请人雇工"的原则   B. 平均分配土地的方案
   C. 君主立宪制   D. 政本艺末思想

7. 戊戌变法的性质是（   ）。
   A. 资产阶级革命运动   B. 资产阶级性质的改良运动

C. 地主阶级的自救运动　　　　　D. 地主阶级的改革运动

8. 孙中山在南京宣誓就职，宣告中华民国临时政府成立的时间是（　　）。

A. 1911 年 10 月 10 日　　　　　B. 1912 年 1 月 1 日

C. 1912 年 2 月 12 日　　　　　D. 1912 年 3 月 10 日

9. 毛泽东指出："国民革命需要一个大的农村变动，辛亥革命没有这个变动，所以失败了。"对此你的理解是（　　）。

A. 辛亥革命主要发生在城市　　　B. 辛亥革命没有农民的参与

C. 辛亥革命缺乏彻底的土地革命纲领　D. 辛亥革命需要农民阶级的领导

10. 中国共产党明确地提出彻底的反帝反封建民主革命纲领的大会是（　　）。

A. 中共一大　　B. 中共二大　　C. 遵义会议　　D. 中共七大

11. 以推翻北洋军阀为目标的北伐战争开始时间是（　　）。

A. 1925 年 5 月　　B. 1926 年 7 月　　C. 1927 年 4 月　　D. 1928 年 8 月

12. 1927—1949 年，统治中国的是（　　）。

A. 清政府　　　　　　　　　　　B. 北洋政府

C. 中华民国国民政府　　　　　　D. 中华苏维埃政府

13. 新文化运动的基本口号是（　　）。

A. 打倒孔家店　　　　　　　　　B. 文学革命

C. 兼容并包、百家争鸣　　　　　D. 民主和科学

14. 第一次国共合作的政治基础是（　　）。

A. 旧三民主义　　　　　　　　　B. 新三民主义

C. 戴季陶主义　　　　　　　　　D. 马克思主义

15. 中国人民抗日战争的起点是（　　）。

A. 九一八事变　　　　　　　　　B. 一二·九运动

C. 一·二八淞沪抗战　　　　　　D. 七七事变

16. 把毛泽东思想确立为中国共产党指导思想的大会是（　　）。

A. 八七会议　　　　　　　　　　B. 遵义会议

C. 中共七大　　　　　　　　　　D. 中共七届二中全会

17. 1937 年 9 月，八路军 115 师击毙日军号称精锐部队的板垣师团 1000 余人，取得了中国抗日战争以来中国军队第一个大胜利的战役是（　　）。

A. 台儿庄大捷　　　　　　　　　B. 平型关战役

C. 长城战役　　　　　　　　　　D. 百团大战

18. 抗日战争胜利后，中国共产党同国民党政府进行重庆谈判，国共双方签订了（　　）。

A.《双十协定》

B.《国共合作宣言》

C.《国内和平协定》

D.《关于军队整编及统编中共部队为国军之基本方案》

19. 1949 年 4 月 23 日，人民解放军占领南京，宣告（　　）。

A. 人民解放战争由战略反攻转入战略决战

B. 三大战役胜利结束

C. 国民党反动统治覆亡

D. 新民主主义革命的结束

20. 1954 年 9 月通过新中国第一部宪法的会议是（　　）。

A. 中国人民政治协商会议第一届全体会议

B. 第一届全国人大第一次会议

C. 中国共产党第八次全国代表大会

D. 第四届全国人大第一次会议

21. 社会主义改造基本完成后，党和全国人民的主要任务是（　　）。

A. 继续实行土地制度改革

B. 尽快地把我国从落后的农业国变为先进的工业国

C. 正确处理人民内部矛盾

D. 实现四个现代化

22. 在中共八大上提出"三个主体，三个补充"思想的是（　　）。

A. 陈云　　　　B. 毛泽东　　　　C. 周恩来　　　　D. 刘少奇

23. 下列属于全面开始建设社会主义十年取得的历史成就是（　　）。

A. 完成社会主义改造

B. 提出党在过渡时期的总路线

C. 制定新中国第一部宪法

D. 培养了全国经济文化建设等方面的骨干力量

24. 1979 年元旦，全国人大常委会发表的重要文献是（　　）。

A.《关于台湾回归祖国实现和平统一的方针政策》

B.《告台湾同胞书》

C.《为促进祖国统一大业的完成而继续奋斗》

D.《反国家分裂法》

25. 中国共产党第一次完整地概括社会主义初级阶段基本路线的会议是（　　）。

A. 中共十三大　　　　　　　　B. 中共十四大

C. 中共十五大　　　　　　　　D. 中共十六大

非选择题部分

二、简答题（本大题共 5 小题，每小题 6 分，共 30 分）

26. 简述近代中国工人阶级的形成及特点。
27. 简述北伐战争胜利进军及其原因。
28. 简述中国共产党在全国执政面临的新考验。
29. 简述社会主义初级阶段理论和中国共产党的基本路线。
30. 简述"三步走"发展战略。

三、论述题（本大题共 3 小题，考生任选其中 2 题作答，每小题 10 分，共 20 分）

31. 试述中国共产党关于建立抗日民族统一战线的策略总方针。
32. 试述中华人民共和国成立开创了中国历史的新纪元。
33. 试述毛泽东等老一辈革命家探索中国社会主义民主政治建设道路的理论贡献。

参考答案

第一章 反对外国侵略的斗争

一、单项选择题

1—5　BBBAC　6—10　DACBD　11—15　BCBAD　16—20　ACABD　21—25　BD

二、简答题

1. 简述中国封建社会的基本特点。

答：（1）在经济上，封建土地所有制占主导地位，地主阶级和农民阶级的矛盾尖锐。（2）在政治上，实行高度中央集权的封建君主专制制度。（3）在文化上，以儒家思想为核心。（4）在社会结构上，形成族权和政权相结合的封建宗法等级制度。

2. 简述近代中国社会的主要矛盾及其影响。

答：（1）近代中国社会的主要矛盾：帝国主义与中华民族的矛盾、封建主义与人民大众的矛盾是半殖民地半封建中国的两对主要矛盾，而帝国主义与中华民族的矛盾，是各种矛盾中最主要的矛盾。这两对主要矛盾相互交织在一起，贯穿了整个半殖民地半封建社会的始终，并对中国社会的发展变化起着决定性作用。（2）影响：近代中国的民族民主革命，就是在这些主要矛盾及其激化的基础上发生和发展起来的。中国人民近百年不屈不挠的英勇斗争，就是为了解决中国社会的主要矛盾，推动中国社会前进。

3. 简述近代中国社会的主要矛盾和近代以来中华民族面临的历史任务。

答：（1）近代中国社会的主要矛盾：帝国主义和中华民族的矛盾，封建主义和人民大众的矛盾；而帝国主义和中华民族的矛盾，成为各种社会矛盾中最主要的矛盾。（2）历史任务：一是求得民族独立和人民解放；二是实现国家繁荣富强和人民共同富裕。

4. 简述近代中国资产阶级的产生及其所包含的两部分。

答：（1）资产阶级是近代中国新产生的阶级。它主要由一些买办、商人、地主、官僚投资新式企业转化而来。（2）中国资产阶级分为官僚资产阶级和民族资产阶级两部分。官僚买办资产阶级是大官

---

* 编者按：本自学考试助考系列丛书的"参考答案"中，简答题、论述题部分，某些考题的参考答案可能有数个知识要点，往往以"第一……第二……第三……"，或"首先……其次……再次……"，抑或"（1）……（2）……（3）……"等形式，进行答题，出于节省版面的需要，本助考丛书将各知识点接排了，而没有以各点为单元、上下分行并列排版，建议考生在考试答卷时，最好要分行并列作答（不要接排），并视情况确定是否对每一知识点展开叙述。特此说明。

僚与大买办的结合。民族资产阶级的上层大多拥有规模较大的企业，经济力量比较雄厚，与外国资本主义和本国封建势力联系比较密切；中下层所办企业一般规模较小，资金较少，与外国资本主义和本国封建势力联系较少，且矛盾较大。

5. 简述中国民族资产阶级的特点。

答：中国民族资产阶级具有两重特点和双重性格。（1）一方面受到外国资本主义和本国封建主义的压迫，在一定条件下可以参加反帝反封建的革命或在斗争中保持中立。（2）另一方面因其力量薄弱，又与外国资本主义和本国封建主义有着千丝万缕的联系，在斗争中缺乏彻底的革命性。这也决定了中国民族资产阶级不可能引导中国革命走向胜利。

6. 简述近代中国工人阶级的特点。

答：（1）深受帝国主义、封建势力和资产阶级三重压迫和剥削，革命性最强。（2）人数虽少，但相对集中，便于形成革命的力量和传播先进的思想。（3）主要由破产农民和家庭手工业者转化而来，与农民有着天然的联系，便于结成工农联盟。因此，中国工人阶级是近代中国社会中最先进、最革命、最有力量的阶级。

7. 简述近代中国人民反侵略斗争失败的原因。

答：（1）根本原因是社会制度的腐败。腐朽的清王朝统治者为了自身的私利，不惜出卖国家和民族的利益，宣扬"防民甚于防寇"，压制和破坏人民群众与爱国官兵的反侵略斗争，导致反侵略失败。（2）重要原因是经济技术的落后。经济技术的落后，使中国在武器装备、军队素质、综合实力等方面远远落后于西方列强。

三、论述题

1. 试述中国半殖民地半封建社会的主要矛盾及其相互关系。

答：（1）中国半殖民地半封建社会的主要矛盾是帝国主义与中华民族的矛盾、封建主义与人民大众的矛盾，其中帝国主义与中华民族的矛盾，是最主要的矛盾。（2）两对主要矛盾之间的相互关系是：第一，当外国列强向中国发动侵略战争时，阶级矛盾降到次要地位，民族矛盾上升到主要地位。第二，当外国侵略者同中国封建政权相勾结，共同镇压中国革命，尤其是封建地主阶级对人民的压迫特别残酷时，阶级矛盾就上升为主要矛盾。

2. 试述实现中华民族伟大复兴成为中华民族近代以来最伟大的梦想的原因。

答：（1）近代中国社会的性质：半殖民地半封建社会。（2）近代中国社会的主要矛盾：帝国主义与中华民族的矛盾、封建主义与人民大众的矛盾是两对主要矛盾，而帝国主义与中华民族的矛盾，是各种矛盾中最主要的矛盾。（3）近代以来中华民族面临的两大历史任务：一是求得民族独立和人民解放；二是实现国家繁荣富强与人民共同富裕。争取民族独立和人民解放是实现国家繁荣富强与人民共同富裕的前提条件。民族独立和人民解放的最终目的是使中国走向现代化，实现国家繁荣富强与人民的共同富裕。（4）这两大历史任务完成之时，也就是中华民族伟大复兴之日。实现中华民族伟大复兴，成为中华民族近代以来最伟大的梦想。

3. 试述19世纪末帝国主义列强瓜分中国的图谋未能实现的主要原因。

答：（1）重要原因：帝国主义列强之间矛盾和相互制约。瓜分中国，变中国为自己的殖民地是外国列强的共同图谋，但是列强彼此之间又有许多矛盾、冲突，甚至可能爆发战争。因此，列强经过协商，暂缓瓜分中国，保全清政府，以使其成为统治中国的工具，实行"以华制华"。（2）最根本原因：中国人民不屈不挠反侵略斗争。在义和团反帝爱国运动期间，中国人民以其不畏强暴，敢与敌人血战到底的气概，打击了侵略者，使其不敢为所欲为地瓜分中国。这一点连侵略者也承认。

4. 试述第一次鸦片战争至辛亥革命前夕，先进中国人民族意识的觉醒。

答：鸦片战争打破了中国封建统治者"天朝上国"的迷梦，先进的中国人也开始寻找救国救民的真理，民族意识开始觉醒。（1）"师夷长技以制夷"的主张：第一，林则徐是近代中国睁眼看世界的第一人，组织编成了《四洲志》。第二，魏源在《四洲志》基础上编纂了《海国图志》，提出了"师夷长技以制夷"的思想。（2）早期的维新思想：19世纪70年代以后，马建忠、王韬、郑观应、薛福成等人不仅主张学习科学技术，同时也要求吸纳某些西方的政治、经济学说，主张发展民资工商业、变革封建专制制度，对中国社会产生广泛的思想影响。（3）救亡图存与振兴中华：第一，1895年，严复在《救亡决论》一文中喊出"救亡"口号，翻译了《天演论》，用"物竞天择""适者生存"的社会进化论思想，激发人们的危机意识和民族意识。第二，1898年，康有为疾呼中国人要发愤自救。第三，1894年11月，孙中山创立革命团体——兴中会，喊出"振兴中华"这个时代最强音。

第二章　对国家出路的早期探索

一、单项选择题

1—5　AACCC　6—10　BCAAA　11—15　AADCA　16—18　CBB

二、简答题

1. 简述太平天国定都天京后，先后颁布的两个重要纲领及各自特点。

答：（1）1853年冬，颁布《天朝田亩制度》，这是一个以解决农民土地为中心的比较完整的社会改革方案，代表了农民要求平均分配土地的愿望，最能体现太平天国社会理想。（2）太平天国后期，洪仁玕提出《资政新篇》，作为统筹全局的建议。这是一个带有鲜明资本主义色彩的改革与建设方案，但通篇未涉及农民土地问题。

2. 简述《资政新篇》中关于政治和经济方面的主要内容。

答：《资政新篇》是在太平天国后期由"干王"洪仁玕提出，是一个带有鲜明资本主义色彩的社会发展方案，政治和经济方面的主要内容有：（1）政治方面，主张"禁朋党之弊"，加强中央集权，制定法律、制度；设"暗柜"，用以监督官员，改革弊政。（2）经济方面，发展近代工矿、交通、邮政、金融等事业；吸取外国科学技术，奖励科技发明和机器制造；提出"准富者请人雇工"，即提倡资本主义的雇佣劳动制。

3. 简述洋务运动的历史作用。

答：（1）客观上促进了中国早期工业和民族资本主义的发展。（2）成为中国近代教育的开端。（3）传播了新知识，打开了人们的眼界。（4）引起了社会风气和价值观念的变化。

4. 简述洋务运动的指导思想和洋务派举办的事业。

答：（1）洋务运动的指导思想是"中学为体，西学为用"。（2）洋务派举办的洋务事业主要有三个方面：第一，兴办近代军用工业和民用企业；第二，建立新式海陆军；第三，创办新式学堂、派遣留学生。

5. 简述19世纪末，维新派与守旧派论战的主要问题及意义。

答：（1）维新派和守旧派之间的论战主要围绕以下三个问题展开：第一，要不要变法。第二，要不要兴民权、设议院，实行君主立宪。第三，要不要废八股、改科举和兴学堂。（2）维新派和守旧派的论战，实质上是资产阶级思想与封建主义思想在中国的第一次正面交锋，进一步开阔了新型知识分子的眼界，为维新变法运动做了思想舆论的准备。

6. 简述资产阶级维新派自身弱点和局限的主要表现。

答：（1）不敢否定封建主义。（2）对帝国主义抱有幻想。（3）脱离人民群众。

三、论述题

1. 试述太平天国农民战争的历史意义。

答：（1）它沉重打击了封建统治阶级，强烈撼动了清政府的统治根基。太平天国起义坚持了 14 年之久，革命势力扩展到 18 个省，规模大，时间长，影响深，加速了清王朝的衰败过程。（2）它是中国旧式农民战争最高峰，具有不同以往农民战争的新的历史特点，集中体现在《天朝田亩制度》和《资政新篇》两个纲领上。（3）太平天国对孔子和儒家经典予以严厉批判，在一定程度上削弱了封建统治的精神支柱。（4）太平天国起义还有力地打击了外国侵略势力。太平天国将领们拒绝不平等条约，严禁鸦片贸易，与外国军队进行了英勇斗争。（5）太平天国起义是 19 世纪中叶的亚洲民族解放运动中时间最久、规模最大、影响最深的一次，冲击了西方殖民主义在亚洲的统治。

2. 试述洋务运动的性质及失败的原因。

答：（1）洋务运动是在 19 世纪 60 年代清政府面对内忧外患的统治危机，地主阶级统治集团内部的洋务派进行的一系列"自救"活动。（2）洋务运动失败的原因。第一，洋务运动具有封建性。洋务运动的目的是要维持行将毁灭的清朝封建统治，这与新的生产力发展要求不适应，注定以失败告终。第二，洋务运动对西方列强具有依赖性。西方列强表面上积极扶植洋务派，实际是以此为手段，巩固并扩大其在华特权，达到控制和操纵清廷的目的。洋务派仰仗西方列强达到"自强""求富"目的，无异与虎谋皮。第三，洋务企业的管理具有腐朽性。洋务派所办的新式企业在管理方面仍然采取封建衙门式的管理方法，一方面，这使企业缺乏应有的生机和活力；另一方面，企业内部官僚化、贪污中饱、挥霍浪费现象严重。

3. 试述戊戌维新运动的历史意义。

答：（1）戊戌维新运动是一次爱国救亡运动。在瓜分危机迫在眉睫关头挺身而出，掀起了变法图存、维护民族独立和发展资本主义的救国运动，反映了时代的要求。（2）戊戌维新运动是一场资产阶级性质的政治改革运动。冲破了洋务派"中体西用"思想的局限，鼓吹民权，提倡设议院，主张君主立宪，在一定程度上冲击了封建制度。（3）戊戌维新运动是一场思想启蒙运动。大力宣传西方自由平等、社会进化等观念，批判封建君权纲常，有利于民主主义思想在中国的传播。（4）戊戌维新运动在改革社会风气方面也有积极作用。主张变革吸食鸦片及妇女缠足等陋习，倡导讲文明、重卫生、反跪拜等。

第三章 辛亥革命与封建君主专制制度的终结

一、单项选择题

1—5 ACACB   6—10 DBABA   11—15 DBDBA   16—17 AC

二、简答题

1. 简述兴中会的成立及其誓词。

答：（1）1894 年，孙中山在檀香山组织了中国第一个资产阶级革命组织——兴中会。（2）1895 年春，在香港成立兴中会总部，并以"驱除鞑虏，恢复中华，创立合众政府"为誓词，决心推翻清政府，建立资产阶级政权。

2. 简述资产阶级革命派与改良派论战的焦点及革命派在这一问题上的主张。

答：（1）要不要以革命手段推翻清政府，这是论战的焦点。（2）革命派的主张：第一，控诉清政府卖国媚外的罪行，强调救国必先推翻清王朝；第二，认为革命不免流血，但可"救世救人"，是治疗社会的捷径；第三，革命就是为了建设，破坏与建设是革命的两个方面。

3. 简述辛亥革命爆发的历史条件。

答：（1）民族危机加深，社会矛盾激化。一方面，外国列强对中国侵略日益扩大，民族危机加深；另一方面，社会矛盾激化，民变四起。（2）清末"新政"及其破产。"新政"没有挽救清王朝，反而激化了社会矛盾，加重了危机。（3）资产阶级革命派的阶级基础和骨干力量形成。民族资产阶级是革命派的阶级基础，一批资产阶级和小资产阶级知识分子是骨干力量。

4. 简述1912年建立的中华民国临时政府的性质。

答：南京临时政府是资产阶级共和国性质的革命政权。第一，从人员构成上看，资产阶级革命派控制着这个政权。第二，从政策措施上看，集中体现了民族资产阶级愿望和利益，并在一定程度上符合广大中国人民利益。第三，临时参议院颁布的《中华民国临时约法》，是中国历史上第一部具有资产阶级共和国宪法性质的法典。

5. 简述辛亥革命失败后孙中山为捍卫资产阶级民主革命成果所进行的斗争。

答：面对北洋军阀的黑暗统治，以孙中山为首的资产阶级革命派坚持革命的立场，进行了一系列斗争。（1）为反对袁世凯刺杀宋教仁和"善后大借款"，孙中山在1913年领导革命党人发动了"二次革命"。（2）1914年7月，为反对袁世凯专制统治，孙中山在日本东京正式成立中华革命党。（3）1915年12月25日，为反对袁世凯称帝，蔡锷宣布云南独立，发动护国运动。（4）1917年7月，为反对掌握中央政权的段祺瑞公然破坏《中华民国临时约法》，拒绝恢复国会，孙中山率领部分国会议员南下广州，发动第一次护法运动。（5）1919年10月，孙中山将中华革命党改组为中国国民党。11月，重返广东，恢复军政府，领导第二次护法运动。

三、论述题

1. 试述1905—1907年资产阶级革命派与改良派的论战及其意义。

答：1905—1907年，以孙中山为代表的革命派和以康有为为代表的改良派，分别以《民报》和《新民丛报》为主要舆论阵地展开论战。（1）论战的内容。第一，要不要以革命手段推翻清政府。这是论战的焦点。第二，要不要推翻帝制，实行共和。第三，要不要社会革命。（2）论战的意义。第一，划清了革命与改良的界限，使人们清楚地认识到实行民主革命的必要性。第二，使资产阶级民主思想和三民主义思想得到更加广泛的传播，为革命斗争奠定思想基础。

2. 试述孙中山三民主义学说的主要内容及其意义。

答：（1）主要内容：第一，民族主义包括"驱除鞑虏，恢复中华"。一是以革命手段推翻清王朝，改变它一贯推行的民族歧视和压迫政策；二是变"次殖民地"的中国为独立中国。第二，民权主义即"创立民国"，指推翻君主专制制度，建立资产阶级民主共和国。第三，民生主义即"平均地权"，即孙中山所说的社会革命。基本方案是：核定地价，按价征税，涨价归公，按价收买。（2）意义：孙中山的三民主义学说，是一个比较完备的民主主义的革命纲领，产生了积极影响，推动了革命思想的传播和革命运动的发展。

3. 试述辛亥革命的历史意义及其局限性。

答：（1）辛亥革命胜利的历史意义：辛亥革命是一次比较完全意义上的资产阶级民主革命，是中华民族伟大复兴征程上的一个里程碑。第一，推翻清王朝在中国的统治，沉重打击中外反动势力在中国的统治。第二，结束了两千多年的封建君主专制制度，建立中国历史上第一个资产阶级共和政府。第三，传播了民主共和的理念，推动中华民族的思想解放。第四，推动近代中国社会变革，推动了民族资本主义经济的发展，促进社会风气的改变和人们的精神解放。第五，打击了帝国主义在华势力，推动了亚洲各国民族解放运动的高涨。

（2）辛亥革命的局限性：第一，没有提出彻底的反帝反封建的革命纲领。幻想以妥协退让换取帝国主义的承认和支持，只强调反满和建立共和政体，没有反对整个封建统治阶级，把政权交给同样是封建势力代表的袁世凯。第二，没有充分发动和依靠群众，革命根基相当单薄。第三，没有建立坚强有力的革命政党。中国同盟会组织松懈，派系纷杂，缺乏一个统一和稳定的领导核心。

（3）辛亥革命失败的教训：第一，辛亥革命没有改变旧中国半殖民地半封建的社会性质，没有改变中国人民的悲惨遭遇，没有完成实现民族独立、人民解放的历史任务。第二，辛亥革命失败表明，资产阶级共和国方案救不了中国，先进中国人需要进行新的探索，为中国谋求新的出路。

第四章　开天辟地的大事变

一、单项选择题

1—5　ABBBB　6—10　BABBC　11—15　ACABB　16—20　CADCB　21—25　ACADA

二、简答题

1. 简述新文化运动的历史意义。

答：五四前的新文化运动的意义主要体现在三个方面：（1）是资产阶级民主主义的新文化同封建主义旧文化的斗争，是辛亥革命在思想文化领域的延续，沉重打击了封建专制主义。（2）大力宣扬了民主和科学，启发了民智，开启了思想解放的潮流。（3）为中国先进分子接受马克思主义准备了适宜的土壤，为以五四运动为开端的中国新民主主义革命创造了思想文化上的条件。

2. 简述中国早期信仰马克思主义的三种类型及代表人物。

答：（1）五四运动前的新文化运动的精神领袖。其代表是李大钊、陈独秀。（2）五四运动中的左翼骨干。其代表为毛泽东、杨匏安、蔡和森、周恩来等。（3）一部分原中国同盟会会员、辛亥革命时期的活动家。其代表为董必武、林伯渠、吴玉章等。

3. 简述中国共产党二大提出的党的最高纲领和最低纲领。

答：（1）党的最高纲领是实现社会主义、共产主义。（2）党的最低纲领是消除内乱，打倒军阀，建设国内和平；推翻国际帝国主义的压迫，达到中华民族完全独立；统一中国为真正的民主共和国。这是在中国半殖民地半封建社会条件下走向社会主义、共产主义的不可超越的一个阶段。

4. 简述中共三大的主要内容及意义。

答：1923年6月，中国共产党第三次全国代表大会在广州召开。（1）集中讨论建立革命统一战线问题，决定全体共产党员以个人名义加入国民党。（2）强调在共产党员加入国民党时，党必须在政治、思想、组织上保持自己的独立性。（3）正确制定了建立革命统一战线的方针政策，有力推动了第一次国共合作的形成。

5. 简述北伐战争直接打击的目标和战略方针。

答：（1）北伐的直接目标是打倒帝国主义支持的北洋军阀。（2）制定了集中兵力、各个歼敌的战略方针：首先以主力进军两湖，消灭吴佩孚；然后引兵东向，消灭孙传芳；最后，北上解决张作霖。

6．简述北伐战争胜利进军的主要原因。

答：（1）国共合作的实现，革命统一战线的建立，特别是共产党和共青团员的先锋模范作用是北伐胜利的主要原因。（2）北伐战争是反对帝国主义和封建军阀的正义的革命战争，得到广大工农群众的大力支持。（3）北伐战争得到苏联政府的多方面援助，特别是派出的军事顾问帮助北伐军制定了正确的军事战略战术。

7．简述中国共产党成立时的历史特点。

答：（1）成立于俄国十月革命、第二国际修正主义破产之后，没有被修正主义影响，接受的是马克思主义的完整的科学世界观和社会革命论，是以俄国布尔什维克为榜样，按照列宁的建党原则建立起来的。（2）在半殖民地半封建中国的工人运动基础上产生。中国的工人阶级受压迫最深，具有坚强的革命性，不存在欧洲那种工人贵族阶层，没有社会改良主义的基础。因此，中国共产党一开始就是一个以马克思主义为指导思想的党，是一个区别于第二国际社会改良党的新型工人阶级革命政党。

8．简述中国共产党的初心和使命。

答：（1）中国共产党人的初心和使命，就是为中国人民谋幸福，为中华民族谋复兴。（2）中国共产党从成立之日起，就把实现共产主义作为党的最高理想和最终目标，义无反顾肩负起实现中华民族伟大复兴的历史使命。

三、论述题

1．试述俄国十月革命对中国革命的影响。

答：（1）1917年11月7日，俄国爆发十月革命，建立了人类历史上第一个社会主义国家。中国反帝反封建的民主革命成为世界无产阶级社会主义革命的一部分。（2）十月革命对中国革命的影响主要体现在四个方面：第一，十月革命使中国先进分子认识到，经济文化落后的国家也可以用社会主义思想指引自己走向解放之路。第二，十月革命后，苏维埃俄国号召反对帝国主义，以新的平等姿态对待中国，推动社会主义思想在中国的传播。第三，十月革命中工人和士兵的广泛发动并由此赢得胜利的事实，昭示中国先进分子以新的方法开展革命。第四，十月革命后，中国思想界产生了一批赞成十月革命、具有初步共产主义思想的知识分子。

2．试述五四运动的历史特点及历史意义。

答：五四运动具有以辛亥革命为代表的旧民主主义革命所不具备的历史特点和历史意义，成为新民主主义革命的开端，主要体现在：（1）是中国近代史上一次彻底反帝反封建的革命运动。（2）广泛地动员和组织了群众，是一场真正群众性的革命运动。（3）促进了马克思主义在中国的广泛传播，促进了马克思主义同中国工人运动的结合，为中国共产党的成立做了思想上和干部上的准备。（4）是中国新民主主义革命的开端，无产阶级逐渐代替资产阶级成为近代中国民族民主革命的领导者。

3．试述中国共产党成立的历史意义。

答：1921年7月，中共一大宣告了中国共产党的成立。中国共产党的成立具有划时代的伟大意义。（1）标志着中国革命终于有了一个坚强的领导核心。中国共产党不仅代表中国工人阶级的利益，而且代表中国人民和中华民族的利益。它的成立使中国革命有了可信赖的组织者和领导者。（2）中国革命从此有了一个科学的指导思想。中国共产党以马克思列宁主义基本原理观察和分析中国的问题，为中国人民指明了斗争的目标、革命的前途和走向胜利的道路。（3）沟通了中国革命与世界革命的联系，把中华民族的解放运动同世界无产阶级社会主义革命运动相联结并成为其中的一部分，使中国革命有了新的前途。（4）中国革命的面目焕然一新，中国人民的斗争有了主心骨，中国人民的精神从被动转为主动。

4. 试述1927年国民革命失败的原因和历史意义。

答：（1）失败的原因：第一，客观原因。一是敌我力量悬殊，反革命力量十分强大。二是革命统一战线内部出现剧烈分化，蒋介石、汪精卫先后制造反共政变，使革命力量遭到严重损失。第二，主观原因。一是以陈独秀为首的中共中央领导机关在大革命后期犯了右倾机会主义错误；二是当时的中国共产党处于幼年时期，缺乏革命经验；三是共产国际的错误指导，对酿成陈独秀右倾机会主义错误有直接影响。

（2）历史意义：第一，沉重打击了帝国主义和封建主义的统治势力，中国人民的觉悟程度和组织程度有了明显提高。第二，扩大了中国共产党在中国人民中的政治影响，宣传了党在民主革命阶段的纲领，使党经受了一次大革命的洗礼，积累了初步的经验。

第五章　中国革命的新道路

一、单项选择题

1—5　DCDCC　6—10　CDAAA　11—15　BDCAA　16—20　CADBC　21—22　BD

二、简答题

1. 简述大革命失败后国民党政府实行军事独裁统治的主要表现。

答：（1）建立庞大的军队，广大人民被置于国民党武装的严密控制和监视之下。（2）建立密布全国的特务系统，绑架或暗杀革命者和异己分子。（3）大力推行保甲制度，保甲内各户要互相监视、互相告发，禁止革命活动。（4）厉行文化专制主义，剥夺人民的言论和出版自由，大批进步书刊被查禁，许多进步作家被监视、拘捕乃至枪杀。

2. 简述毛泽东领导的湘赣边界秋收起义的特点。

答：（1）它放弃了"左派国民党"运动的旗号，公然打出了"工农革命军"的旗帜。（2）它不仅是军队的行动，而且有数量众多的工农武装参加。

3. 简述三湾改编的主要内容。

答：（1）将原有的一个师缩编为一个团。（2）在部队中建立共产党各级组织，将党的支部建在连上。（3）成立各级士兵委员会，部队内部实行民主管理。（4）三湾改编成为建设共产党领导的新型人民军队的重要开端。

4. 简述井冈山革命根据地创建的历史意义。

答：（1）点燃了"工农武装割据"的星星之火，为共产党领导的其他各地武装起义树立了榜样。（2）从实践上开辟了一条在敌我力量悬殊的情况下，深入农村保存和发展革命力量的正确道路。这条道路代表了1927年革命失败后中国革命发展的正确方向。

5. 简述1931年召开的中华苏维埃第一次全国代表大会的主要内容。

答：（1）1931年11月，中华苏维埃第一次全国代表大会在江西省瑞金县叶坪村举行。（2）大会的主要内容有：第一，通过了《中华苏维埃共和国宪法大纲》及土地法令、劳动法等法律文件；第二，选举产生了中华苏维埃共和国中央执行委员会；第三，宣告了中华苏维埃共和国临时中央政府成立。毛泽东当选为中央执行委员会主席。

6. 简述遵义会议集中解决的主要问题及其意义。

答：（1）集中全力解决了当时具有决定意义的军事和组织问题。（2）在极其危急的情况下挽救了中国共产党、挽救了中国工农红军、挽救了中国革命。（3）开始确立了以毛泽东为代表的新的中央的领导，成为中国共产党历史上一个生死攸关的转折点，标志着中国共产党在政治上走向成熟。

三、论述题

1. 试述红色政权存在和发展的原因与条件。

答：1928年10月和11月，毛泽东写了《中国的红色政权为什么能够存在？》和《井冈山的斗争》两篇文章，科学回答了红色政权存在和发展的原因与条件。（1）根本原因在于中国是一个由几个帝国主义国家间接统治的经济、政治发展极端不平衡的半殖民地半封建社会的大国。（2）两个客观条件：一是国民革命的影响；二是全国革命形势的继续向前发展。（3）两个主观条件：一是相当力量的正式红军的存在；二是共产党组织的坚强有力和各项政策的正确贯彻执行。

2. 试述20世纪20年代后期和30年代前期，中国共产党党内屡次出现"左"倾错误的主要原因。

答：（1）八七会议后，中国共产党党内一直存在着浓厚的近乎拼命的冲动，始终没有能够从指导思想上得到认真清理。（2）全党的马克思主义理论准备不足，理论素养还不高，实践经验也很缺乏，王明又时时搬出马克思主义的词句来吓唬人，容易使一些干部受到蒙骗。（3）共产国际的干预及王明的全力支持，使许多人失去识别和抵制能力。

3. 试述中国共产党领导中国工农红军长征胜利的历史意义。

答：（1）长征粉碎了国民党"围剿"红军、消灭革命力量的企图，是中国革命转危为安的关键。（2）通过长征，把中国革命的大本营放在了西北，这为迎接中国人民抗日救亡的新高潮准备了条件。（3）长征保存并锤炼了中国革命的骨干力量。尽管经过长征，革命的力量遭受严重损失，但是，这些保存下来的、经历了千锤百炼的骨干，是党和红军极为宝贵的精华。（4）长征播撒了革命的火种。它向沿途的人民群众宣布，只有红军的道路，才是解放他们的道路，只有在中国共产党的领导下，中国各族人民才能翻身得解放。（5）长征铸就了伟大的长征精神。长征精神，就是把全国人民和中华民族的根本利益看得高于一切，坚定革命的理想和信念，坚信正义事业必然胜利的精神；就是为了救国救民，不怕任何艰难险阻，不惜付出一切牺牲的精神；就是坚持独立自主、实事求是，一切从实际出发的精神；就是顾全大局、严守纪律、紧密团结的精神；就是紧紧依靠人民群众，同人民群众生死相依、患难与共、艰苦奋斗的精神。

第六章　中华民族的抗日战争

一、单项选择题

1—5　AACBC　6—10　CDAAC　11—15　BBCCD　16—20　BBBBA　21—25　CDABA

26—31　BDCBBA

二、简答题

1. 简述一二·九运动及其历史意义。

答：（1）1935年12月9日，在中国共产党救亡图存、全民抗战的号召和中共北平临时工作委员会的领导下，北平学生举行声势浩大的抗日游行，喊出"反对华北自治运动""打倒日本帝国主义""停止内战，一致对外"等口号。（2）一二·九运动打击了日本帝国主义侵略中国并吞并华北的计划，促进了中华民族的觉醒，标志着中国人民抗日救亡运动新高潮的到来。

2. 简述中国共产党的中流砥柱作用是中国人民抗日战争胜利的关键。

答：（1）中国共产党自成立之日起就把实现中华民族伟大复兴作为自己的历史使命。（2）中国共产党坚持全面抗战路线，制定正确的战略策略。（3）开辟敌后战场，开展敌后游击战，成为坚持抗战的中坚力量。（4）始终坚持抗战、反对投降，坚持团结、反对分裂，坚持进步、反对倒退，击退国民党的反共摩擦，同各爱国党派团体和广大人民一起，巩固壮大抗日民族统一战线，共同维护团结抗战大局。

3. 简述毛泽东在《论持久战》中对中日双方互相矛盾的四个特点的分析。

答：（1）1938年5月，毛泽东在《论持久战》中分析了中日双方互相矛盾的四个特点，即敌强我弱，敌小我大，敌退步我进步，敌寡助我多助。（2）这四个特点决定了抗日战争是持久战，而最后的胜利将属于中国，因为：第一，日本是强国，中国是弱国，强国弱国的对比，决定了抗日战争只能是持久战。第二，日本是小国，发动的是退步的野蛮的侵略战争，在国际上失道寡助；而中国是大国，进行的是进步的、正义的反侵略斗争，在国际上得道多助。第三，中国已经有了代表中华民族和中国人民根本利益的共产党及其领导的人民军队和抗日根据地。因此，最后的胜利又将是属于中国的。

4. 简述延安整风运动的主要内容及意义。

答：20世纪40年代前中期，中国共产党以延安为中心，在全党范围之内开展了一场整风运动。（1）主要内容：反对主观主义以整顿学风、反对宗派主义以整顿党风、反对党八股以整顿文风。其中，反对主观主义是整风运动最主要的任务。（2）意义：整风运动是一场伟大的思想解放运动，在全党范围确立起一切从实际出发、理论联系实际、实事求是的马克思主义思想路线。

5. 简述中国人民抗日战争胜利的主要原因。

答：（1）以爱国主义为核心的伟大民族精神是中国人民抗日战争胜利的决定性因素。（2）中国共产党的中流砥柱作用是中国人民抗日战争胜利的关键。（3）全民族抗战是中国人民抗日战争胜利的重要法宝。（4）世界所有爱好和平与正义的国家和人民、国际组织及各种反法西斯力量的同情和支持是中国人民抗日战争胜利的国际条件。

三、论述题

1. 试述中国共产党抗日民族统一战线中的策略总方针及斗争策略。

答：抗日民族统一战线的策略总方针，即发展进步势力，争取中间势力，孤立顽固势力。（1）进步势力主要是指工人、农民和城市小资产阶级。他们是统一战线的基础，抗日战争的主要依靠力量。这是整个策略的中心环节。（2）中间势力主要是指民族资产阶级、开明绅士和地方实力派。争取中间势力需要一定的条件：一是共产党要有充足的力量；二是要尊重他们的利益；三是要同顽固派做坚决的斗争，并能一步一步地取得胜利。争取中间势力是党领导抗日民族统一战线十分重要的任务。（3）顽固势力是指大地主大资产阶级的抗日派，即以蒋介石集团为代表的国民党亲英美派。必须以革命的两面政策来对付他们，即贯彻又联合又斗争的政策，斗争不忘团结，团结不忘斗争，以团结为主。同时要坚持有理、有利、有节的原则。只有这样，才能达到以斗争求团结的目的。

2. 试述新民主主义理论的主要内容。

答：毛泽东撰写了《〈共产党人〉发刊词》《中国革命和中国共产党》《新民主主义论》等一批重要的理论著作，系统阐明新民主主义理论。（1）中国共产党领导的整个中国革命运动，包括新民主主义革命和社会主义革命两个阶段。1919年五四运动以后的中国民主革命，已经是无产阶级领导的人民大众的反帝反封建的新民主主义革命。它的前途是社会主义。（2）中国共产党在新民主主义革命阶段的政治、经济、文化基本纲领。（3）总结中国共产党战胜敌人的三个法宝：统一战线，武装斗争，党的建设。（4）新民主主义理论是以毛泽东为主要代表的中国共产党人把马克思主义基本原理同中国具体实际相结合的成果。

3. 试述中国人民抗日战争在世界反法西斯战争中的地位。

答：（1）中国战场是世界反法西斯战争的东方主战场。中国抗战开展时间最早、持续时间最长，牵制和抗击了日本军国主义的主要兵力，对日本侵略者的彻底覆灭起了决定性作用。（2）中国人民的持久抗战为盟国军队实施战略反攻创造了有利条件。中国人民的持久抗战牵制了日本的"北进"和"南进"步伐，大大减轻了其他战场的压力，为盟国军队完成战略转折和实施战略反攻创造了有利条件。（3）中国作为亚洲太平洋地区盟军对日作战的重要后方基地，还为盟国提供了大量战略物资和军事情报。中国军队出国作战，不仅打击了日军，还对盟军给予了实际支援。

第七章 为创建新中国而奋斗

一、单项选择题

1—5 ABDCC 6—10 AACCB 11—15 CCDDC 16—21 BADDAA

二、简答题

1. 简述抗日战争胜利后中国国内的三种建国方案。

答：（1）地主阶级和买办性大资产阶级的建国方案。它维护地主阶级和买办性大资产阶级的根本利益，与中国最广大人民的根本利益和愿望背道而驰，最终被人民所唾弃。（2）民族资产阶级的建国方案。它在中国行不通。（3）工人阶级、农民阶级和城市小资产阶级的建国方案。这三个阶级的政治代表是中国共产党。其主要内容是：在工人阶级及其政党的领导下，通过彻底的反帝反封建的民主革命，即新民主主义革命，建立一个工人阶级领导的，以工农联盟为基础的、团结一切可以团结的力量的人民民主专政的人民共和国。这一方案是引导中华民族和中国人民争得民族独立与人民解放，从而为实现国家富强开辟道路的科学的建国方案。

2. 简述民族资产阶级的建国方案在中国行不通的原因。

答：（1）帝国主义不容许中国成为一个独立、富强的资本主义国家。（2）民族资产阶级在经济上、政治上的软弱性，使得它没有勇气和能力去领导人民进行彻底的反帝反封建的斗争，从而为建立资产阶级共和国扫清障碍。

3. 简述新民主主义革命的总路线和三大经济纲领。

答：（1）1948年4月，毛泽东在《在晋绥干部会议上的讲话》中完整地提出中国共产党在新民主主义革命阶段的总路线和总政策是：无产阶级领导的，人民大众的，反对帝国主义、封建主义和官僚资本主义的革命。（2）1947年12月，毛泽东在《目前形势和我们的任务》的报告中提出了新民主主义革命的三大经济纲领，即没收封建阶级的土地归农民所有，没收以蒋介石、宋子文、孔祥熙、陈立夫为首的垄断资本归新民主主义的国家所有，保护民族工商业。

4. 简述中国各民主党派形成时的社会基础及其性质。

答：（1）中国各民主党派形成时的社会基础，主要是民族资产阶级、城市小资产阶级以及同这些阶级相联系的知识分子和其他爱国分子。（2）中国各民主党派的性质是阶级联盟性质的政党，因为它们所联系和代表的不是单一阶级，而是这些阶级、阶层的人们，在反帝爱国和争取民主共同要求基础上的联合。

5. 简述中共七届二中全会的主要内容。

答：1949年3月，中共七届二中全会在河北省平山县西柏坡村召开。其主要内容是：（1）规定了党在全国胜利后在政治、经济、外交方面应当采取的基本政策。（2）指出了中国由农业国转变为工业国、由新民主主义社会转变为社会主义社会的发展方向。（3）在中国共产党自身建设上，提出了"两个务必"的要求，即"务必使同志们继续地保持谦虚、谨慎、不骄、不躁的作风，务必使同志们继续地保持艰苦奋斗的作风"。

6. 简述《中国人民政治协商会议共同纲领》规定的新中国的经济工作方针。

答：（1）以公私兼顾、劳资两利、城乡互助、内外交流的政策，达到发展生产、繁荣经济之目的。（2）国家应调剂各种成分国营经济、个体经济、私人资本主义经济等，使各种社会经济成分在国营经济领导之下，分工合作，各得其所，以促进整个社会经济的发展。

7. 简述中国革命统一战线中的两个联盟及其关系。

答：（1）第一个是劳动者联盟，主要是工人、农民和城市小资产阶级的联盟，这是基本的、主要的。（2）第二个是劳动者与非劳动者联盟，主要是劳动者与民族资产阶级的联盟，这是辅助的，同时又是重要的。（3）必须坚决依靠第一个联盟，争取建立和扩到第二个联盟。

三、论述题

1. 试述全面内战爆发后，必须打败蒋介石，又能够打败蒋介石的原因。

答：（1）必须打败蒋介石。因为蒋介石发动的战争，是一个在美帝国主义指挥之下的反对中国民族独立和中国人民解放的反革命的战争。不用革命战争反对反革命战争，中国就将变成黑暗世界，我们民族的前途就会被断送。（2）能够打败蒋介石。第一，蒋介石军事力量的优势和美国的援助，只是临时起作用的因素；而蒋介石发动的战争是反人民性质的，人心的向背，则是经常起作用的因素，在这方面，我们占着优势。第二，人民解放军的战争所具有的爱国的正义的革命的性质，必然要获得全国人民的拥护。这就是战胜蒋介石的政治基础。第三，毛泽东提出"一切反动派都是纸老虎"，并预言人民解放军的"小米加步枪"一定能战胜国民党军队的"飞机加坦克"。

2. 试述全国解放战争时期，各民主党派与中国共产党团结合作的主要表现。

答：（1）在重庆谈判和政协会议期间，各民主党派同共产党作为"第三方面"，同共产党一起反对国民党反动派的内战、独裁政策，为和平民主而共同努力。（2）在国民党当局撕毁政协协议、发动全面内战时，民主党派中的大多数同共产党保持一致；拒绝参加国民党一手包办的"国民大会"、反对国民党炮制的"宪法"。（3）民主党派的许多成员积极参加和支持中国共产党领导的爱国民主运动，有的为此流血牺牲。（4）在人民解放战争转入战略反攻并且取得节节胜利的形势下，各民主党派都公开发表宣言，站在人民革命一边，同共产党一道为推翻国民党的反动统治建立新中国而共同奋斗。

3. 试述中国新民主主义革命取得胜利的主要原因。

答：（1）有了中国工人阶级的先锋队——中国共产党的领导。它以马克思列宁主义基本原理与中国实际相结合的毛泽东思想作为一切工作的指针，制定出符合中国国情和人民利益的纲领、路线、方针和政策，它有远见，最富于牺牲精神，最坚定，从而赢得了中国人民的衷心拥护。（2）人民群众和各界人士的广泛参加和大力支持，工人、农民、城市小资产阶级群众是民主革命的主要力量，随着斗争的发展，民族资产阶级也逐步向共产党靠拢。（3）国际无产阶级和人民群众的支持。

4. 试述中国新民主主义革命胜利的基本经验。

答：（1）建立广泛的统一战线，是坚持和发展革命的政治基础。统一战线中存在着两个联盟。一个是劳动者联盟，这是基本的，主要的。另一个是劳动者与非劳动者联盟，这是辅助的，同时又是重要的。必须坚决依靠第一个联盟，争取建立和扩大第二个联盟。（2）坚持革命的武装斗争，武装斗争是中国革命的主要形式。中国革命必须走农村包围城市，武装夺取政权的道路，必须建立一支党领导下的新型人民军队。(3) 加强中国共产党自身的建设。中国共产党是掌握统一战线和武装斗争这两个武器以实行对敌冲锋陷阵的英勇战士。要着重从思想上建党，培育和发扬理论与实际相结合、密切联系群众和自我批评的作风。

第八章　社会主义基本制度的全面确立

一、单项选择题

1—5　DAACD　6—10　CABAC　11—15　CDAAC　16—20　DADBD

二、简答题

1. 简述新中国成立初期中国共产党面临的主要问题和考验。

答：(1) 能不能保卫住人民胜利的成果，巩固新生的人民政权。(2) 能不能战胜严重的经济困难，迅速恢复和发展国民经济。(3) 能不能巩固民族独立，维护国家主权和安全。(4) 能不能经受住执政的考验，中国共产党成为全国范围内的执政党后，能不能继续保持谦虚、谨慎、不骄、不躁的作风和艰苦奋斗的作风。

2. 简述"三反""五反"运动的内容。

答：(1) 1951年年底到1952年春，中国共产党在党政机关工作人员中开展了反贪污、反浪费、反官僚主义的"三反"运动。(2) 1952年1月，中共中央决定开展反行贿、反偷税漏税、反盗窃国家资财、反偷工减料、反盗窃国家经济情报的"五反"运动。

3. 简述新中国1949年至1952年采取的向社会主义过渡的实际步骤。

答：(1) 没收官僚资本，确立社会主义性质的国营经济的领导地位。(2) 开始将资本主义纳入国家资本主义轨道。(3) 引导个体农民在土地改革后逐步走上互助合作的道路。

4. 简述中国共产党在1953年提出的过渡时期总路线的内容及其特点。

答：(1) 中共中央在1953年正式提出党在过渡时期的总路线，明确规定："党在这个过渡时期的总路线和总任务，是要在一个相当长的时期内，逐步实现国家的社会主义工业化，并逐步实现国家对农业、对手工业和对资本主义工商业的社会主义改造。"(2) 其特点是，这是一条"一化三改""一体两翼"的总路线，即社会主义建设同社会主义改造同时并举的总路线，一化反映了生产力方面的要求，三改则反映出对生产关系的改造，体现了发展生产力和变革生产关系的有机统一。

5. 简述新民主主义社会的五种经济成分和特点。

答：(1) 新民主主义社会有五种经济成分：社会主义性质的国营经济，半社会主义性质的合作社经济，农民和手工业者的个体经济，私人资本主义经济和国家资本主义经济。(2) 新民主主义社会在经济上的特点是既有社会主义因素，又有资本主义因素。

三、论述题

1. 试述新中国成立初期争取财政经济状况根本好转的三个条件及国民经济迅速恢复的主要原因。

答：(1) 1950年6月，中国共产党召开七届三中全会，毛泽东做了《为争取国家财政经济状况的根本好转而斗争》的报告。毛泽东指出，要获得国家财政经济情况的根本好转，要用三年左右的时间，创造三个条件，即土地改革的完成，现有工商业的调整，国家机构所需经费的大量节减。

(2) 到1952年年底，国民经济的全面恢复的原因有：第一，中共中央和人民政府紧抓恢复和发展生产作为一切工作的重心；第二，从当时国情出发，对国家财经实行集中和统一的管理；第三，刚刚执政的中国共产党加强自身建设，保持和发扬党的优良传统和作风，及时有力地抵制了资产阶级的腐蚀。

2. 试述中国共产党在1953年提出的过渡时期总路线反映了历史的必然。

答：（1）社会主义性质的国营经济力量相对来说比较强大，它是实现国家工业化的主要基础。（2）资本主义经济力量弱小，发展困难，不可能成为中国工业起飞的基础。（3）对个体农业进行社会主义改造，是保证工业发展、实现国家工业化的一个必要条件。（4）当时的国际环境也促使中国选择社会主义。新中国成立以后，长期受到美国等西方资本主义国家经济上、外交上和军事上的严密封锁与遏制，只有社会主义的苏联能够援助中国。

3. 试述我国对个体农业进行社会主义改造的基本原则和方针。

答：（1）在中国的条件下，可以走先合作化、后机械化的道路。（2）充分利用和发挥土改后农民生产的积极性，通过互助组、初级农业生产合作社（初级社）、高级农业生产合作社（高级社）这种由低到高的互助合作组织形式，实行积极发展、稳步前进、逐步过渡的方针。（3）农业互助合作的发展坚持自愿和互利原则，采取典型示范、逐步推广方法，发展一批，巩固一批。（4）始终把是否增产作为衡量合作社是否办好的标准。（5）把社会改造同技术改造相结合，在实现农业合作化后，国家努力用先进技术和装备发展农业经济。

4. 试述社会主义改造基本完成的意义。

答：（1）随着社会主义改造的基本完成，中国继建立社会主义基本政治制度之后，社会主义的基本经济制度也建立起来了。这是中国进入社会主义社会的最主要的标志，社会主义基本制度在中国得到全面的确立。（2）社会主义改造是在生产关系方面由私有制到公有制的一场伟大的变革，这就使社会生产力从旧的生产关系的束缚中解放出来，对生产力的发展直接起到了促进作用。（3）通过社会主义改造，中国共产党创造性地完成了由新民主主义到社会主义的过渡，实现了中国历史上最伟大、最深刻的社会变革，开始在社会主义道路上实现中华民族伟大复兴的历史征程。

第九章　社会主义建设在探索中曲折发展

一、单项选择题

1—5　BCDCB　6—10　BBACD　11—15　CBBAA　16—20　BDCCC

二、简答题

1. 简述毛泽东发表《论十大关系》一文的意义。

答：（1）1956年毛泽东发表《论十大关系》，这是以毛泽东为主要代表的中国共产党人开始探索中国自己的社会主义建设道路的标志。（2）《论十大关系》在新的历史条件下从经济方面和政治方面提出了新的指导方针，为中共八大的召开做了理论准备。

2. 简述1957年整风运动的主题与形式。

答：1957年4月27日，中共中央正式发出《关于整风运动的指示》，整风运动全面展开。（1）这次整风运动的主题是正确处理人民内部矛盾。（2）这次整风运动采取开门整风的形式。

3. 简述中共八大关于国内主要矛盾和主要任务的科学分析。

答：（1）我们国内的主要矛盾已经是人民对于建立先进的工业国的要求同落后的农业国的现实之间的矛盾，是人民对经济文化迅速发展的需要同当前经济文化不能满足人民需要之间的矛盾。这一矛盾的实质是，在我国社会主义制度已经建立的情况下，也就是先进的社会主义制度同落后的社会生产力之间的矛盾。（2）我们党当前的主要任务是集中力量来解决这个矛盾，把我国尽快地从落后的农业国发展为先进的工业国。

4. 简述毛泽东关于社会主义社会基本矛盾的分析。

答：毛泽东《如何处理人民内部的矛盾》的文章中分析了社会主义社会的基本矛盾仍然是生产关系和生产力之间的矛盾、上层建筑和经济基础之间的矛盾。这些矛盾，可以通过社会主义制度本身的自我调整和自我完善不断地得到解决。

5. 简述毛泽东提出的关于社会主义的发展阶段的思想。

答：毛泽东指出，社会主义可能分为两个阶段，第一阶段是不发达的社会主义，第二阶段是比较发达的社会主义。后一阶段可能比前一阶段需要更长时间。

6. 简述毛泽东提出的社会主义现代化建设的战略目标和步骤。

答：（1）社会主义现代化建设的战略目标，是要把中国建设成为一个具有现代农业、现代工业、现代国防和现代科学技术的强国。（2）社会主义现代化建设的"两步走"的发展战略，第一步，建成一个独立的比较完整的工业体系和国民经济体系；第二步，全面实现农业、工业、国防和科学技术的现代化，使中国的经济走在世界前列。

7. 简述"乒乓外交"与中美关系正常化。

答：（1）20世纪60年代，尼克松总统开始检讨美国的对华政策，毛泽东、周恩来敏锐地察觉到美方的变化，抓住时机发起了"乒乓外交"，实现"小球转动了大球"。（2）1972年2月，美国总统尼克松访华，中美两国发表上海联合公报，成为中美关系健康发展的政治基础。

三、论述题

1. 试述"七千人大会"的召开及意义。

答：（1）1962年1、2月间，中共中央在北京召开扩大的中共中央工作会议。直接请来来自中央、大区、省市自治区、地区、县五级的党政军领导干部七千余人与会，以便于中央与地方各级的直接沟通，被称为"七千人大会"。（2）这次大会恢复和发扬了党内的民主精神与自我批评精神，统一了全党的认识，对全面贯彻调整国民经济的八字方针起了极其重要的作用。

2. 试述毛泽东关于正确区分社会主义社会两类不同性质矛盾学说的主要内容及其意义。

答：（1）1957年，毛泽东在《关于正确处理人民内部矛盾的问题》一文中提出，社会主义社会存在着敌我矛盾和人民内部矛盾两类性质根本不同的矛盾。（2）敌我矛盾需要用强制的、专政的方法去解决，人民内部矛盾只能用民主的，说服教育的、"团结—批评—团结"的方法去解决。（3）这一学说创造性地阐述了社会主义矛盾学说，是对科学社会主义的重要发展，对中国社会主义事业具有长远的指导意义。

3. 试述新中国的社会主义建设取得了哪些成就。

答：（1）基本建立起独立的、比较完整的工业体系和国民经济体系，从根本上解决了工业化中"从无到有"的问题。（2）人民生活水平的提高与文化、医疗、科技事业的发展。初步满足了占世界1/4人口的基本生活需求，这在当时被世界公认是一个奇迹。科技建设集中体现在"两弹一星"的成功研制。（3）国际地位的提高与国际环境的改善。1971年10月，中国恢复了在联合国的合法席位，从此，中国在联合国中发挥日益重要的作用，成为维护世界和平、反对霸权主义的一支中坚力量。随着1972年中美关系正常化，出现了西方国家对华建交热潮。

4. 试述如何看待以毛泽东为代表的中国共产党人在探索中国社会主义建设道路中所犯的错误。

答：对这一时期中国共产党所犯的错误，需要做具体的、历史的分析。

（1）中国共产党在犯严重错误的时候，其性质和宗旨都没有改变。（2）党内外干部群众抵制"左"倾错误的斗争没有停止过。（3）毛泽东在全局上坚持"文化大革命"的错误，但也制止和纠正过一些具体错误。（4）既不掩盖错误，也不否认成就。总体来说，即使在中国共产党和毛泽东犯了严重错误的历史时期，社会主义建设的各项事业仍然取得了举世公认的重要成就。忽视错误、掩盖错误是不允许的，这本身就是错误，而且将招致更多更大的错误。但是，我们取得的成就还是主要的，忽视或否认我们的成就，忽视或否认取得这些成就的成功经验，同样是严重的错误。

5. 试述毛泽东等老一辈革命家探索中国社会主义民主政治建设道路的理论贡献。

答：（1）我们的目标是造成一个既有集中又有民主，既有纪律又有自由，既有统一意志又有个人心情舒畅、生动活泼的政治局面；（2）要把正确处理人民内部矛盾作为国家政治生活的主题，坚持人民民主，团结一切可以团结的力量；（3）处理好中国共产党同各民主党派的关系，坚持长期共存、互相监督的方针，巩固和扩大爱国统一战线；（4）要切实保障人民当家作主的各项权利，尤其是人民参与国家和社会事务管理的权利；（5）社会主义法制要保护劳动人民利益，保护社会主义经济基础，保护社会生产力。

第十章 中国特色社会主义的开创与接续发展

一、单项选择题

1—5　CAAAB　6—10　ACAAB　11—15　BCCBB　16—20　DDAAC　21—26　BDCDBC

二、简答题

1. 简述1978年关于真理标准问题大讨论的历史意义。

答：（1）冲破了"两个凡是"的思想束缚，是一场马克思主义的思想解放运动，成为拨乱反正和改革开放的思想先导。（2）为党重新确立实事求是的思想路线，纠正长期以来的"左"倾错误，实现历史性的转折做了思想理论准备。

2. 简述邓小平提出的四项基本原则及坚持这些原则的重要性。

答：（1）四项基本原则是指：坚持社会主义道路，坚持人民民主专政，坚持共产党的领导，坚持马克思列宁主义、毛泽东思想。（2）坚持这些原则的重要性：这是实现四个现代化的根本前提，如果动摇了其中的任何一项，那就动摇了整个社会主义现代化建设事业。

3. 简述社会主义精神文明建设的根本任务。

答：（1）1986年9月，中共十二届六中全会做出《关于社会主义精神文明建设指导方针的决议》。（2）该决议明确社会主义精神文明建设的根本任务，是培养有理想、有道德、有文化、有纪律的社会主义公民，提高整个中华民族的思想道德素质和科学文化素质。

4. 简述社会主义初级阶段理论的含义。

答：我国正处在社会主义的初级阶段。这个论断，包括两层含义。（1）我国社会已经是社会主义社会。我们必须坚持而不能离开社会主义。（2）我国的社会主义社会还处在初级阶段。我们必须从这个实际出发，而不能超越这个阶段。

5. 简述中共十三大制定的社会主义现代化建设"三步走"战略部署。

答：中共十三大正式制定了社会主义现代化建设"三步走"的战略部署：（1）第一步，实现国民生产总值比1980年翻一番，解决人民的温饱问题，这个任务已经基本实现。（2）第二步，到20世纪末，使国民生产总值再增长一倍，人民生活达到小康水平。（3）第三步，到21世纪中叶，人均国民生产总值达到中等发达国家水平，人民生活比较富裕，基本实现现代化。我国正处在社会主义的初级阶段。

6. 简述"三个代表"重要思想的内容与意义。

答：（1）"三个代表"重要思想基本内容是必须始终代表中国先进生产力的发展要求，代表中国先进文化的前进方向，代表中国最广大人民的根本利益。（2）"三个代表"重要思想提出，引起国内外强烈反响，全党和全国上下兴起学习贯彻"三个代表"重要思想的高潮，有力推动了改革开放和现代化建设的跨世纪发展，为中共十六大的召开奠定了思想基础。

7. 简述走和平发展道路的基本内涵和重要意义。

答：（1）坚持走和平发展的道路，就是中国既通过争取和平的国际环境发展自己，又通过自己的发展来促进世界和平，永远做维护世界和平、促进共同发展的坚定力量。（2）主要依靠自身力量和改革创新来实现发展，同时坚持对外开放的基本国策，在平等互利的基础上同世界各国开展交流合作，努力实现互利共赢。（3）中国还同国际社会其他成员携手努力，为实现各国和谐相处、全球经济和谐发展、不同文明的和谐进步发挥积极作用，共同致力于建设一个持久和平、共同繁荣的和谐世界。

8. 简述建设社会主义新农村的基本要求。

答：（1）2005年10月召开的中共十六届五中全会，提出了建设社会主义新农村的战略任务。（2）提出了"生产发展、生活宽裕、乡风文明、村容整洁、管理民主"的要求。

三、论述题

1. 试述中共十一届三中全会是新中国成立以来党的历史上具有深远意义的伟大转折。

答：（1）重新确立了马克思主义的思想路线。全会冲破长期"左"的错误的严重束缚，断然否定"以阶级斗争为纲"的指导思想，恢复了马克思主义实事求是的思想路线。（2）全会全面分析了当前的主要矛盾和主要任务，做出把工作重点转移到社会主义现代化建设上来和实行改革开放的战略决策。（3）全会恢复了党的民主集中制优良传统，审查解决了历史上遗留的一批重大问题和一些重要领导人的功过是非问题。（4）全会决定在党的生活和国家政治生活中加强民主，通过加强社会主义法制，使民主制度化、法律化。（5）全会结束了粉碎"四人帮"后党和国家工作在徘徊中前进的局面，开始了在思想、政治、组织等领域的全面拨乱反正，形成了以邓小平为核心的党的中央领导集体，揭开了改革开放的序幕，标志中国进入了改革开放和社会主义现代化建设的历史新时期。

2. 试述邓小平南方谈话的主要内容及其意义。

答：1992年，邓小平先后视察武昌、深圳、珠海、上海等地，发表重要谈话。

（1）主要内容：第一，革命是解放生产力，改革也是解放生产力。判断的标准应该主要看是否有利于发展社会主义社会的生产力，是否有利于增强社会主义国家的综合国力，是否有利于提高人民的生活水平。第二，计划多一点还是市场多一点，不是社会主义与资本主义的本质区别，计划和市场都是经济手段。第三，社会主义的本质，是解放生产力，发展生产力，消灭剥削，消除两极分化，最终达到共同富裕。第四，发展才是硬道理，关键是发展经济，其中科学技术是第一生产力。第五，中国的事情能不能办好，从一定意义上说，关键在人。因此要坚持两手抓。一手抓改革开放，一手抓打击各种犯罪活动。这两只手都要硬。第六，社会主义经历一个长过程发展后必然代替资本主义。这是社会历史发展不可逆转的总趋势，但道路是曲折的。

（2）邓小平南方谈话的意义：在重大历史关头科学地总结了十一届三中全会以来党的基本实践和基本经验，明确回答了长期困扰和束缚人们思想的许多重大认识问题，对整个社会主义现代化建设事业产生了重大而深远的影响。

3. 试述科学发展观的内容和意义。

答：（1）科学发展观的内容：科学发展观，第一要义是发展，核心是以人为本，基本要求是全面协调可持续，根本方法是统筹兼顾。

（2）科学发展观的意义：第一，是以胡锦涛为代表的中国共产党人在实践基础上的理论创新，围绕坚持和发展中国特色社会主义提出的新思想、新观点和新论断。第二，它深刻认识和回答了新形势下实现什么样的发展、怎样发展等重大问题，把我们对中国特色社会主义规律的认识提高到新的水平，开辟了当代马克思主义发展新境界。

4. 试述《关于建国以来党的若干历史问题的决议》主要内容及意义。

答：（1）1981年6月，中共十一届六中全会通过了《关于建国以来党的若干历史问题的决议》。

（2）主要内容：第一，评价了毛泽东和毛泽东思想的历史地位。指出：毛泽东同志是伟大的马克思主义者，是伟大的无产阶级革命家、战略家和理论家。他的功绩是第一位的，错误是第二位的。第二，概括毛泽东思想的科学体系和活的灵魂。活的灵魂是实事求是、群众路线、独立自主。第三，强调毛泽东思想是我们党的宝贵的精神财富，它将长期指导我们的行动。第四，从根本上否定了"文化大革命"的理论和实践，对新中国成立以来的重大历史事件做出了基本结论。第五，肯定了中共十一届三中全会以来逐步确立的适合中国情况的建设社会主义现代化强国的道路，进一步指明了中国社会主义事业和党的工作继续前进的方向。

（3）意义：第一，决议的通过，标志着党和国家在指导思想上拨乱反正的胜利完成。第二，表明中国共产党是在政治上、理论上成熟的坚强的马克思主义政党，体现出中国共产党在反省错误、纠正错误的过程中总结新经验、探索新道路的能力。

第十一章　中国特色社会主义进入新时代

一、单项选择题

1—5　BDACA　6—10　DCBBD　11—15　BCCAA　16—20　CAACA　21—25　DBACA

二、简答题

1. 简述红船精神的内涵。

答：（1）开天辟地、敢为人先的首创精神；（2）坚定理想、百折不挠的奋斗精神；（3）立党为公、忠诚为民的奉献精神。

2. 简述实现中华民族伟大复兴中国梦的内涵。

答：（1）习近平在参观"复兴之路"展览时明确提出，实现中华民族伟大复兴就是中华民族近代以来最伟大的梦想。（2）实现中华民族伟大复兴的中国梦，就是要实现国家富强、民族振兴、人民幸福。

3. 简述中共十九大确定的决胜全面建成小康社会、开启全面建设社会主义现代化国家新征程的目标。

答：（1）第一个阶段，从2020年到2035年，在全面建成小康社会的基础上，再奋斗15年，基本实现社会主义现代化。（2）第二个阶段，从2035年到21世纪中叶，在基本实现现代化的基础上，再奋斗 15 年，把我国建成富强民主文明和谐美丽的社会主义现代化强国。

4. 简述中国特色大国外交。

答：全面推进中国特色大国外交，形成全方位、多层次、立体化的外交布局。（1）2001 年 6 月正式成立的上海合作组织是第一个以中国城市命名的国际组织，它进一步加强了中国与周边国家的关系。（2）中国积极开展公共外交，积极参与应对国际金融危机、气候变化等全球性问题的国际合作。（3）全方位外交布局深入展开。（4）倡导构建人类命运共同体，促进全球治理体系变革。

5. 简述决胜全面建成小康社会要打好的三大攻坚战。

答：（1）坚决打好防范化解重大风险攻坚战。（2）坚决打好精准脱贫攻坚战。（3）坚决打好污染防治攻坚战。

三、论述题

1. 试述中共十八大后党和国家事业的历史性成就与历史性变革给我们的启示。

答：（1）必须始终坚持用党的理论创新成果武装头脑、指导实践。（2）必须始终维护习近平为党中央和全党的核心。（3）必须始终坚持和加强的全面领导。这是党和国家的根本所在、命脉所在，是全国各族人民的利益所在、幸福所在。

2. 试述中国共产党如何肩负起实现中华民族伟大复兴的历史使命。

答：（1）中国共产党的成立：1921 年，中国共产党诞生，把实现共产主义作为党的最高理想和最终目标，义无反顾肩负起实现中华民族伟大复兴的历史使命。（2）建立中华人民共和国：中国共产党团结带领人民找到了一条农村包围城市、武装夺取政权的正确革命道路，进行 28 年浴血奋战，完成新民主主义革命，于 1949 年建立了中华人民共和国，实现中国从几千年封建专制政治向人民民主的伟大飞跃。（3）确立社会主义基本制度：新中国成立后，中国共产党团结带领人民完成社会主义革命，确立社会主义基本制度，推进社会主义建设，完成了中华民族有史以来最为广泛而深刻的社会变革，为当代中国一切发展进步奠定了根本政治前提和制度基础，实现了中华民族由近代不断衰落到根本扭转命运、持续走向繁荣富强的伟大飞跃。（4）开辟了中国特色社会主义道路：中共十一届三中全会以来，中国共产党团结带领人民进行改革开放新的伟大革命，破除阻碍国家和民族发展的一切思想与体制障碍，开辟了中国特色社会主义道路，使中国大踏步赶上时代。（5）中国特色社会主义进入新时代：中国特色社会主义进入新时代，这是我国发展新的历史方位，在中华人民共和国发展史上、中华民族发展史上、世界社会主义发展史上、人类社会发展史上具有重大意义。

3. 试述我国改革开放 40 年取得的成就。

答：（1）极大解放和发展了中国社会生产力，国民经济保持持续快速健康发展，现代化事业稳步推进，综合国力和国际竞争力显著提高。（2）社会主义市场经济体制不断完善，全面深化改革深入推进，改革开放取得新突破。（3）社会主义民主法治建设迈出重大步伐。（4）社会主义文化建设成效显著。（5）人民生活不断改善，人民获得感、幸福感、安全感不断增强。（6）生态文明建设成效显著。（7）强军兴军开创新局面，坚定不移走中国特色精兵之路，全力推进国防和军队现代化。（8）坚持"一国两制"，推进祖国统一。（9）深入展开全方位外交，形成全方位、多层次、立体化的外交布局。（10）全面推进党的建设新的伟大工程。

模拟试题（一）

一、单项选择题

1—5 BCBCB 6—10 BACBC 11—15 CCACC 16—20 CBCCA 21—25 ACBCA

二、简答题

26. 简述洋务运动的历史作用。

答：（1）客观上促进了中国早期工业和民族资本主义的发展。（2）成为中国近代教育的开端。（3）传播了新知识，打开了人们的眼界。（4）引起了社会风气和价值观念的变化。

27. 简述五四运动爆发的历史条件。

答：（1）新的时代。俄国十月革命所开辟的世界无产阶级社会主义革命的新时代。（2）新的社会力量的成长。中国的工人阶级和民族资产阶级的力量进一步壮大，特别是中国产业工人日益成为一支重要的社会力量。（3）良好的群众基础。新文化运动掀起的思想解放潮流的推动，为五四运动准备了群众基础和骨干力量。（4）直接导火线。巴黎和会上中国外交的失败。

28. 简述遵义会议集中解决的主要问题及其意义。

答：（1）1935年1月15—17日，中共中央政治局在遵义召开遵义会议。会议集中全力解决了当时具有决定意义的军事和组织问题。（2）开始确立以毛泽东为代表的马克思主义正确路线在党中央的领导地位，在极其危急的情况下挽救了中国共产党，挽救了中国工农红军、挽救了中国革命，成为中国共产党历史上一个生死攸关的转折点。

29. 简述中国共产党在过渡时期总路线的内容及其特点。

答：（1）中共中央在1953年正式提出党在过渡时期的总路线，明确规定："党在这个过渡时期的总路线和总任务，是要在一个相当长的时期内，逐步实现国家的社会主义工业化，并逐步实现国家对农业、对手工业和对资本主义工商业的社会主义改造。"（2）这是一条"一化三改""一体两翼"的总路线，即社会主义建设同社会主义改造同时并举的总路线，体现了发展生产力和变革生产关系的有机统一。

30. 简述中国统筹推进"五位一体"的总体布局。

答：（1）主动适应和引领经济发展新常态。（2）发展社会主义民主政治。（3）发展中国特色社会主义文化。（4）在发展中保障和改善民生。（5）建设美丽中国。

三、论述题

31. 试述19世纪末帝国主义列强瓜分中国的图谋未能实现的主要原因。

答：（1）重要原因：帝国主义列强之间矛盾和相互制约。瓜分中国，变中国为自己的殖民地是外国列强的共同图谋，但是列强彼此之间又有许多矛盾、冲突，甚至可能爆发战争。因此，列强经过协商，暂缓瓜分中国，保全清政府，以使其成为统治中国的工具，实行"以华制华"。（2）最根本原因：中国人民不屈不挠反侵略斗争。在义和团反帝爱国运动期间，中国人民以其不畏强暴，敢与敌人血战到底的气概，打击了侵略者，使不敢为所欲为地瓜分中国。这一点连侵略者也承认。

32. 试述1942年延安整风运动及其意义。

答：（1）1942年2月，毛泽东先后做了《整顿党的作风》和《反对党八股》的讲演，整风运动在全党范围普遍展开。（2）整风运动的主要内容有，反对主观主义以整顿学风，反对宗派主义以整顿党风，反对党八股以整顿文风。其中，反对主观主义以整顿学风是整风运动最主要的任务。主观主义的主要表现形式是教条主义和经验主义,尤其是教条主义。这是中国共产党内反复出现"左"、右倾错误的思想认识根源。(3)整风运动的意义体现在,这是一场伟大的思想解放运动。在全党范围确立起一切从实际出发、理论联系实际、实事求是的马克思主义思想路线。

33. 试述中国特色社会主义进入新时代我国社会的主要矛盾。

答:(1)中国特色社会主义进入新时代,我国社会主要矛盾已经转化为人民日益增长的美好生活需要和不平衡不充分的发展之间的矛盾。我国社会主要矛盾的变化是关系全局的历史性变化,对党和国家工作提出了许多新要求。(2)我国社会主要矛盾的变化,没有改变我们对我国社会主义所处历史阶段的判断,我国仍处于并将长期处于社会主义初级阶段的基本国情没有变,我国是世界最大发展中国家的国际地位没有变。(3)全党要牢牢把握社会主义初级阶段这个基本国情,牢牢立足社会主义初级阶段这个最大实际,牢牢坚持党的基本路线这个党和国家的生命线、人民的幸福线。

模拟试题(二)

一、单项选择题

1—5　CCAAC　6—10　ADABB　11—15　AACDC　16—20　CDCDC　21—25　BDBCD

二、简答题

26. 简述近代以来中华民族面对的两大历史任务及其关系。

答:(1)近代以来中华民族面对的两大历史任务是,求得民族独立和人民解放;实现国家繁荣富强与人民共同富裕。(2)两者的关系主要体现在:一方面,争取民族独立和人民解放是实现国家繁荣富强与人民共同富裕的前提条件。另一方面,民族独立和人民解放的最终目的是使中国走向现代化,实现国家繁荣富强与人民的共同富裕。(3)这两大历史任务完成之时,也就是中华民族伟大复兴之日。实现中华民族伟大复兴,成为中华民族近代以来最伟大的梦想。

27. 简述辛亥革命的历史地位。

答:辛亥革命是一次比较完全意义上的资产阶级民主革命,是中华民族伟大复兴征程上的一个里程碑。(1)推翻清王朝在中国的统治,沉重打击中外反动势力在中国的统治。(2)结束了两千多年的封建君主专制制度,建立中国历史上第一个资产阶级共和政府。(3)传播了民主共和的理念,推动中华民族的思想解放。(4)推动近代中国社会变革,推动了民族资本主义经济的发展,促进社会风气的改变和人们的精神解放。(5)打击了帝国主义在华势力,推动了亚洲各国民族解放运动的高涨。

28. 简述中国共产党的中流砥柱作用是中国人民抗日战争胜利的关键。

答:(1)中国共产党自成立之日起就把实现中华民族伟大复兴作为自己的历史使命。(2)中国共产党坚持全面抗战路线,制定正确的战略策略。(3)开辟敌后战场,开展敌后游击战,成为坚持抗战的中坚力量。(4)始终同各爱国党派团体和广大人民一起,巩固壮大抗日民族统一战线,共同维护团结抗战大局。

29. 简述中共八大如何分析我国社会主义改造完成后国内的主要矛盾和主要任务。

答:(1)主要矛盾是人民对于建立先进的工业国的要求同落后的农业国的现实之间的矛盾;人民对于经济文化迅速发展的需要同当前经济文化不能满足人民需要的状况之间的矛盾。这一矛盾的实质是先进的社会制度同落后的社会生产力之间的矛盾。(2)主要任务是集中力量发展社会生产力,实现国家工业化,把我国尽快地从落后的农业国发展为先进的工业国。

30. 简述决胜全面建成小康社会、开启全面建设社会主义现代化国家新征程的目标。

答：（1）第一个阶段，从2020年到2035年，在全面建成小康社会的基础上，再奋斗15年，基本实现社会主义现代化。（2）第二个阶段，从2035年到21世纪中叶，在基本实现现代化的基础上，再奋斗15年，把我国建成富强民主文明和谐美丽的社会主义现代化强国。

三、论述题

31. 试述戊戌维新运动的意义及其失败的原因和教训。

答：（1）戊戌维新运动的历史意义和影响主要体现为：是一次爱国救亡运动，是一场资产阶级性质的政治改革运动，是一场思想启蒙运动，有助于改革社会风气。（2）失败的主要原因在于维新派自身的局限和以慈禧太后为首的强大的守旧势力的反对。维新派既无严密的组织，又不掌握军队，脱离人民群众，不敢否定封建主义，对帝国主义抱有幻想。（3）戊戌维新运动以失败而告终，暴露出了中国民族资产阶级的软弱，同时说明在半殖民地半封建的中国，企图通过统治者进行自上而下的改良的道路行不通，要实现国家的独立、民主、富强，必须采用革命的手段。

32. 试述中国共产党成立的历史意义。

答：中国共产党的成立是近现代中国历史发展的必然产物，是中国人民在救亡图存斗争中顽强求索的必然产物，是中华民族发展史上开天辟地的大事变。（1）标志着中国革命终于有了一个坚强的领导核心。它的成立使中国革命有了可信赖的组织者和领导者。（2）中国革命从此有了一个科学的指导思想。中国共产党以马克思列宁主义基本原理观察和分析中国的问题，为中国人民指明了斗争的目标、革命的前途和走向胜利的道路。（3）沟通了中国革命与世界革命的联系，把中华民族的解放运动同世界无产阶级社会主义革命运动相联结而成为其中的一部分，使中国革命有了新的前途。

33. 试述中共中央于1981年发表的《关于建国以来党的若干历史问题的决议》的主要内容及意义。

答：（1）基本内容：第一，评价了毛泽东和毛泽东思想的历史地位。指出：毛泽东同志是伟大的马克思主义者，是伟大的无产阶级革命家、战略家和理论家。他的功绩是第一位的，错误是第二位的。第二，概括毛泽东思想的科学体系和活的灵魂。活的灵魂是实事求是、群众路线、独立自主。第三，强调毛泽东思想是我们党的宝贵的精神财富，它将长期指导我们的行动。第四，从根本上否定了"文化大革命"的理论和实践，对新中国成立以来的重大历史事件做出了基本结论。第五，肯定了中共十一届三中全会以来逐步确立的适合中国情况的建设社会主义现代化强国的道路，进一步指明了中国社会主义事业和党的工作继续前进的方向。

（2）意义：第一，决议的通过，标志着党和国家在指导思想上拨乱反正的胜利完成。第二，表明中国共产党是在政治上、理论上成熟的坚强的马克思主义政党，体现出中国共产党在反省错误、纠正错误的过程中总结新经验、探索新道路的能力。

模拟试题（三）

一、单项选择题

1—5 ABCBC 6—10 CCADD 11—15 ABDCC 16—20 DDCBC 21—25 BAACC

二、简答题

26. 简述鸦片战争后中国社会发生的两个根本性变化。

答：1840年第一次鸦片战争是中国近代史的开端。

（1）中国逐渐沦为国家政权形式上仍然存在，而主权受制于外国列强的半殖民地社会。（2）外国资本的入侵，中国传统的封建的自给自足的自然经济开始解体，中国出现了资本主义生产关系，不再是完全意义上的封建社会，而是一个半封建社会。

27. 简述辛亥革命的历史意义。

答：辛亥革命是一次比较完全意义上的资产阶级民主革命。

（1）辛亥革命推翻了清王朝在中国的统治，沉重打击了中外反动势力在中国的统治。（2）辛亥革命结束了统治中国两千多年的君主专制制度，建立了中国历史上第一个资产阶级共和政府。（3）辛亥革命传播了民主共和的理念，推动了中华民族的思想解放。（4）辛亥革命推动了近代中国社会变革，推动了民族资本主义经济的发展，促进了社会风气的改变和人们的精神解放。（5）辛亥革命打击了帝国主义的在华势力，推动了亚洲各国民族解放运动的高涨。

28. 简述毛泽东领导的湘赣边界秋收起义的特点。

答：（1）它放弃了"左派国民党"运动的旗号，公开打出了"工农革命军"的旗帜；（2）它不仅是军队的行动，而且有数量众多的工农武装参加。

29. 简述新民主主义革命时期中国存在的三种政治力量及其各自的建国方案。

答：（1）地主阶级和买办性的大资产阶级。主张继续实行地主阶级、买办的大资产阶级的军事独裁统治，使中国继续走半殖民地半封建社会的道路。方案与广大人民利益背道而驰，最终遭到中国人民的唾弃。（2）民族资产阶级。要建立一个名副其实的资产阶级共和国，但帝国主义不允许和民族资产阶级本身的软弱性、妥协性，在中国行不通。（3）工人阶级、农民阶级和城市小资产阶级。主张在工人阶级及其政党的领导下，通过彻底的反帝反封建的新民主主义革命，建立一个工人阶级领导的、以工农联盟为基础的、团结一切可以团结的力量的人民民主专政的人民共和国。这一方案是引导中华民族和中国人民争得民族独立与人民解放，从而为实现国家富强开辟道路的科学的建国方案。

30. 简述中共八大的历史意义。

答：1956年9月15日至27日，中共八大召开。（1）中共八大为全面进行社会主义建设制定的路线是正确的，提出的许多新的方针和思想是富于创造精神的。（2）大会集中全党智慧总结提出的探索中国建设社会主义道路的重要成果，对于社会主义建设事业和党的事业的发展有着长远的指导意义。

三、论述题

31. 试述中国共产党的成立是"中华民族发展史上开天辟地的大事变"。

答：中国共产党的成立是中国历史发展的必然产物，它是中华民族发展史上开天辟地的大事变。（1）标志着中国革命终于有了一个坚强的领导核心。中国共产党不仅代表中国工人阶级的利益，而且代表中国人民和中华民族的利益。它的成立使中国革命有了可信赖的组织者和领导者。（2）中国革命从此有了一个科学的指导思想。中国共产党以马克思列宁主义基本原理观察和分析中国的问题，为中国人民指明了斗争的目标、革命的前途和走向胜利的道路。（3）沟通了中国革命与世界革命的联系，把中华民族的解放运动同世界无产阶级社会主义革命运动相联结并成为其中的一部分，使中国革命有了新的前途。（4）中国共产党的初心和使命，就是为中国人民谋幸福，为中华民族谋复兴。自从有了中国共产党，中国革命的面目就焕然一新，中国人民的斗争有了主心骨，中国人民就从精神上由被动转为主动。

32. 试述抗日民主根据地的建设。

答（1）抗日根据地的政权建设。抗日民主政权普遍采取民主集中制，各级抗日民主政权机构的领导人都经过人民选举产生。在政权机关工作人员的名额分配上实行"三三制"原则。（2）开展大生产运动，克服经济困难。停止没收地主土地的政策，普遍实行减租减息政策，提高广大农民的抗日和生产的积极性，同时又照顾地主利益，有利于保障根据地的社会稳定。为了发展农业生产，抗日民主政府动员农民开垦荒地，兴修水利；发动农民组织劳动互助，提高劳动生产率；帮助农民改良耕作技术，推广优良品种。1940年至1943年，抗日根据地出现了严重的经济困难。毛泽东提出了"发展生产，保障供给"的经济工作和财政工作的总方针，号召根据地军民"自己动手，丰衣足食"，开展大生产运动。（3）发展抗日文化事业，培养抗日骨干。中共中央及时做出了大量吸收知识分子的决定，把发展抗日的革命文化事业提到主要议事日程，创办了中国人民抗日军政大学、陕北公学、鲁迅艺术学院等一批干部学校和专门学校。各抗日根据地创办大量的中小学校，吸收农民子女入学。哲学社会科学和自然科学研究得到重视。

33. 试述协调推进"四个全面"战略布局。

答：中共十八大以来，中共中央从坚持和发展中国特色社会主义全局出发，提出并形成了全面深化改革、全面依法治国、全面建成小康社会、全面从严治党的战略布局。（1）推进全面深化改革的总目标，是"完善和发展中国特色社会主义制度，推进国家治理体系和治理能力现代化"。（2）全面推进依法治国，总目标是建设中国特色社会主义法治体系，建设社会主义法治国家。（3）全面推进建成小康社会，要贯彻创新、协调、绿色、开放、共享的发展理念，必须坚持以人民为中心的发展思想，坚持发展为了人民、发展依靠人民、发展成果由人民共享。全面建成小康社会，最艰巨、最繁重的任务在农村，特别是在贫困地区。2015年11月，中共中央提出坚持精准扶贫、精准脱贫，坚决打赢脱贫攻坚战，确保到2020年所有贫困地区和贫困人口同全国人民一道迈入全面小康社会。（4）推进全面从严治党。明确习近平为党中央的核心、全党的核心。号召全党同志牢固树立"四个意识"，即政治意识、大局意识、核心意识、看齐意识，坚定不移维护党中央权威和党中央集中统一领导，确保党团结带领人民不断开创中国特色社会主义事业新局面。

模拟试题（四）

一、单项选择题

1—5　AABDA　6—10　CDABD　11—15　BCDBD　16—20　DACBC　21—25　BDABD

二、简答题

26. 简述中国半殖民地半封建社会的基本特征。

答：（1）资本-帝国主义通过逐步操纵中国的经济、政治、文化，日益成为支配中国的决定性力量。（2）中国的封建势力同外国侵略势力相勾结，成为外国列强压迫、奴役中国人民的社会基础和统治支柱。（3）中国的自然经济虽然遭到破坏，但封建地主的土地所有制依然在广大地区内保持着，成为中国走向现代化和民主化的严重障碍。（4）中国资本主义在帝国主义和封建主义的压迫下，发展很缓慢，力量很软弱。（5）近代中国各地区经济、政治和文化发展极不平衡，加之外国列强分别支持不同政治势力以分裂中国，使中国处于不统一状态。（6）在外国列强、封建主义、官僚资本主义的三重压迫下，中国的广大人民尤其是农民日益贫困化以至大批地破产，过着饥寒交迫和毫无政治权利的生活。

27. 简述洋务运动失败的原因。

答：洋务运动是清朝封建统治阶级中的洋务派为了维护清朝的封建统治而实行的一场自救改革运

动,既具有进步性,也具有落后保守性。洋务运动失败的原因有：(1)洋务运动具有封建性。(2)洋务运动对外国具有依赖性。(3)洋务企业的管理具有腐朽性。

28. 简述新文化运动的历史意义。

答：五四前的新文化运动是一场由民主主义知识分子领导的资产阶级民主主义革命性质的思想启蒙运动。(1)它是资产阶级民主主义的新文化同封建主义旧文化的斗争,是辛亥革命在思想文化领域的延续,沉重打击了封建专制主义。(2)大力宣扬了民主和科学,启发了民智,开启了思想解放的潮流。(3)为中国先进分子接受马克思主义准备了适宜的土壤,为以五四运动为开端的中国新民主主义革命创造了思想文化上的条件。

29. 简述"工农武装割据"思想。

答：(1)1928年10月和11月,毛泽东写了《中国的红色政权为什么能够存在?》和《井冈山的斗争》,科学回答了红色政权存在和发展的原因和条件。第一次明确提出了"工农武装割据"的思想,阐述了共产党领导的土地革命、武装斗争与根据地建设这三者之间的辩证统一关系。(2)毛泽东强调"工农武装割据"思想是共产党和割据地方的工农群众必须具备的一个重要思想。

30. 简述深化党和国家机构改革的目标。

答：2018年2月,中共十九届三中全会提出深化党和国家机构改革的目标是,构建系统完备、科学规范、运行高效的党和国家机构职能体系,形成总揽全局、协调各方的党的领导体系,职责明确、依法行政的政府治理体系,中国特色、世界一流的武装力量体系,联系广泛、服务群众的群团工作体系,推动人大、政府、政协、监察机关、审判机关、检察机关、人民团体、企事业单位、社会组织等在党的统一领导下协调行动、增强合力,全面提高国家治理能力和治理水平。

三、论述题

31. 试述中国工农红军长征胜利的伟大意义。

答：(1)中国工农红军长征是一部伟大的革命英雄主义的史诗,长征是中国革命转危为安的关键。(2)通过长征,中国革命的大本营放在了西北,这为迎接中国人民抗日救亡的新高潮准备了条件。(3)长征保存并锤炼了中国革命的骨干力量,这是党和红军极为宝贵的精华。(4)长征沿途播撒了火种,向沿途的人民群众宣布,只有在中国共产党的领导下,中国各族人民才能翻身得解放。(5)中国共产党人和红军将士用生命与热血铸就了伟大的长征精神。

32. 试述中国人民抗日战争在世界反法西斯战争中的地位。

答：中国人民抗日战争是世界反法西斯战争的重要组成部分。中华民族为世界反法西斯战争的胜利做出了伟大贡献,付出了巨大的民族牺牲,这也体现了中国抗日战争的国际意义。(1)中国人民抗日战争是世界反法西斯战争的东方主战场。在世界反法西斯战争中,中国人民抗日战争开始最早,持续时间最长。牵制和抗击了日军主要兵力,对日本侵略者的彻底覆灭起到了决定性作用。(2)中国人民的持久抗战,不仅遏制了日本的"北进"计划,迟滞了日本的"南进"步伐,而且制约和打乱了德、日法西斯的战略配合计划,策应了欧洲战场和太平洋战场。(3)中国作为亚洲太平洋地区盟军对日作战的重要后方基地,为盟国提供了大量战略物资和军事情报。中国军队出国作战,不仅打击了日军,还对盟军给予了实际支援。

33. 试述社会主义改造基本完成的意义。

答：(1)随着社会主义改造的基本完成,中国继建立社会主义基本政治制度之后,社会主义的基本经济制度也建立起来了。这是中国进入社会主义社会的最主要的标志,社会主义基本制度在中国得到全面的确立。（2）社会主义改造是在生产关系方面由私有制到公有制的一场伟大的变革，这就使社会生产力从旧的生产关系的束缚中解放出来，对生产力的发展直接起到了促进作用。（3）通过社会主义改造，中国共产党创造性地完成了由新民主主义到社会主义的过渡，实现了中国历史上最伟大、最深刻的社会变革，开始在社会主义道路上实现中华民族伟大复兴的历史征程。

模拟试题（五）

一、单项选择题
1—5　DCBDD　6—10　BABCB　11—15　BCDBA　16—20　CBACB　21—25　BAABA

二、简答题

26．简述近代中国工人阶级的形成及特点。

答：（1）近代中国产生的被压迫阶级是工人阶级，近代中国工人阶级主要来源于三个方面：第一，外国资本在中国经营的近代工商业；第二，19世纪60年代的洋务企业；第三，19世纪70年代以后的中国民族资本主义企业。（2）中国工人阶级是近代中国社会中最先进、最革命、最有力量的阶级，既具有世界无产阶级的共同优点，又有其特点：第一，深受帝国主义、封建势力和资产阶级三重压迫与剥削，革命性最强。第二，人数虽少，但相对集中，便于形成革命的力量和传播先进的思想。第三，主要由破产农民和家庭手工业者转化而来，同农民有着天然的联系，便于结成工农联盟。

27．简述北伐战争胜利进军及其原因。

答：（1）北伐战争的直接目标是打倒帝国主义支持的北洋军阀，制定了集中兵力、各个歼敌的战略方针，首先以主力进军两湖，消灭吴佩孚；然后引兵东向，消灭孙传芳；最后，北上解决张作霖。（2）北伐战争胜利进军的原因有三点：第一，国共合作的实现，革命统一战线的建立，特别是共产党员和共青团员的先锋模范作用是北伐胜利的重要原因。第二，北伐战争是反对帝国主义和封建军阀的正义的革命战争，得到广大工农群众的大力支持。第三，北伐战争得到苏联政府的多方面援助，特别是派出的军事顾问帮助北伐军制定了正确的军事战略战术。

28．简述中国共产党在全国执政面临的新考验。

答：新中国成立初期，中国共产党面临的问题和考验主要表现在四个方面：（1）能不能保卫住人民胜利的成果，巩固新生的人民政权。（2）能不能战胜严重的经济困难，迅速恢复和发展国民经济。（3）能不能巩固民族独立，维护国家主权和安全。（4）能不能经受住执政的考验，继续保持谦虚、谨慎、不骄、不躁的作风和艰苦奋斗的作风。

29．简述社会主义初级阶段理论和中国共产党的基本路线。

答：（1）我国正处在社会主义的初级阶段。这个论断，包括两层含义。第一，我国社会已经是社会主义社会。我们必须坚持而不能离开社会主义。第二，我国的社会主义社会还处在初级阶段。我们必须从这个实际出发，而不能超越这个阶段。（2）社会主义初级阶段基本路线是领导和团结全国各族人民，以经济建设为中心，坚持四项基本原则，坚持改革开放，自力更生，艰苦创业，为把我国建设成为富强、民主、文明、和谐、美丽的社会主义现代化国家而奋斗。

30．简述"三步走"发展战略。

答：（1）中共十三大正式制定了社会主义现代化建设"三步走"的战略部署：第一步，实现国民生产总值比1980年翻一番，解决人民的温饱问题，这个任务已经基本实现。第二步，到20世纪末，使国民生产总值再增长一倍，人民生活达到小康水平。第三步，到21世纪中叶，人均国民生产总值达到中等发达国家水平,人民生活比较富裕,基本实现现代化。(2)"三步走"发展战略及相关政策的制定,进一步解决了中国现代化建设的目标、步骤等关系全局的重大问题,对中国未来几十年的发展具有深远的影响。

三、论述题

31. 试述中国共产党关于建立抗日民族统一战线的策略总方针。

答:中国共产党关于巩固和扩大抗日民族统一战线的策略总方针是"发展进步势力,争取中间势力,孤立顽固势力"。(1)进步势力主要是指工人、农民和城市小资产阶级。他们是统一战线的基础,抗日战争的主要依靠力量。这是整个策略的中心环节。(2)中间势力主要是指民族资产阶级、开明绅士和地方实力派。争取中间势力需要一定的条件:一是共产党要有充足的力量;二是尊重他们的利益;三是要同顽固派做坚决的斗争,并能一步一步地取得胜利。(3)顽固势力是指大地主大资产阶级的抗日派,即以蒋介石集团为代表的国民党亲英美派。共产党对其贯彻既联合又斗争的政策,在同顽固派做斗争时,应坚持有理、有利、有节的原则。

32. 试述中华人民共和国成立开创了中国历史的新纪元。

答:1949年10月1日,中华人民共和国成立,标志着半殖民地半封建社会的结束和新民主主义社会在全国范围内的建立,中国历史由此开辟了一个新纪元。这主要表现在以下五个方面:(1)帝国主义列强压迫中国、奴役中国人民的历史从此结束,中华民族一洗近百年来蒙受的屈辱,开始以崭新的姿态自立于世界民族之林。(2)本国封建主义、官僚资本主义统治的历史从此结束。长期以来受尽压迫和欺凌的广大中国人民在政治上翻了身,第一次成为新社会、新国家的主人。(3)军阀割据、战乱频仍、匪患不断的历史从此结束,国家基本统一,民族团结,社会政治局面趋向稳定,各族人民开始过上安居乐业的生活。(4)从根本上改变了中国社会的发展方向,为实现由新民主主义向社会主义的过渡,并在社会主义道路上实现中华民族的伟大复兴,创造了政治前提。(5)中国共产党成为全国范围内的执政党,它可以运用国家政权凝聚和调集全国力量,巩固民族独立和人民解放的成果,解放并发展社会生产力,以造福于各族人民,造福于整个中华民族。

33. 试述毛泽东等老一辈革命家探索中国社会主义民主政治建设道路的理论贡献。

答:(1)要造成一个既有集中又有民主,既有纪律又有自由,既有统一意志又有个人心情舒畅、生动活泼的政治局面。(2)把正确处理人民内部矛盾作为国家政治生活的主题,坚持人民民主,团结一切可以团结的力量。(3)处理好中国共产党同各民主党派的关系,坚持长期共存、互相监督的方针,巩固和扩大爱国统一战线。(4)切实保障人民当家作主的各项权利,尤其是人民参与国家和社会事务管理的权利。(5)社会主义法治要保护劳动人民利益,保护社会主义经济基础,保护社会生产力。